高等学校学習指導要領（平成30年告示）解説

情報編

平成 30 年 7 月

文部科学省

ま え が き

　文部科学省では，平成30年3月30日に学校教育法施行規則の一部改正と高等学校学習指導要領の改訂を行った。新高等学校学習指導要領等は平成34年度から年次進行で実施することとし，平成31年度から一部を移行措置として先行して実施することとしている。

　今回の改訂は，平成28年12月の中央教育審議会答申を踏まえ，

①　教育基本法，学校教育法などを踏まえ，これまでの我が国の学校教育の実践や蓄積を生かし，生徒が未来社会を切り拓くための資質・能力を一層確実に育成することを目指す。その際，求められる資質・能力とは何かを社会と共有し，連携する「社会に開かれた教育課程」を重視すること。

②　知識及び技能の習得と思考力，判断力，表現力等の育成とのバランスを重視する平成21年改訂の学習指導要領の枠組みや教育内容を維持した上で，知識の理解の質を更に高め，確かな学力を育成すること。

③　道徳教育の充実や体験活動の重視，体育・健康に関する指導の充実により，豊かな心や健やかな体を育成すること。

を基本的なねらいとして行った。

　本書は，大綱的な基準である学習指導要領の記述の意味や解釈などの詳細について説明するために，文部科学省が作成するものであり，高等学校学習指導要領第2章第10節「情報」及び第3章第7節「情報」について，その改善の趣旨や内容を解説している。

　各学校においては，本書を御活用いただき，学習指導要領等についての理解を深め，創意工夫を生かした特色ある教育課程を編成・実施されるようお願いしたい。

　むすびに，本書「高等学校学習指導要領解説情報編」の作成に御協力くださった各位に対し，心から感謝の意を表する次第である。

　平成30年7月

　　　　　　　　　　　　　　　　　　文部科学省初等中等教育局長

　　　　　　　　　　　　　　　　　　　　髙　橋　道　和

目次

● 第1部　各学科に共通する教科「情報」

● 第1章　総説 …………………………………………………………… 1

　● 第1節　改訂の経緯及び基本方針 …………………………………… 1
　　1　改訂の経緯 …………………………………………………………… 1
　　2　改訂の基本方針 …………………………………………………… 2
　● 第2節　共通教科情報科改訂の趣旨及び要点 …………………… 6
　　1　共通教科情報科改訂の趣旨 ……………………………………… 6
　　2　共通教科情報科改訂の要点 ……………………………………… 6
　● 第3節　情報教育の中での共通教科情報科の位置付け ………… 9
　　1　情報教育の目標 …………………………………………………… 9
　　2　3観点による情報活用能力の整理 ……………………………… 9
　　3　資質・能力の三つの柱に沿った情報活用能力の整理 …… 12
　　4　情報活用能力の育成 ……………………………………………… 14
　　5　高等学校の他教科等との関係 ………………………………… 15
　　6　中学校技術・家庭科技術分野等との関係 ………………… 16
　　7　専門教科情報科との関係 ……………………………………… 16
　● 第4節　共通教科情報科の目標 …………………………………… 18
　● 第5節　共通教科情報科の科目編成 …………………………… 20

● 第2章　共通教科情報科の各科目 ………………………………… 22

　● 第1節　情報Ⅰ ……………………………………………………… 22
　　1　目標 ………………………………………………………………… 22
　　2　内容とその取扱い ……………………………………………… 23
　● 第2節　情報Ⅱ ……………………………………………………… 41
　　1　目標 ………………………………………………………………… 41
　　2　内容とその取扱い ……………………………………………… 42

● 第3章　各科目にわたる指導計画の作成と内容の取扱い ……… 60

　　1　指導計画作成上の配慮事項 …………………………………… 60
　　2　内容の取扱いに当たっての配慮事項 ……………………… 64
　　3　総則関連事項 …………………………………………………… 67

● 第2部　主として専門学科において開設される教科「情報」

● 第1章　総説……………………………………………………… 71

● 第1節　改訂の経緯及び基本方針………………………………… 71
　　1　改訂の経緯……………………………………………… 71
　　2　改訂の基本方針………………………………………… 72
● 第2節　専門教科情報科改訂の趣旨及び要点………………… 76
　　1　専門教科情報科改訂の趣旨…………………………… 76
　　2　専門教科情報科改訂の要点…………………………… 80
● 第3節　専門教科情報科の目標………………………………… 84
● 第4節　専門教科情報科の内容構成…………………………… 86
　　1　科目構成………………………………………………… 86
　　2　分野構成………………………………………………… 86

● 第2章　専門教科情報科の各科目……………………………… 88

● 第1節　情報産業と社会………………………………………… 88
　第1　目標………………………………………………………… 88
　第2　内容とその取扱い………………………………………… 89
　　1　内容の構成及び取扱い………………………………… 89
　　2　内容……………………………………………………… 90
● 第2節　課題研究………………………………………………… 96
　第1　目標………………………………………………………… 96
　第2　内容とその取扱い………………………………………… 97
　　1　内容の構成及び取扱い………………………………… 97
　　2　内容……………………………………………………… 98
● 第3節　情報の表現と管理………………………………………101
　第1　目標…………………………………………………………101
　第2　内容とその取扱い…………………………………………101
　　1　内容の構成及び取扱い…………………………………101
　　2　内容………………………………………………………102
● 第4節　情報テクノロジー………………………………………108
　第1　目標…………………………………………………………108
　第2　内容とその取扱い…………………………………………109
　　1　内容の構成及び取扱い…………………………………109
　　2　内容………………………………………………………109
● 第5節　情報セキュリティ………………………………………115

第1　目標……………………………………………115

第2　内容とその取扱い……………………………115

　1　内容の構成及び取扱い………………………115

　2　内容……………………………………………116

● 第6節　情報システムのプログラミング…………121

第1　目標……………………………………………121

第2　内容とその取扱い……………………………121

　1　内容の構成及び取扱い………………………121

　2　内容……………………………………………122

● 第7節　ネットワークシステム……………………128

第1　目標……………………………………………128

第2　内容とその取扱い……………………………129

　1　内容の構成及び取扱い………………………129

　2　内容……………………………………………129

● 第8節　データベース………………………………135

第1　目標……………………………………………135

第2　内容とその取扱い……………………………135

　1　内容の構成及び取扱い………………………135

　2　内容……………………………………………136

● 第9節　情報デザイン………………………………143

第1　目標……………………………………………143

第2　内容とその取扱い……………………………144

　1　内容の構成及び取扱い………………………144

　2　内容……………………………………………144

● 第10節　コンテンツの制作と発信 ………………152

第1　目標……………………………………………152

第2　内容とその取扱い……………………………153

　1　内容の構成及び取扱い………………………153

　2　内容……………………………………………154

● 第11節　メディアとサービス ……………………161

第1　目標……………………………………………161

第2　内容とその取扱い……………………………162

　1　内容の構成及び取扱い………………………162

　2　内容……………………………………………162

● 第12節　情報実習 …………………………………167

第1　目標……………………………………………167

第2　内容とその取扱い……………………………168

　1　内容の構成及び取扱い………………………168

2　内容 ·· 168

● 第3章　各科目にわたる指導計画の作成と内容の取扱い ········ 174

● 第1節　指導計画の作成に当たっての配慮事項 ················· 174
　　1　主体的・対話的で深い学びの実現 ························· 174
　　2　原則履修科目 ··· 175
　　3　各科目の履修に関する配慮事項 ························· 176
　　4　地域や産業界，大学等との連携・交流 ················· 176
　　5　障害のある生徒などへの指導上の配慮 ················· 177
● 第2節　内容の取扱いに当たっての配慮事項 ················· 179
　　1　言語活動の充実 ······································· 179
　　2　個人情報や知的財産の保護と活用・情報モラルや
　　　　職業人として求められる倫理観の育成 ················· 179
　　3　コンピュータや情報通信ネットワークなどの活用 ········ 180
● 第3節　実験・実習の実施に当たっての配慮事項 ············· 181
● 第4節　総則関連事項 ····································· 182
　　1　道徳教育との関連 ····································· 182
　　2　専門教科・科目の標準単位数 ··························· 182
　　3　学校設定科目 ··· 183
　　4　専門学科における各教科・科目の履修 ················· 183
　　5　職業教育を主とする専門学科における配慮事項 ········· 186
　　6　職業に関する各教科・科目についての配慮事項 ········· 187

● 付録
● 付録1：学校教育法施行規則（抄） …………………………………190
● 付録2：高等学校学習指導要領　第1章　総則…………………195
● 付録3：高等学校学習指導要領　第2章　第10節　情報 ………212
● 付録4：高等学校学習指導要領　第3章　第7節　情報…………220
● 付録5：中学校学習指導要領　第2章　第8節　技術・家庭……237
● 付録6：高等学校学習指導要領　第2章　第4節　数学…………247
● 付録7：小・中学校における「道徳の内容」の学年段階・
　　　　学校段階の一覧表………………………………………262

第1部
各学科に共通する教科「情報」

第1章　総説

第1節　改訂の経緯及び基本方針

● 1　改訂の経緯

　今の子供たちやこれから誕生する子供たちが，成人して社会で活躍する頃には，我が国は厳しい挑戦の時代を迎えていると予想される。生産年齢人口の減少，グローバル化の進展や絶え間ない技術革新等により，社会構造や雇用環境は大きく，また急速に変化しており，予測が困難な時代となっている。また，急激な少子高齢化が進む中で成熟社会を迎えた我が国にあっては，一人一人が持続可能な社会の担い手として，その多様性を原動力とし，質的な豊かさを伴った個人と社会の成長につながる新たな価値を生み出していくことが期待される。

　こうした変化の一つとして，進化した人工知能（AI）が様々な判断を行ったり，身近な物の働きがインターネット経由で最適化されるIoTが広がったりするなど，Society5.0とも呼ばれる新たな時代の到来が，社会や生活を大きく変えていくとの予測もなされている。また，情報化やグローバル化が進展する社会においては，多様な事象が複雑さを増し，変化の先行きを見通すことが一層難しくなってきている。そうした予測困難な時代を迎える中で，選挙権年齢が引き下げられ，更に平成34（2022）年度からは成年年齢が18歳へ引き下げられることに伴い，高校生にとって政治や社会は一層身近なものとなるとともに，自ら考え，積極的に国家や社会の形成に参画する環境が整いつつある。

　このような時代にあって，学校教育には，子供たちが様々な変化に積極的に向き合い，他者と協働して課題を解決していくことや，様々な情報を見極め，知識の概念的な理解を実現し，情報を再構成するなどして新たな価値につなげていくこと，複雑な状況変化の中で目的を再構築することができるようにすることが求められている。

　このことは，本来我が国の学校教育が大切にしてきたことであるものの，教師の世代交代が進むと同時に，学校内における教師の世代間のバランスが変化し，教育に関わる様々な経験や知見をどのように継承していくかが課題となり，子供たちを取り巻く環境の変化により学校が抱える課題も複雑化・困難化する中で，これまでどおり学校の工夫だけにその実現を委ねることは困難になってきている。

　こうした状況の下で，平成26年11月には，文部科学大臣から，新しい時代にふさわしい学習指導要領等の在り方について中央教育審議会に諮問を行った。中央教育審議会においては，2年1か月にわたる審議の末，平成28年12月21日に「幼稚園，小学校，中学校，高等学校及び特別支援学校の学習指導要領等の改善及び必要な方策等について（答申）」（以下「平成28年12月の中央教育審議会答申」という。）を示した。

　平成28年12月の中央教育審議会答申においては，"よりよい学校教育を通じてよりよい社会を創る"という目標を学校と社会が共有し，連携・協働しながら，新しい時代に求められる資質・能力を子供たちに育む「社会に開かれた教育課程」の実現を目指し，学習

指導要領等が，学校，家庭，地域の関係者が幅広く共有し活用できる「学びの地図」としての役割を果たすことができるよう，次の6点にわたってその枠組みを改善するとともに，各学校において教育課程を軸に学校教育の改善・充実の好循環を生み出す「カリキュラム・マネジメント」の実現を目指すことなどが求められた。

① 「何ができるようになるか」（育成を目指す資質・能力）
② 「何を学ぶか」（教科等を学ぶ意義と，教科等間・学校段階間のつながりを踏まえた教育課程の編成）
③ 「どのように学ぶか」（各教科等の指導計画の作成と実施，学習・指導の改善・充実）
④ 「子供一人一人の発達をどのように支援するか」（子供の発達を踏まえた指導）
⑤ 「何が身に付いたか」（学習評価の充実）
⑥ 「実施するために何が必要か」（学習指導要領等の理念を実現するために必要な方策）

　これを踏まえ，文部科学省においては，平成29年3月31日に幼稚園教育要領，小学校学習指導要領及び中学校学習指導要領を，また，同年4月28日に特別支援学校幼稚部教育要領及び小学部・中学部学習指導要領を公示した。

　高等学校については，平成30年3月30日に，高等学校学習指導要領を公示するとともに，学校教育法施行規則の関係規定について改正を行ったところであり，今後，平成34 (2022) 年4月1日以降に高等学校の第1学年に入学した生徒（単位制による課程にあっては，同日以降入学した生徒（学校教育法施行規則第91条の規定により入学した生徒で同日前に入学した生徒に係る教育課程により履修するものを除く。））から年次進行により段階的に適用することとしている。また，それに先立って，新学習指導要領に円滑に移行するための措置（移行措置）を実施することとしている。

● 2　改訂の基本方針

　今回の改訂は平成28年12月の中央教育審議会答申を踏まえ，次の基本方針に基づき行った。

(1) 今回の改訂の基本的な考え方

① 教育基本法，学校教育法などを踏まえ，これまでの我が国の学校教育の実践や蓄積を生かし，生徒が未来社会を切り拓くための資質・能力を一層確実に育成することを目指す。その際，求められる資質・能力とは何かを社会と共有し，連携する「社会に開かれた教育課程」を重視すること。

② 知識及び技能の習得と思考力，判断力，表現力等の育成のバランスを重視する平成21年改訂の学習指導要領の枠組みや教育内容を維持した上で，知識の理解の質を更に高め，確かな学力を育成すること。

③ 道徳教育の充実や体験活動の重視，体育・健康に関する指導の充実により，豊かな心や健やかな体を育成すること。

(2) 育成を目指す資質・能力の明確化

　平成 28 年 12 月の中央教育審議会答申においては，予測困難な社会の変化に主体的に関わり，感性を豊かに働かせながら，どのような未来を創っていくのか，どのように社会や人生をよりよいものにしていくのかという目的を自ら考え，自らの可能性を発揮し，よりよい社会と幸福な人生の創り手となる力を身に付けられるようにすることが重要であること，こうした力は全く新しい力ということではなく学校教育が長年その育成を目指してきた「生きる力」であることを改めて捉え直し，学校教育がしっかりとその強みを発揮できるようにしていくことが必要とされた。また，汎用的な能力の育成を重視する世界的な潮流を踏まえつつ，知識及び技能と思考力，判断力，表現力等とをバランスよく育成してきた我が国の学校教育の蓄積を生かしていくことが重要とされた。

　このため「生きる力」をより具体化し，教育課程全体を通して育成を目指す資質・能力を，ア「何を理解しているか，何ができるか（生きて働く「知識・技能」の習得）」，イ「理解していること・できることをどう使うか（未知の状況にも対応できる「思考力・判断力・表現力等」の育成）」，ウ「どのように社会・世界と関わり，よりよい人生を送るか（学びを人生や社会に生かそうとする「学びに向かう力・人間性等」の涵養）」の三つの柱に整理するとともに，各教科等の目標や内容についても，この三つの柱に基づく再整理を図るよう提言がなされた。

　今回の改訂では，知・徳・体にわたる「生きる力」を生徒に育むために「何のために学ぶのか」という各教科等を学ぶ意義を共有しながら，授業の創意工夫や教科書等の教材の改善を引き出していくことができるようにするため，全ての教科等の目標や内容を「知識及び技能」，「思考力，判断力，表現力等」，「学びに向かう力，人間性等」の三つの柱で再整理した。

(3) 「主体的・対話的で深い学び」の実現に向けた授業改善の推進

　子供たちが，学習内容を人生や社会の在り方と結び付けて深く理解し，これからの時代に求められる資質・能力を身に付け，生涯にわたって能動的に学び続けることができるようにするためには，これまでの学校教育の蓄積も生かしながら，学習の質を一層高める授業改善の取組を活性化していくことが必要である。

　特に，高等学校教育については，大学入学者選抜や資格の在り方等の外部要因によって，その教育の在り方が規定されてしまい，目指すべき教育改革が進めにくいと指摘されてきたところであるが，今回の改訂は，高大接続改革という，高等学校教育を含む初等中等教育改革と，大学教育の改革，そして両者をつなぐ大学入学者選抜改革という一体的な改革や，更に，キャリア教育の視点で学校と社会の接続を目指す中で実施されるものである。改めて，高等学校学習指導要領の定めるところに従い，各高等学校において生徒が卒業までに身に付けるべきものとされる資質・能力を育成していくために，どのようにしてこれまでの授業の在り方を改善していくべきかを，各学校や教師が考える必要がある。

　また，選挙権年齢及び成年年齢が 18 歳に引き下げられ，生徒にとって政治や社会が

一層身近なものとなる中，高等学校においては，生徒一人一人に社会で求められる資質・能力を育み，生涯にわたって探究を深める未来の創り手として送り出していくことが，これまで以上に重要となっている。「主体的・対話的で深い学び」の実現に向けた授業改善（アクティブ・ラーニングの視点に立った授業改善）とは，我が国の優れた教育実践に見られる普遍的な視点を学習指導要領に明確な形で規定したものである。

今回の改訂では，主体的・対話的で深い学びの実現に向けた授業改善を進める際の指導上の配慮事項を総則に記載するとともに，各教科等の「第3款　各科目にわたる指導計画の作成と内容の取扱い」等において，単元や題材など内容や時間のまとまりを見通して，その中で育む資質・能力の育成に向けて，主体的・対話的で深い学びの実現に向けた授業改善を進めることを示した。

その際，以下の点に留意して取り組むことが重要である。

① 授業の方法や技術の改善のみを意図するものではなく，生徒に目指す資質・能力を育むために「主体的な学び」，「対話的な学び」，「深い学び」の視点で，授業改善を進めるものであること。

② 各教科等において通常行われている学習活動（言語活動，観察・実験，問題解決的な学習など）の質を向上させることを主眼とするものであること。

③ 1回1回の授業で全ての学びが実現されるものではなく，単元や題材など内容や時間のまとまりの中で，学習を見通し振り返る場面をどこに設定するか，グループなどで対話する場面をどこに設定するか，生徒が考える場面と教師が教える場面とをどのように組み立てるかを考え，実現を図っていくものであること。

④ 深い学びの鍵として「見方・考え方」を働かせることが重要になること。各教科等の「見方・考え方」は，「どのような視点で物事を捉え，どのような考え方で思考していくのか」というその教科等ならではの物事を捉える視点や考え方である。各教科等を学ぶ本質的な意義の中核をなすものであり，教科等の学習と社会をつなぐものであることから，生徒が学習や人生において「見方・考え方」を自在に働かせることができるようにすることにこそ，教師の専門性が発揮されることが求められること。

⑤ 基礎的・基本的な知識及び技能の習得に課題がある場合には，それを身に付けさせるために，生徒の学びを深めたり主体性を引き出したりといった工夫を重ねながら，確実な習得を図ることを重視すること。

(4) 各学校におけるカリキュラム・マネジメントの推進

各学校においては，教科等の目標や内容を見通し，特に学習の基盤となる資質・能力（言語能力，情報活用能力（情報モラルを含む。以下同じ。），問題発見・解決能力等）や現代的な諸課題に対応して求められる資質・能力の育成のために教科等横断的な学習を充実することや，主体的・対話的で深い学びの実現に向けた授業改善を単元や題材など内容や時間のまとまりを見通して行うことが求められる。これらの取組の実現のためには，学校全体として，生徒や学校，地域の実態を適切に把握し，教育内容や時間の配分，必要な人的・物的体制の確保，教育課程の実施状況に基づく改善などを通して，教

育活動の質を向上させ，学習の効果の最大化を図るカリキュラム・マネジメントに努めることが求められる。

　このため，総則において，「生徒や学校，地域の実態を適切に把握し，教育の目的や目標の実現に必要な教育の内容等を教科等横断的な視点で組み立てていくこと，教育課程の実施状況を評価してその改善を図っていくこと，教育課程の実施に必要な人的又は物的な体制を確保するとともにその改善を図っていくことなどを通して，教育課程に基づき組織的かつ計画的に各学校の教育活動の質の向上を図っていくこと(以下「カリキュラム・マネジメント」という。) に努める」ことについて新たに示した。

(5) 教育内容の主な改善事項

　このほか，言語能力の確実な育成，理数教育の充実，伝統や文化に関する教育の充実，道徳教育の充実，外国語教育の充実，職業教育の充実などについて，総則や各教科・科目等（各教科・科目，総合的な探究の時間及び特別活動をいう。以下同じ。）において，その特質に応じて内容やその取扱いの充実を図った。

第2節 共通教科情報科改訂の趣旨及び要点

第1章
総 説

平成28年12月の中央教育審議会答申においては，学習指導要領改訂の基本的な考え方が示されるとともに，各教科等の改善の基本方針や主な改善事項が示されている。このたびの各学科に共通する教科情報科（以下，「共通教科情報科」という。）の改訂は，これらを踏まえて行ったものである。

● 1 共通教科情報科改訂の趣旨

(1) 現行学習指導要領の成果と課題

平成28年12月の中央教育審議会答申では，共通教科情報科における平成21年改訂の学習指導要領の成果と課題が次のように示されている。

○ 近年，情報技術は急激な進展を遂げ，社会生活や日常生活に浸透するなど，子供たちを取り巻く環境は劇的に変化している。今後，人々のあらゆる活動において，そうした機器やサービス，情報を適切に選択・活用していくことがもはや不可欠な社会が到来しつつある。それとともに，今後の高度情報社会を支える IT 人材の裾野を広げていくことの重要性が，各種政府方針等により指摘されている。そうした中，情報科は高等学校における情報活用能力育成の中核となってきたが，情報の科学的な理解に関する指導が必ずしも十分ではないのではないか，情報やコンピュータに興味・関心を有する生徒の学習意欲に必ずしも応えられていないのではないかといった課題が指摘されている。

○ こうしたことを踏まえ，小・中・高等学校を通じて，情報を主体的に収集・判断・表現・処理・創造し，受け手の状況などを踏まえて発信・伝達できる力や情報モラル等，情報活用能力を含む学習を一層充実するとともに，高等学校情報科については，生徒の卒業後の進路等を問わず，情報の科学的な理解に裏打ちされた情報活用能力を育むことが一層重要となってきている。

今回の改訂では，これらの課題に適切に対応できるよう改善を図った。

● 2 共通教科情報科改訂の要点

(1) 共通教科情報科の目標の改善
ア 目標の示し方

共通教科情報科は，小・中・高等学校の各教科等の指導を通じて行われる情報教育の中核として位置付けられる。そこで，「知識及び技能」，「思考力，判断力，表現力等」，「学びに向かう力，人間性等」の三つの柱に沿って整理された小・中・高等学校の各教科等の学習を通じて全ての児童・生徒に育成を目指す情報に関わる資質・能力を踏まえ（中央教育審議会答申別添資料 別添14-2），共通教科情報科において育成を目指す資質・能

力を整理し（中央教育審議会答申別添資料 別添14-1），更にこれを踏まえて共通教科情報科の教科目標を示した。

　情報活用能力については従前から情報教育の目標の3観点が示されてきたが，今後，「三つの柱」による資質・能力の視点を踏まえることにより，育成を目指す資質・能力とも関わらせながら具体的な指導内容や学習活動が一層イメージしやすくなるものと考えられる。

イ　共通教科情報科における「見方・考え方」

　共通教科情報科における「情報に関する科学的な見方・考え方」については，これまでの学習指導要領の中で，「情報に関する科学的な見方や考え方」として教科の目標に位置付けられたり，評価の観点の名称として用いられたりしてきた。

　今回の改訂では，「見方・考え方」を働かせた学習活動を通して，目標に示す資質・能力の育成を目指すこととした。これは平成28年12月の中央教育審議会答申において，「見方・考え方」は各教科等の学習の中で働き，鍛えられていくものであり，各教科等の特質に応じた物事を捉える視点や考え方として整理されたことを踏まえたものである。共通教科情報科では，「情報に関する科学的な見方・考え方」については，「事象を，情報とその結び付きとして捉え，情報技術の適切かつ効果的な活用（プログラミング，モデル化とシミュレーションを行ったり情報デザインを適用したりすること等）により，新たな情報に再構成すること」であると整理されている。

　なお，共通教科情報科は，小・中・高等学校の各教科等の指導を通じて行われる情報教育の中核であるから，カリキュラム・マネジメントを通じた，中学校の関連する教科等との縦の連携，高等学校の他教科等との横の連携も極めて重要である。

　共通教科情報科の学習では，「情報に関する科学的な見方・考え方」を働かせながら，知識及び技能を習得したり，習得した知識及び技能を活用して探究したりすることにより，生きて働く知識となり，技能の習熟につながるとともに，より広い範囲や複雑な事象を基に思考・判断・表現できる力や，自らの学びを振り返って次の学びに向かおうとする力などが育成され，このような学習を通じて，「情報に関する科学的な見方・考え方」が更に豊かで確かなものになっていくと考えられる。

(2) 共通教科情報科の具体的な改善事項
ア　教育課程の示し方の改善

　共通教科情報科の学習は，社会，産業，生活，自然等の種々の事象の中から問題を発見し，プログラムを作成・実行したりシミュレーションを実行したりするなど，情報技術を活用して問題の解決に向けた探究を行うという過程を通して展開される。実際の学習過程には多様なものがあると考えられる。（中央教育審議会答申別添資料 別添14-3）

　共通教科情報科においては，学習過程は上で述べたように多様なものが考えられるが，資質・能力を明確に示すことによって，具体的にどのような指導を行えばよいのかがイメージしやすくなるものと考えられることから，それぞれの教育内容を更に資質・能力の整理に沿って示していく。

イ　教育内容の改善・充実

　共通教科情報科の科目構成については，平成21年改訂の高等学校学習指導要領の「社会と情報」及び「情報の科学」の２科目からの選択必履修を改め，問題の発見・解決に向けて，事象を情報とその結び付きの視点から捉え，情報技術を適切かつ効果的に活用する力を全ての生徒に育む共通必履修科目としての「情報Ⅰ」を設けるとともに，「情報Ⅰ」において培った基礎の上に，問題の発見・解決に向けて，情報システムや多様なデータを適切かつ効果的に活用する力やコンテンツを創造する力を育む「情報Ⅰ」の発展的な選択科目としての「情報Ⅱ」を設けた。なお，標準単位数はいずれも２単位である。

　「情報Ⅰ」では，プログラミング，モデル化とシミュレーション，ネットワーク（関連して情報セキュリティを扱う）とデータベースの基礎といった基本的な情報技術と情報を扱う方法とを扱うとともに，コンテンツの制作・発信の基礎となる情報デザインを扱い，更に，この科目の導入として，情報モラルを身に付けさせ情報社会と人間との関わりについても考えさせる。

　「情報Ⅱ」では，情報システム，ビッグデータやより多様なコンテンツを扱うとともに，情報技術の発展の経緯と情報社会の進展との関わり，更に人工知能やネットワークに接続された機器等の技術と今日あるいは将来の社会との関わりについて考えさせる。

　なお，プログラミングに関しては，中学校技術・家庭科技術分野においても充実を図っており，それらの学習内容との適切な接続が求められる。

第3節　情報教育の中での共通教科情報科の位置付け

● 1　情報教育の目標

　共通教科情報科の目標や内容を正しく理解し，授業を通して確実に実現するためには，小・中・高等学校を通して体系的・系統的に行われる情報教育の目標について正しく理解する必要がある。

　平成11年改訂の高等学校学習指導要領において情報科を新設するに当たって，「情報化の進展に対応した初等中等教育における情報教育の推進等に関する調査研究協力者会議」は，平成9年10月の第1次報告「体系的な情報教育の実施に向けて」（以下，「第1次報告」という。）において，情報教育の目標の観点を「情報活用の実践力」，「情報の科学的な理解」，「情報社会に参画する態度」の三つに整理している。平成21年改訂の高等学校学習指導要領では，情報教育の目標の観点として引き続きこの3観点を位置付けている。今回の改訂においては，これを資質・能力の三つの柱に沿って再整理した。（中央教育審議会答申別紙3-1）

　これは，学習活動から見た場合は従前からの3観点による整理がイメージしやすいものの，今回の改訂により，教育課程を通じて情報活用能力を体系的に育んでいく上で，三つの柱に沿った整理をしたものである。育成すべき情報活用能力自体が変化するわけではなく，同じものを別の角度で見たものと解釈することができる。なお，情報教育とは情報活用能力を育む教育である。

● 2　3観点による情報活用能力の整理

(1) 情報活用の実践力

　第1次報告では，「情報活用の実践力」を次のように定義付けている。

> 　課題や目的に応じて情報手段を適切に活用することを含めて，必要な情報を主体的に収集・判断・表現・処理・創造し，受け手の状況などを踏まえて発信・伝達できる能力

　この定義からも明らかなように，情報教育によって育まれる「情報活用の実践力」とは，単に情報手段が操作できるという意味での「使うことのできる」力のことだけではない。このことについて，上記の定義を次の三つに区分して解説する。

　「課題や目的に応じて情報手段を適切に活用する」活動は，課題や目的に合った手段は何かを考えることから出発する。様々な情報手段の中から，直面する課題や目的に適した情報手段を主体的に選ぶことができることは，問題解決や目的達成のために情報や情報手段を適切に活用する上で極めて重要な力である。

　「必要な情報を主体的に収集・判断・表現・処理・創造し」とは，情報を取り扱う際

の一連の活動を例示的に示したものである。「情報活用の実践力」を習得するに当たっては，個々の活動を個別的・独立的に扱うのではなく，一連の流れを持った活動として扱うとともに，実習などを通して実際に体験させ，経験を積み重ねることで得られる結果を自ら評価し，改善を図ることが大切である。

「受け手の状況などを踏まえて発信・伝達できる能力」とは，情報の発信先，伝達先には必ず人間がいることを意識して，発信先，伝達先にとって分かりやすくかつ不快な思いをさせないような情報の発信・伝達ができることである。

以上の内容を生徒に確実に身に付けさせるには，学校種ごとに生徒の発達段階に応じて育んでいくことが大切である。

また，「情報活用の実践力」を育成することは，「生きる力」の育成と密接につながっている。基礎的な知識と技能の習得や思考力・判断力・表現力等の育成のための具体的な学習活動として例示されている，調べる，まとめる，発表する，話し合う，討論するなどの学習活動は，多くの場合，情報手段を活用して行われている。情報手段を活用したこれらの学習活動を通して「情報活用の実践力」を高めていくことができる。他方，「情報活用の実践力」が高まることにより，これらの学習活動がより一層活発になっていく。このように学習活動と「情報活用の実践力」との間に相乗効果が期待できるのであり，このような視点で，「生きる力」を育成するという観点から学校教育全体で「情報活用の実践力」を育成するように配慮しなければならない。

(2) 情報の科学的な理解

第1次報告では，「情報の科学的な理解」を次のように定義付けている。

> 情報活用の基礎となる情報手段の特性の理解と，情報を適切に扱ったり，自らの情報活用を評価・改善するための基礎的な理論や方法の理解

この定義からも明らかなように，情報教育によって育まれる「情報の科学的な理解」とは，単に情報手段の種類，仕組みや特性などについて理解することだけではない。情報に関わるあらゆる学問の中から，情報や情報手段を適切に活用するために必要となる基礎的な理論を理解し，方法を習得するとともに，それらを実践することである。

「情報活用の基礎となる情報手段の特性の理解」とは，情報手段の特性を理解することにとどまらず，理解した情報手段の特性を踏まえて情報手段を適切に選択し活用することまでを含んでいる。

「情報を適切に扱ったり，自らの情報活用を評価・改善するための基礎的な理論や方法の理解」とは，情報や情報手段をよりよく活用するために，情報そのものについて理解を深めるとともに，問題解決の手順と結果の評価及び情報を表現するための技法，人間の知覚，記憶，思考などの特性などについて基礎的な理論を理解し，方法を習得するとともに，それらを実践することである。

(3) 情報社会に参画する態度

第1次報告では,「情報社会に参画する態度」を次のように定義付けている。

> 社会生活の中で情報や情報技術が果たしている役割や及ぼしている影響を理解し,情報モラルの必要性や情報に対する責任について考え,望ましい情報社会の創造に参画しようとする態度

社会の情報化が急速に進展する中，私たちが情報化によって享受しているいわゆる情報化の「光」と「影」の部分が人間や社会に与える影響について理解するとともに，それらに適切に対処していくことができる方法などについて習得することによって，情報社会へ積極的に参画していく態度を身に付けさせることは，今後ますます重要になっていく。

「社会生活の中で情報や情報技術が果たしている役割や及ぼしている影響を理解」するとは，社会を情報や情報技術の視点から捉えることにより，情報化の「光」と「影」の両面から情報社会についての理解を深めていくことである。

「情報モラルの必要性や情報に対する責任について考え」とは,情報社会においては,全ての人間が情報の送り手と受け手の両方の役割を持つようになるという現状を踏まえ，情報の送り手と受け手としてあらゆる場面において適切な行動をとることができるようにするために必要なルールや心構え及び情報を扱うときに生じる責任について考えることである。

「望ましい情報社会の創造に参画しようとする態度」とは，以上のことを踏まえ，情報社会に積極的に参加し，よりよい情報社会にするための活動に積極的に加わろうとする意欲的な態度のことである。

情報手段の特性について客観的な知識として身に付けるだけでは，必ずしも情報手段を実践的に活用するために十分であるとはいえない。情報手段を実践的に活用するためには，様々な技能の助けが必要となる。これら情報教育の目標の三つの観点は，個々に独立した能力・態度ではない。情報の科学的な理解が効率的な情報活用の実践につながり，情報活用の実践を多く行い具体例を豊富に持つことが，情報の科学的な理解を促進する。また，情報社会に参画する態度を身に付けることが適正な情報活用の実践につながり,情報活用の実践の経験やその反省を通して情報社会に参画する態度が育成される。

このように，情報社会を理解するためには，社会の中で情報や情報技術が果たしている役割を科学的に捉える必要があり，また，情報の科学的な理解の必要性を理解するには,情報社会における様々な問題を認識することが動機付けになる。このようにまさに，3観点は相互に緊密な関連を持つとともに，他の観点を補完・補強しながら育まれていく。

共通教科情報科では，こうした3観点の特性等を理解した上で，相互に関連付けながらバランスよく育んでいくことが大切である。

● 3 資質・能力の三つの柱に沿った情報活用能力の整理

情報活用能力は，高等学校学習指導要領第1章総則第2款の2の(1)において，言語能力と問題発見・解決能力等とともに生徒の発達の段階を考慮し，各教科・科目等の特質を生かし，教科等横断的な視点に立って育成するものとして示されている。

中央教育審議会答申の別紙3−1で，情報活用能力を構成する資質・能力のイメージとして，情報活用能力を資質・能力の三つの柱に沿って整理している。

(1) 知識及び技能

「知識及び技能」については，次のように示されている。

> 情報と情報技術を活用した問題の発見・解決等の方法や，情報化の進展が社会の中で果たす役割や影響，情報に関する法律・規則やマナー，個人が果たす役割や責任等について情報の科学的な理解に裏打ちされた形で理解し，情報と情報技術を適切に活用するために必要な技能を身に付けていること。

「情報と情報技術を活用した問題の発見・解決等の方法」とは，問題の発見・解決の方法そのものと，統計処理やビッグデータの解析などの情報の活用，プログラミング，モデル化とシミュレーション，情報デザインの適用などの情報技術の活用により問題の発見・解決等を行う方法のことである。

「情報化の進展が社会の中で果たす役割や影響」とは，情報化の進展により社会が変化して便利になったこと，よりよくなったものだけでなく，SNS（Social Networking Service）における誹謗中傷，デジタルデバイドなどの情報化の影の部分も含まれる。

「情報に関する法律・規則やマナー」には，個人情報の保護に関する法律，知的財産に関する法律，サイバー犯罪の防止に関係する法律など，情報や権利の保護と活用に関するもの，犯罪に関するものなどがある。マナーも含めてその意義を理解する必要がある。

「個人が果たす役割や責任等」については，情報の送り手として間違った情報を発信しないなどの配慮，情報の受け手として信頼性や信憑性を判断したり確保したりすること，周りの人や所属する組織の情報を適切に保持し管理するための情報セキュリティ対策などがある。

これらについて，「情報の科学的な理解」を基にした知識を深め，必要な技能を身に付けることが大切である。

(2) 思考力，判断力，表現力等

「思考力，判断力，表現力等」については，次のように示されている。

> 様々な事象を情報とその結び付きの視点から捉え，複数の情報を結び付けて新たな

意味を見いだす力や，問題の発見・解決に向けて情報技術を適切かつ効果的に活用する力を身に付けていること。

　「様々な事象を情報とその結び付きの視点から捉え」とは，各教科の学びの対象でもある社会，産業，生活，自然等のあらゆる事象を対象とし，情報科特有の視点で捉え，モデル化の手法を適用するなど，とりわけ後にコンピュータ等の情報技術を用いた処理に適するようなアプローチで事象を見ることにより，複雑であったり，混沌としたりしている事象を抽象化して「情報」と「複数の情報の結び付き」として把握することである。

　「複数の情報を結び付けて新たな意味を見いだす力や，問題の発見・解決に向けて情報技術を適切かつ効果的に活用する力」とは，把握された事象を，情報技術の活用（プログラミング，モデル化とシミュレーション，情報デザインの適用など，抽象化された情報の情報技術による取扱い）を通して，例えばプログラムの実行結果，分析によって得られた情報，デザインされた表現など，新たな情報として再構成していくというようにして，問題の発見・解決を遂行していく力のことである。

(3) 学びに向かう力，人間性等

　「学びに向かう力，人間性等」については，次のように示されている。

　情報や情報技術を適切かつ効果的に活用して情報社会に主体的に参画し，その発展に寄与しようとする態度を身に付けていること。

　「情報や情報技術を適切かつ効果的に活用して」とは，単にコンピュータ等を利用するということではなく，情報モラル等にも留意した合理的な判断に基づいて，プログラミング，モデル化とシミュレーション，情報デザイン等の情報を扱う方法を適切に適用すること，解決が可能となるように問題を細分化したり，処理を最適化したりするなど，コンピュータ等の情報技術の特性をできる限り生かすことを志向すること，見通しを持った試行錯誤と評価・改善とを重ねながら問題の発見・解決を進めていくことなどである。

　「情報社会に主体的に参画し，その発展に寄与しようとする態度」とは，上記(1)，(2)のことを踏まえ，情報社会に積極的に参画し，身に付けた情報活用能力を生かしてその発展に寄与しようとする意欲的な態度のことである。

　情報教育が育成を目指す資質・能力を実践的な行動に結び付けるには，情報社会に参画し，その発展に寄与しようとする態度の育成が不可欠である。こうした態度が育成されるとき，情報活用能力全体が高められることにつながっていく。

　これらの情報活用能力に関わる資質・能力は，個々に独立したものではない。問題の発見・解決の過程を通して新たな知識や技能が獲得されるとともに，思考力，判断力，表現力等が育まれ，知識や技能は活用を通してより洗練されたものになる。これらの過

程を通して，情報社会に主体的に参画し，その発展に寄与しようとする態度が育まれ，それが他の資質・能力とともに高まっていく。

4 情報活用能力の育成

平成28年12月の中央教育審議会答申は，情報活用能力の育成について次のように示している。

（情報活用能力（情報技術を手段として活用する力を含む）の育成）

○ 情報活用能力とは，世の中の様々な事象を情報とその結び付きとして捉えて把握し，情報及び情報技術を適切かつ効果的に活用して，問題を発見・解決したり自分の考えを形成したりしていくために必要な資質・能力のことである。

○ 将来の予測が難しい社会においては，情報や情報技術を受け身で捉えるのではなく，手段として活用していく力が求められる。未来を拓いていく子供たちには，情報を主体的に捉えながら，何が重要かを主体的に考え，見いだした情報を活用しながら他者と協働し，新たな価値の創造に挑んでいくことがますます重要になってくる。

○ また，情報化が急速に進展し，身の回りのものに情報技術が活用されていたり，日々の情報収集や身近な人との情報のやりとり，生活上必要な手続きなど，日常生活における営みを，情報技術を通じて行ったりすることが当たり前の世の中となってきている。情報技術は今後，私たちの生活にますます身近なものとなっていくと考えられ，情報技術を手段として活用していくことができるようにしていくことも重要である。

○ 加えて，スマートフォンやソーシャル・ネットワーキング・サービス（以下「SNS」という。）が急速に普及し，これらの利用を巡るトラブルなども増大している。子供たちには，情報技術が急速に進化していく時代にふさわしい情報モラルを身に付けていく必要がある。

○ こうした情報活用能力については，これまで「情報活用の実践力」「情報の科学的な理解」「情報社会に参画する態度」の3観点と8要素に整理されてきているが，今後，教育課程を通じて体系的に育んでいくため，別紙3－1のとおり，資質・能力の三つの柱に沿って再整理した。

○ 情報技術の基本的な操作については，インターネットを通じて情報を得たり，文章の作成や編集にアプリケーションを活用したり，メールやSNSを通じて情報を共有することが社会生活の中で当たり前となっている中で，小学校段階から，文字入力やデータ保存などに関する技能の着実な習得を図っていくことが求められる。

○ また，身近なものにコンピュータが内蔵され，プログラミングの働きにより生活の便利さや豊かさがもたらされていることについて理解し，そうしたプログラミングを，自分の意図した活動に活用していけるようにすることもますます重要になっている。将来どのような職業に就くとしても，時代を超えて普遍的に求められる「プ

ログラミング的思考」などを育むプログラミング教育の実施を，子供たちの生活や教科等の学習と関連付けつつ，発達の段階に応じて位置付けていくことが求められる。その際，小・中・高等学校を見通した学びの過程の中で，「主体的・対話的で深い学び」の実現に資するプログラミング教育とすることが重要である。

○　また，社会生活の中でICTを日常的に活用することが当たり前の世の中となる中で，社会で生きていくために必要な資質・能力を育むためには，学校の生活や学習においても，日常的にICTを活用できる環境を整備していくことが不可欠である。

○　文部科学省が設置した「2020年代に向けた教育の情報化に関する懇談会」において，次期学習指導要領等の実現に不可欠なICT環境やICT教材の在り方について方向性がまとめられたところである。こうした方向性を踏まえ，国が主導的な役割を果たしながら，各自治体における必要な環境整備を加速化していくことを強く要請する。

● 5　高等学校の他教科等との関係

　高等学校段階における情報教育を，共通教科情報科だけが担うように極めて限定的に捉えてはならない。高等学校学習指導要領第1章総則第3款の1の(3)に「第2款の2の(1)に示す情報活用能力の育成を図るため，各学校において，コンピュータや情報通信ネットワークなどの情報手段を活用するために必要な環境を整え，これらを適切に活用した学習活動の充実を図ること。また，各種の統計資料や新聞，視聴覚教材や教育機器などの教材・教具の適切な活用を図ること。」とあるように，義務教育段階と同様，高等学校段階においても，教科等の特質に応じて教科等横断的に情報活用能力を身に付けさせる教育のより一層の充実が求められている。

　また，高等学校学習指導要領第2章第10節情報第3款の1の(2)に「他の各教科・科目等の学習において情報活用能力を生かし高めることができるよう，他の各教科・科目等との連携を図ること。」とあるように，共通教科情報科の学びによって身に付けた能力や態度を他の教科・科目等の学習において積極的に活用していくことが重要である。更に第3款の1の(4)に「公民科及び数学科などの内容との関連を図るとともに，教科の目標に即した調和のとれた指導が行われるよう留意すること。」とあるように，(2)の内容をより明確に示す規定を設け，他教科等との関連が重要なことを示している。このことを踏まえ，学校全体での情報教育を考えるときには，共通教科情報科と他教科等の学習内容や学習活動との関連をよく検討してカリキュラム・マネジメントを行い，効果的な指導計画を立てることが大切である。

　その際，高等学校学習指導要領第1章総則第3款の1の(6)にあるように，学校図書館を計画的に利用しその機能の活用を図ることも大切である。書籍やデジタルメディアなどの情報と情報手段を合わせて利用できるようにした学校図書館を，学習情報センターとして生徒の主体的な学習活動に役立てていけるように整備を図り活用していくことが必要で

ある。

● 6 　中学校技術・家庭科技術分野等との関係

　共通教科情報科の学習内容は，中学校技術・家庭科技術分野の内容「D 情報の技術」との系統性を重視している。今回の改訂では，「D 情報に関する技術」について，小学校におけるプログラミング教育の成果を生かして発展させるという視点から，従前からの計測・制御に加えて，ネットワークを利用した双方向性のあるコンテンツのプログラミングについても取り上げるなどの内容の改善を図っている。共通教科情報科の指導を行うためには，これらの中学校技術・家庭科技術分野の改善内容を十分踏まえることが重要である。

　また，中学校学習指導要領第 1 章総則第 2 の 2 の(1)には，「各学校においては，生徒の発達の段階を考慮し，言語能力，情報活用能力（情報モラルを含む），問題発見・解決能力等の学習の基盤となる資質・能力を育成していくことができるよう，各教科等の特質を生かし，教科等横断的な視点から教育課程の編成を図るものとする。」と規定されている。生徒は，中学校の各教科，道徳，総合的な学習の時間及び特別活動で，中学校までの発達の段階に応じた情報活用能力（情報モラルを含む）を身に付けて高等学校に入学してくる。生徒が義務教育段階において，どのような情報活用能力を身に付けてきたかについて，あらかじめその内容と程度を的確に把握して，共通教科情報科の指導に生かす必要がある。

● 7 　専門教科情報科との関係

　主として専門学科において開設される教科情報科（以下，「専門教科情報科」という。）は，情報産業の構造の変化や情報産業が求める人材の多様化，細分化，高度化に対応する観点から，情報の各分野における基礎的な知識と技術や職業倫理等を身に付けた人材を育成することをねらいとする教科で，「情報産業と社会」，「課題研究」，「情報の表現と管理」，「情報テクノロジー」，「情報セキュリティ」，「情報システムのプログラミング」，「ネットワークシステム」，「データベース」，「情報デザイン」，「コンテンツの制作と発信」，「メディアとサービス」，「情報実習」といった 12 科目で構成されている。なお，専門教科情報科では，情報の各分野を「情報システム分野」，「コンテンツ分野」及び「共通的分野」と捉えている。

　専門教科情報科の科目の内容は，共通教科情報科の「情報 I」，「情報 II」の学習内容をより広く，深く学習することを可能にするための参考になる。生徒の多様な学習要求に応えるとともに，生徒の情報活用能力をより一層高めたり，進路希望等を実現させたりするために，共通教科情報科の各科目の履修に引き続いて専門教科情報科の科目を履修させることも可能である。例えば，専門教科情報科の科目のうち基礎的分野に位置付けられている「情報産業と社会」，「情報の表現と管理」，「情報テクノロジー」，「情報セキュリティ」の各科目は，それぞれ情報産業と社会との関わり，情報の表現と管理，情報産業を支える情報技術，情報セキュリティに関する基礎的な知識と技術を身に付け，それぞれを活用する能力と態度を養うことを目指している。そこで，「情報 I」や「情報 II」の学習内容のうち，これらに関する内容，情報システム分野やコンテンツ分野の内容をより広く，深く

学ばせたい場合には，共通教科情報科の科目に引き続いて専門教科情報科の科目を選択履修させることが考えられる。

情報科の科目履修のモデル例

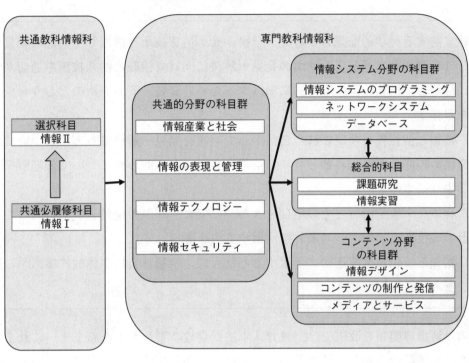

第1章
総　説

第4節　共通教科情報科の目標

教科の目標は次のとおりである。

> 　情報に関する科学的な見方・考え方を働かせ，情報技術を活用して問題の発見・解決を行う学習活動を通して，問題の発見・解決に向けて情報と情報技術を適切かつ効果的に活用し，情報社会に主体的に参画するための資質・能力を次のとおり育成することを目指す。
>
> (1) 情報と情報技術及びこれらを活用して問題を発見・解決する方法について理解を深め技能を習得するとともに，情報社会と人との関わりについての理解を深めるようにする。
>
> (2) 様々な事象を情報とその結び付きとして捉え，問題の発見・解決に向けて情報と情報技術を適切かつ効果的に活用する力を養う。
>
> (3) 情報と情報技術を適切に活用するとともに，情報社会に主体的に参画する態度を養う。

　今回の学習指導要領の改訂では，教育基本法，学校教育法などを踏まえ，これまでの我が国の実践や蓄積を活かし，子供たちが未来社会を切り拓くための資質・能力を一層確実に育成することを目指している。その際，子供たちに求められる資質・能力とは何かを社会と共有し，連携する「社会に開かれた教育課程」を重視している。また，知識及び技能の習得と思考力，判断力，表現力等の育成のバランスを重視する従前の学習指導要領の枠組みや教育内容を維持した上で，教科の見方・考え方を重視し，知識の理解の質を更に高め，確かな学力の育成を目指している。更に，高大接続改革という，高等学校教育を含む初等中等教育改革と，大学教育改革，そして両者をつなぐ大学入試選抜改革の一体的改革の中で実施される改訂であり，これまで以上に学校と社会の接続を重視している。また，知・徳・体にわたる「生きる力」を子供たちに育むため，「何のために学ぶのか」という学習の意義を共有しながら，授業の創意工夫や教材の改善を引き出していけるよう，身に付けるべき資質・能力を①知識及び技能，②思考力，判断力，表現力等，③学びに向かう力，人間性等の三つの柱で再整理した。

　このことを踏まえ，共通教科情報科では，教科の目標において，身に付けるべき①知識及び技能，②思考力，判断力，表現力等，③学びに向かう力，人間性等を示している。具体的には共通教科情報科では，情報に関する科学的な見方・考え方を重視するとともに，問題の発見・解決に向けて情報と情報技術を適切かつ効果的に活用するための知識及び技能を身に付け，実際に活用する力を養うとともに，情報社会に主体的に参画する態度を養うことを目指している。

　教科の目標は，全ての生徒が履修する科目である「情報Ⅰ」と，「情報Ⅰ」の履修を前提として選択的に履修される科目である「情報Ⅱ」の目標を包括して示したものであり，

教科で身に付けるべき資質・能力は次の三つに整理されている。共通教科情報科では、これら個々の資質・能力を相互に関連付けながら、情報化した社会の構成員として必須となる素養である情報活用能力を確実に身に付ける教育の実現を目指すことになる。

(1) 「**情報と情報技術及びこれらを活用して問題を発見・解決する方法について理解を深め技能を習得するとともに、情報社会と人との関わりについての理解を深めるようにする**」とは、情報と情報技術についての知識と技能、情報と情報技術を活用して問題を発見・解決する方法についての知識と技能を身に付けるようにするとともに、情報社会と人との関わりについては、情報に関する法規や制度及びマナー、個人が果たす役割や責任等について、情報と情報技術の理解と併せて身に付けるようにすることを示している。

(2) 「**様々な事象を情報とその結び付きとして捉え、問題の発見・解決に向けて情報と情報技術を適切かつ効果的に活用する力を養う**」とは、情報に関する科学的な見方・考え方を働かせ、様々な事象を情報とその結び付きの視点から捉え、複数の情報を結び付けて新たな意味を見いだす力を養うとともに、問題を発見・解決する各段階で情報と情報技術を活用する過程を振り返り改善することで、情報と情報技術を適切かつ効果的に活用する力を養うことを示している。

(3) 「**情報と情報技術を適切に活用するとともに、情報社会に主体的に参画する態度を養う**」とは、情報と情報技術を適切に活用することを通して、法規や制度及びマナーを守ろうとする態度、情報セキュリティを確保しようとする態度などの情報モラルを養い、これらを踏まえて情報と情報技術を活用することで情報社会に主体的に参画する態度を養うことを示している。「情報Ⅰ」では、この目標の実現を目指し、「情報Ⅱ」では、参画するだけではなく、発展に寄与することも求めている。

第5節　共通教科情報科の科目編成

共通教科情報科は，次の2科目で構成されている。

改訂後（平成30年告示）		改訂前（平成21年告示）	
科目名	標準単位数	科目名	標準単位数
情報Ⅰ	2単位	社会と情報	2単位
情報Ⅱ	2単位	情報の科学	2単位

　平成21年の高等学校学習指導要領改訂では，「情報社会に参画する態度」及び「情報の科学的な理解」に関する内容を重視した基礎的な科目として「社会と情報」と「情報の科学」を設置することとし，各科目に義務教育段階では学習しない情報手段を積極的に活用する実習を多く取り入れた。ここで特に留意しなければならないことは，各科目の学習によって「情報活用の実践力」及び情報モラルに関する内容が共通に，かつ，より実践的に行われるように改善が図られていることである。共通教科情報科は全ての生徒に履修させる教科であり，生徒の能力・適性，多様な興味・関心，進路希望等に応じて「社会と情報」及び「情報の科学」のうち1科目を選択履修させることとしている。

　今回の改訂では，「情報の科学的な理解」に裏打ちされた情報活用能力を育むとともに，情報と情報技術を問題の発見・解決に活用するための科学的な考え方等を育むことが求められていることから，「社会と情報」，「情報の科学」の2科目からの選択必履修を改め，問題の発見・解決に向けて，事象を情報とその結び付きの視点から捉え，情報技術を適切かつ効果的に活用する力を全ての生徒に育む共通必履修科目としての「情報Ⅰ」を設けるとともに，「情報Ⅰ」において培った基礎の上に，問題の発見・解決に向けて，情報システムや多様なデータを適切かつ効果的に活用する力やコンテンツを創造する力を育む選択科目としての「情報Ⅱ」を設置した。

　具体的には，コンピュータについての本質的な理解に資する学習活動としてのプログラミングや，より科学的な理解に基づく情報セキュリティに関する学習活動を充実した。また，統計的な手法の活用も含め，情報技術を用いた問題発見・解決の手法や過程に関する学習を充実した。「情報Ⅰ」に関しては，全ての生徒が学ぶという共通性と，情報技術を活用しながら問題の発見・解決に向けて探究するという学習過程を重視することを踏まえ，取り扱う内容について，これからの社会を生きる上で真に必要なものであり，生徒にとって加重とならないよう配慮した。

　各学校においては，自校の履修科目を設定する際，生徒の興味・関心や進路に応じた学びが実現できるように配慮することが望まれる。なお，共通教科情報科の学習内容をより広く，深く学ぶために，専門教科情報科の科目の内容が参考になる。「情報Ⅰ」及び「情報Ⅱ」を更に発展させた学習を行うために，専門教科情報科の科目を履修させることも可能である。

改訂前と改訂後の共通教科情報科

5
共通教科情
報科の科目
編成

○「情報Ⅰ」は，問題の発見・解決
　に向けて，事象を情報とその結び
　付きの視点から捉え，情報技術を
　適切かつ効果的に活用する力を全
　ての生徒に育む共通必履修科目。
○「情報Ⅱ」は，「情報Ⅰ」の基礎
　の上に，情報システムや多様な
　データを適切かつ効果的に活用す
　る力や，コンテンツを創造する力
　を育む選択科目。

情報Ⅱ（改訂後）

　情報に関する科学的な見方・考え方を働かせ，情
報技術を活用して問題の発見・解決を行う学習活動
を通して，問題の発見・解決に向けて情報と情報技
術を適切かつ効果的，創造的に活用し，情報社会に
主体的に参画し，その発展に寄与するための資質・
能力を次のとおり育成することを目指す。
(1) 多様なコミュニケーションの実現，情報システ
　　ムや多様なデータの活用について理解を深め技
　　能を習得するとともに，情報技術の発展と社会
　　の変化について理解を深めるようにする。
(2) 様々な事象を情報とその結び付きとして捉え，
　　問題の発見・解決に向けて情報と情報技術を適
　　切かつ効果的，創造的に活用する力を養う。
(3) 情報と情報技術を適切に活用するとともに，新
　　たな価値の創造を目指し，情報社会に主体的に
　　参画し，その発展に寄与する態度を養う。

- -

(1) 情報社会の進展と情報技術
(2) コミュニケーションとコンテンツ
(3) 情報とデータサイエンス
(4) 情報システムとプログラミング
(5) 情報と情報技術を活用した問題発見・解決の探
　　究

社会と情報（改訂前）

　情報の特徴と情報化が社会に及
ぼす影響を理解させ，情報機器や
情報通信ネットワークなどを適切
に活用して情報を収集，処理，表
現するとともに効果的にコミュニ
ケーションを行う能力を養い，情
報社会に積極的に参画する態度を
育てる。

- - - - - - - - - - - - - - - - - -

(1) 情報の活用と表現
(2) 情報通信ネットワークとコミュ
　　ニケーション
(3) 情報社会の課題と情報モラル
(4) 望ましい情報社会の構築

情報の科学（改訂前）

　情報社会を支える情報技術の役
割や影響を理解させるとともに，
情報と情報技術を問題の発見と解
決に効果的に活用するための科学
的な考え方を習得させ，情報社会
の発展に主体的に寄与する能力と
態度を育てる。

- - - - - - - - - - - - - - - - - -

(1) コンピュータと情報通信ネット
　　ワーク
(2) 問題解決とコンピュータの活用
(3) 情報の管理と問題解決
(4) 情報技術の進展と情報モラル

情報Ⅰ（改訂後）

　情報に関する科学的な見方・考え方を働かせ，情
報技術を活用して問題の発見・解決を行う学習活動
を通して，問題の発見・解決に向けて情報と情報技
術を適切かつ効果的に活用し，情報社会に主体的に
参画するための資質・能力を次のとおり育成するこ
とを目指す。
(1) 効果的なコミュニケーションの実現，コンピュー
　　タやデータの活用について理解を深め技能を習
　　得するとともに，情報社会と人との関わりにつ
　　いて理解を深めるようにする。
(2) 様々な事象を情報とその結び付きとして捉え，
　　問題の発見・解決に向けて情報と情報技術を適
　　切かつ効果的に活用する力を養う。
(3) 情報と情報技術を適切に活用するとともに，情
　　報社会に主体的に参画する態度を養う。

- -

(1) 情報社会の問題解決
(2) コミュニケーションと情報デザイン
(3) コンピュータとプログラミング
(4) 情報通信ネットワークとデータの活用

21

第2章 共通教科情報科の各科目

第1節 情報Ⅰ

● 1 目標

「情報Ⅰ」の目標は，次のように示されている。

情報に関する科学的な見方・考え方を働かせ，情報技術を活用して問題の発見・解決を行う学習活動を通して，問題の発見・解決に向けて情報と情報技術を適切かつ効果的に活用し，情報社会に主体的に参画するための資質・能力を次のとおり育成することを目指す。

(1) 効果的なコミュニケーションの実現，コンピュータやデータの活用について理解を深め技能を習得するとともに，情報社会と人との関わりについて理解を深めるようにする。

(2) 様々な事象を情報とその結び付きとして捉え，問題の発見・解決に向けて情報と情報技術を適切かつ効果的に活用する力を養う。

(3) 情報と情報技術を適切に活用するとともに，情報社会に主体的に参画する態度を養う。

この科目のねらいは，具体的な問題の発見・解決を行う学習活動を通して，問題の発見・解決に向けて情報と情報技術を活用するための知識と技能を身に付け，情報と情報技術を適切かつ効果的に活用するための力を養い，情報社会に主体的に参画するための資質・能力を育成することである。

(1) **「効果的なコミュニケーションの実現，コンピュータやデータの活用について理解を深め技能を習得するとともに，情報社会と人との関わりについて理解を深めるようにする」** とは，効果的なコミュニケーションを実現するために必要な情報デザイン，コンピュータを活用するために必要な情報が処理される仕組み，データを活用するために必要な収集，整理，分析の方法，プログラム，モデル化とシミュレーション，ネットワーク，データベースなどについて理解し，技能を身に付けるとともに，情報社会と人との関わりについては，情報に関する法規や制度及びマナー，個人が果たす役割や責任等について，情報と情報技術の理解と併せて身に付けるようにすることを示している。

(2) **「様々な事象を情報とその結び付きとして捉え，問題の発見・解決に向けて情報と情報技術を適切かつ効果的に活用する力を養う」** とは，情報に関する科学的な見方・考え方を働かせ，様々な事象を情報とその結び付きとして捉え，コミュニケーションの手段，コンピュータ，ネットワーク，データ及びデータベースなどの活用を通して，情報社会などの問題の発見・解決に向けて，試行錯誤と振り返り及び改善を行い，情報と情報技術を適切かつ効果的に活用する力を養うことを示している。

(3) **「情報と情報技術を適切に活用するとともに，情報社会に主体的に参画する態度を養う」** とは，情報と情報技術を適切に活用することで，法規や制度及びマナーを守ろうとする態度，情報セキュリティを確保しようとする態度などの情報モラルを養い，これらを踏まえて情報と情報技術を活用することで情報社会に主体的に参画する態度を養うことを示している。

● 2　内容とその取扱い

(1) 情報社会の問題解決

　情報と情報技術を活用した問題の発見・解決の方法に着目し，情報社会の問題を発見・解決する活動を通して，次の事項を身に付けることができるよう指導する。
ア　次のような知識及び技能を身に付けること。
　(ｱ) 情報やメディアの特性を踏まえ，情報と情報技術を活用して問題を発見・解決する方法を身に付けること。
　(ｲ) 情報に関する法規や制度，情報セキュリティの重要性，情報社会における個人の責任及び情報モラルについて理解すること。
　(ｳ) 情報技術が人や社会に果たす役割と及ぼす影響について理解すること。
イ　次のような思考力，判断力，表現力等を身に付けること。
　(ｱ) 目的や状況に応じて，情報と情報技術を適切かつ効果的に活用して問題を発見・解決する方法について考えること。
　(ｲ) 情報に関する法規や制度及びマナーの意義，情報社会において個人の果たす役割や責任，情報モラルなどについて，それらの背景を科学的に捉え，考察すること。
　(ｳ) 情報と情報技術の適切かつ効果的な活用と望ましい情報社会の構築について考察すること。

（内容の取扱い）

---

　(2) 内容の(1)については，この科目の導入として位置付け，(2)から(4)までとの関連に配慮するものとする。アの(ｲ)及び(ｳ)並びにイの(ｲ)及び(ｳ)については，生徒が情報社会の問題を主体的に発見し明確化し，解決策を考える活動を取り入れるものとする。

　ここでは，情報やメディアの特性を踏まえ，情報の科学的な見方・考え方を働かせて，情報と情報技術を活用して問題を発見・解決する学習活動を通して，問題を発見・解決する方法を身に付けるとともに，情報技術が人や社会に果たす役割と影響，情報モラルなどについて理解するようにし，情報と情報技術を適切かつ効果的に活用して問題を発見・解決し，望ましい情報社会の構築に寄与する力を養う。

こうした活動を通して，情報社会における問題の発見・解決に情報と情報技術を適切かつ効果的に活用しようとする態度，情報モラルなどに配慮して情報社会に主体的に参画しようとする態度を養うことが考えられる。

問題を発見・解決する方法については，中学校までの段階で学習するものを踏まえて，情報と情報技術を活用した具体的な問題解決の中で扱う。情報に関する法規や制度及びマナーの意義，情報社会において個人の果たす役割や責任，情報モラルなどの指導に当たっては，中学校までの学習や公民科をはじめ他教科等の学習との関連を図ることが大切である。

アの(ア) 情報やメディアの特性を踏まえ，情報と情報技術を活用して問題を発見・解決する方法を身に付けることでは，情報と情報技術を活用して問題を発見・解決するために，情報には「形がない」，「消えない」，「簡単に複製できる」，「容易に伝播する」などの特性や，表現，伝達，記録などに使われるメディアの特性を理解するようにし，問題解決の一連の流れ及び各場面で必要な知識及び技能を身に付けるようにする。その際，得られた情報を文章や図にするなど可視化することによって，比較したり，組み合わせたり，新たな情報を生み出したりすることができることを理解するようにする。更に，選択した解決方法によって作業の効率や得られる結果が異なる場合があること，問題解決の各場面や解決後に自ら振り返ったり他者に評価してもらったりして改善することが大切なこと，成果を発信し，周りと共有することによって情報が蓄積され，情報と情報技術を活用した自らの問題解決が社会に貢献できる可能性があることについて理解するようにする。

イの(ア) 目的や状況に応じて，情報と情報技術を適切かつ効果的に活用して問題を発見・解決する方法について考えることでは，問題を発見・解決するための一連の流れの中で，情報と情報技術を適切かつ効果的に活用し，思考を広げ，整理し，深め，科学的な根拠をもって物事を判断する力を養う。その際，問題解決のゴールを想定する力，複数の解決策を作り科学的な根拠に基づき合理的に選択する力，問題がどの程度解決されたのかを判断する力，他の方法を選択していた場合の結果を予想する力，問題を発見・解決する過程を振り返って改善する力を養う。

例えば，「情報」と「もの」とを比較し，例を挙げて考えることを通して，情報の特性を扱うことが考えられる。また，自分たちの携帯情報端末の利用方法などを，国や自治体等が公開しているデータと比較する活動を通して問題を発見し，解決策を提案するとともに，その活動を自ら振り返ったり，互いに評価し合ったりすることでより適切な利用方法を探究することが考えられる。

なお，数値の処理を行う際には，中学校段階までの学習を基に，問題の解決方法と関連付けながら数値やグラフなどを選択させることの重要性を扱い，(4)「情報通信ネットワークとデータの活用」でのデータの収集や統計データの分析の内容の基礎となるよう配慮する。

アの(イ) 情報に関する法規や制度，情報セキュリティの重要性，情報社会における個人の責任及び情報モラルについて理解することでは，情報社会で生活していくために，知的財産に関する法律，個人情報の保護に関する法律，不正アクセス行為の禁止等に関する法律などを含めた法規，更に，マナーの意義や基本的内容，情報を扱う上で個人の責任があること，情報セキュリティの3要素である機密性・完全性・可用性の重要性，情報セキュリティを確保するには組織や個人が行うべき対策があり技術的対策だけでは対応できないことなどを理解するようにする。その際，法を遵守すること，情報モラルを養うこと，情報セキュリティを確保することの重要性，大量かつ多様な情報の発信・公開・利用に対応した法規や制度の必要性が増していることを理解するようにするとともに，人の心理的な隙や行動のミスにつけ込み情報通信技術を使わずにパスワードなどの重要な情報を盗み出すソーシャルエンジニアリングにも触れる。

なお，情報セキュリティの3要素である機密性・完全性・可用性などについては，(4)「情報通信ネットワークとデータの活用」との関連について配慮する。

イの(イ) 情報に関する法規や制度及びマナーの意義，情報社会において個人の果たす役割や責任，情報モラルなどについて，それらの背景を科学的に捉え，考察することでは，情報社会で責任をもって生活していくために，情報に関する法規や制度に適切に対応する力，情報モラルに配慮して情報を発信する力，情報セキュリティを確保する力などを養う。その際，科学的な根拠に基づいた判断ができるようにし，法規や制度が改正されたり，マナーが変わったりしても，科学的な根拠や，法規や制度及びマナーの意義に基づいて正しい対応ができるようにする。

例えば，サイバー犯罪などの原因を調べ，対策を考えることを通して，推測されにくいパスワードや生体認証などの個人認証の必要性，ソフトウェアのセキュリティ更新プログラムを適用する必要性，その提供が終了したソフトウェアを使い続けることの危険性を扱うことが考えられる。また，個人情報の保護に関する法律における個人データの例外的な第三者提供について考えることによって，個人情報の保護と活用の在り方を扱うことが考えられる。

アの(ウ) 情報技術が人や社会に果たす役割と及ぼす影響について理解することでは，情報社会の変化に対応するために，人工知能やロボットなどで利用される情報技術の発展が社会の利便性を高め，人の生活や経済活動を豊かにさせる反面，サイバー犯罪や情報格差，健康への影響などを生じさせていること，人工知能などの発達により人に求められる仕事の内容が変化していくことなどについて理解するようにする。その際，情報化の「影」の影響を少なくし，「光」の恩恵をより多く享受するために問題解決の考え方が重要であることを理解するようにする。

イの(ウ) 情報と情報技術の適切かつ効果的な活用と望ましい情報社会の構築について考

察することでは，情報社会に寄与するために，情報と情報技術を適切に活用できる力，望ましい情報社会の在り方について考える力，人工知能やロボットなどの情報技術の補助を受けたときに人に求められる仕事がどのように変わるか考える力，情報社会をよりよくする方法について提案する力を養う。

　例えば，SNSなどの特性や利用状況を調べることによって，時間や場所を越えてコミュニケーションが可能になったこと，誹謗・中傷などの悪質な書き込みが問題になっていること，いわゆるネット依存やテクノストレスなどの健康面への影響が懸念されていることなどを扱うことが考えられる。また，電子マネーやICカード，ICチップなどの普及によって，自動改札やセルフレジなどが増加したこと，人工知能やロボットが発達したことなどで，人の仕事内容が変化したことなどを扱うことが考えられる。

　なお，情報と情報技術の適切かつ効果的な活用については，(3)の内容と関連付け，人がプログラムなどを用いて情報機器を適切にコントロールすることの必要性を考えるようにする。また，必要に応じて(2)の内容と関連付け，全ての人間が情報と情報技術を快適に利用するためにはユニバーサルデザイン，ユーザビリティ，アクセシビリティなどに配慮する必要があることにも触れる。

　(1)の全体にわたる学習活動としては，よりよい情報技術の活用や情報社会の構築について，問題の発見から分析，解決方法の提案，評価，改善など，グループで一連の学習活動を行うことが考えられる。

　例えば，校内では，生徒会活動の活性化や図書館を魅力的にする活動が挙げられる。生徒会活動における問題や図書館の利用における問題を発見し，それをアンケート調査やインタビュー等を通じて，根拠をもって論理的・合理的な解決方法を提案する活動が考えられる。その際，調査やグループでの合意形成の場面において，メディアの特性を理解しながら情報技術や情報通信ネットワークを効果的に活用し，発表の場面において情報技術を適切に活用することなどが考えられる。

　校外では，地域の商店街の活性化計画や，生徒が地域の人々にSNSの使い方を教えるSNSに関する講座の実施計画の提案などが考えられる。商店街の活性化計画では，問題を認識するとともに，それを解決するために，情報通信ネットワーク等を効果的に活用したり，また，情報技術を取り入れることにより，どのような効果が期待されるのかを調査して当事者の立場に立って提案したりすることなどが考えられる。また，SNS講座の実施計画では，地域の人々が抱える問題を発見するとともに，どのような内容の教室をどのように開催すればよいのか，ということを考え提案することなどが考えられる。

　社会に目を向けた例としては，未来の情報機器の提案をすることが考えられる。既にある情報機器や情報技術を調査するとともに，より社会を安全・便利で豊かにするために，それらの技術をどのように組み合わせるかを考えるようにする。その際，機器の本来的な機能を意識したり，どのような技術が開発されると，より便利で効果的になるのかということを考えたりするなど，情報機器の使い勝手，情報セキュリティの問題，速く効率的な

動作などを意識することが考えられる。

このように，情報と情報技術を活用することにより，問題の発見と解決策の提案を行う一連の活動を通し，生徒が主体となり，討議し，よりよい解決方法の実現に向けた学びに向かう力を醸成するとともに，(2)，(3)，(4)の内容に向けた動機付けとなることが期待できる。その際，外部人材の活用や生徒自身が進んで社会と関わるような活動について配慮し，学習したことと社会との結び付きを強めるようにする。

(2) コミュニケーションと情報デザイン

メディアとコミュニケーション手段及び情報デザインに着目し，目的や状況に応じて受け手に分かりやすく情報を伝える活動を通して，次の事項を身に付けることができるよう指導する。

ア　次のような知識及び技能を身に付けること。

(ｱ)　メディアの特性とコミュニケーション手段の特徴について，その変遷も踏まえて科学的に理解すること。

(ｲ)　情報デザインが人や社会に果たしている役割を理解すること。

(ｳ)　効果的なコミュニケーションを行うための情報デザインの考え方や方法を理解し表現する技能を身に付けること。

イ　次のような思考力，判断力，表現力等を身に付けること。

(ｱ)　メディアとコミュニケーション手段の関係を科学的に捉え，それらを目的や状況に応じて適切に選択すること。

(ｲ)　コミュニケーションの目的を明確にして，適切かつ効果的な情報デザインを考えること。

(ｳ)　効果的なコミュニケーションを行うための情報デザインの考え方や方法に基づいて表現し，評価し改善すること。

(内容の取扱い)

(3)　内容の(2)のアの(ｲ)については，身近で具体的な情報デザインの例を基に，コンピュータなどを簡単に操作できるようにする工夫，年齢や障害の有無，言語などに関係なく全ての人にとって利用しやすくする工夫などを取り上げるものとする。

ここでは，目的や状況に応じて受け手に分かりやすく情報を伝える活動を通じて，情報の科学的な見方・考え方を働かせて，メディアの特性やコミュニケーション手段の特徴について科学的に理解するようにし，効果的なコミュニケーションを行うための情報デザインの考え方や方法を身に付けるようにするとともに，コンテンツを表現し，評価し改善する力を養うことをねらいとしている。

また，こうした学習活動を通して，情報と情報技術を活用して効果的なコミュニケーショ

ンを行おうとする態度，情報社会に主体的に参画する態度を養うことが考えられる。

　なお，ここで扱う情報デザインとは，効果的なコミュニケーションや問題解決のために，情報を整理したり，目的や意図を持った情報を受け手に対して分かりやすく伝達したり，操作性を高めたりするためのデザインの基礎知識や表現方法及びその技術のことである。

　メディアの特性やコミュニケーション手段の特徴については，中学校技術・家庭科技術分野の内容「D 情報の技術」の(2)の学習を踏まえるとともに，高等学校共通教科情報科の第2款の第1「情報Ⅰ」の2の(1)「情報社会の問題解決」と関連付けて扱う。情報デザインの考え方や方法については，同じく「情報Ⅰ」の2の(3)「コンピュータとプログラミング」及び(4)「情報通信ネットワークとデータの活用」でも扱う。

　ア(ア) メディアの特性とコミュニケーション手段の特徴について，その変遷も踏まえて科学的に理解することでは，コミュニケーションを行うために，表現，伝達，記録などに使われるメディアの特性，同期や非同期，1対1や1対多数などのコミュニケーション手段の特徴について理解するようにする。また，情報技術の発達によりコミュニケーション手段が変化したこと，情報の流通量や範囲が広がったこと，即時性や利便性が高まったこと，効果や影響が拡大したこと，コミュニケーションの役割が変化したことなどについて理解するようにする。

　その際，情報のデジタル化に関して標本化，量子化，符号化，二進法による表現などを理解するようにするとともに，標本化の精度や量子化のレベルによって，ファイルサイズや音質，画質の変化が生じることを科学的に理解するようにする。また，情報をデジタル化することにより，情報の蓄積，編集，表現，圧縮，転送が容易にできたり，複数のメディアを組み合わせて統合したり，大量の情報を効率よく伝送したりできることなどについて理解するようにする。

　イ(ア) メディアとコミュニケーション手段の関係を科学的に捉え，それらを目的や状況に応じて適切に選択することでは，よりよくコミュニケーションを行うために，複数のメディアと複数のコミュニケーション手段の組合せについて考える力，コミュニケーションの目的や受け手の状況に応じて適切で効果的な組合せを選択する力，自らの取組を振り返り評価し改善する力を養う。

　例えば，電子メールの送受信やSNSでのコミュニケーションの際に利用する数値や文字，静止画や動画，音声や音楽などの情報について，アナログ情報をデジタル化する一連の手続（標本化，量子化，符号化）を行い，効率的に伝送するためにデータの圧縮を行うなどの実習が考えられる。

　数値や文字については，文書を作成して保存する際に，文字数や全角・半角の違い，改行やスペースの入力によって，ファイルサイズが変化すること，Webブラウザの設定を切り替えることで表示が変化したりすることから，シフトJISなど様々な文字体系があることなどを確認する学習活動が考えられる。

静止画については，デジタルカメラで撮影する際に解像度に応じてファイルサイズが変化したり，同じ解像度でもファイル形式を変えることで圧縮方法が変わってファイルサイズが変化したりすることから，画質とファイルサイズがトレードオフの関係になっていることを確認する学習活動が考えられる。また，静止画を点の集まりとして扱うラスタ形式と座標として扱うベクタ形式について，実際に静止画を扱って特性の違いを理解し，用途に応じて使い分ける学習活動が考えられる。

　ファイルの圧縮方法については，完全に元に戻せる可逆圧縮と完全には元に戻せない非可逆圧縮を用いて，実際にファイルを圧縮・展開してそれぞれの特性の違いを把握する学習活動が考えられる。

　これらを踏まえて，電子メールやSNSでのコミュニケーションの際に，情報の受け手が使う機器を考えたページのサイズやレイアウト，画像の解像度や圧縮方式を試行錯誤して，より効果的なコミュニケーションが実現できるコンテンツの制作を行うことが考えられる。

　また，マスメディアの情報伝達手段の変遷を取り上げ，紙，電波，情報通信ネットワークなどを扱い，個人と個人のコミュニケーション手段の変遷を取り上げ，手紙，電子メール，SNSなどを扱うことが考えられる。また，実際にメディアの扱いやコミュニケーション手段を体験し，それぞれのメリットやデメリットについて扱うことが考えられる。更に，選択したメディアやコミュニケーション手段の組合せを振り返り，評価し改善する学習活動などが考えられる。

　ア(イ) 情報デザインが人や社会に果たしている役割を理解することでは，分かりやすく情報を表現するために，目的や受け手の状況に応じて伝達する情報を抽象化，可視化，構造化する方法，年齢，言語や文化及び障害の有無などに関わりなく情報を伝える方法を理解するようにする。その際，これらの知識や技能によって作成された情報デザインが人や社会に果たしている役割を理解するようにする。

　イ(イ) コミュニケーションの目的を明確にして，適切かつ効果的な情報デザインを考えることでは，全ての人に情報を伝えるために，コミュニケーションの目的を明確にする力，伝える情報を明確にする力，目的や受け手の状況に応じて適切かつ効果的な情報デザインを考える力を養う。その際，扱う情報やメディアの種類によって適切な表現方法を選択する力，年齢，言語や文化及び障害の有無などに関わりなく情報を伝える方法について考える力を養う。

　例えば，道路標識やトイレの場所などを示すサイン，Webページなどの情報デザインを取り上げ，情報を抽象化する方法としてアイコン，ピクトグラム，ダイヤグラム，地図のモデル化など，情報を可視化する方法として表，図解，グラフなど，情報を構造化する方法として，文字の配置，ページレイアウト，Webサイトの階層構造，ハイパーリンクなどを扱うことが考えられる。その際，全体を把握した上で，構成要素間の関係を分かり

やすく整理することが大切である。更に，全ての人に伝わりやすい情報デザインの工夫を取り上げ，ユニバーサルデザイン，ユーザビリティ，アクセシビリティや環境の様々な要素が人の動作などに働きかけるシグニファイアなどを扱うことが考えられる。

ア(ウ) 効果的なコミュニケーションを行うための情報デザインの考え方や方法を理解し表現する技能を身に付けることでは，効果的なコミュニケーションを行うために，目的や受け手の状況に応じたコンテンツの設計，制作，実行，評価，改善などの一連の過程，情報デザインの考え方や方法について理解し，技能を身に付けるようにする。その際，情報デザインの重要性，一連の過程を繰り返すことの重要性などについて理解するようにする。

イ(ウ) 効果的なコミュニケーションを行うための情報デザインの考え方や方法に基づいて表現し，評価し改善することでは，効果的なコミュニケーションを行うために，情報デザインの考え方や方法を用いてコンテンツを設計，制作，実行，評価，改善する力を養う。その際，必要なコンテンツを企画する力，情報デザインの考え方や方法を活用する力，評価や改善の方法を考える力を養う。

例えば，情報デザインの考え方や方法を活用した作品制作を取り上げ，Webページの作成やWebサイトの設計，アプリケーション等のインタフェースの作成，クラスの実態調査の結果から問題の解決策を提案するポスターの作成などを扱うことが考えられる。また，作品の評価や改善を取り上げ，学習活動の振り返り，自己評価や相互評価，改善の具体的な方法などについて扱うことが考えられる。

(2)の全体にわたる学習活動としては，情報と情報技術を活用して問題を発見し，その解決に向けて適切かつ効果的なメディアやコミュニケーション手段を選択し，情報デザインの考え方や方法に基づいてコンテンツを設計，制作，実行，評価，改善するなどの一連の過程に取り組むことが考えられる。

例えば，学校紹介や学校行事などの特別活動などと連携したWebページやポスター等のコンテンツの制作を取り上げ，情報デザインに関する問題を発見するためにブレーンストーミングや情報通信ネットワークを通じた情報収集を行い，得られた情報を関連付けたり，表にしたり，図解したりすることで情報を整理することが考えられる。また，問題の解決策を検討するためにラフスケッチや絵コンテを作成したり，図やグラフによって情報を可視化したりすることなどが考えられる。これらを基に，適切かつ効果的なメディアやコミュニケーション手段を選択するための討議や試作，出来上がりを見通した設計に基づく役割分担と制作，適切な評価方法の決定とそれに基づく改善などを扱うことが考えられる。

(3) コンピュータとプログラミング

コンピュータで情報が処理される仕組みに着目し，プログラミングやシミュレーションによって問題を発見・解決する活動を通して，次の事項を身に付けることができるよう指導する。

ア　次のような知識及び技能を身に付けること。

(ア) コンピュータや外部装置の仕組みや特徴，コンピュータでの情報の内部表現と計算に関する限界について理解すること。

(イ) アルゴリズムを表現する手段，プログラミングによってコンピュータや情報通信ネットワークを活用する方法について理解し技能を身に付けること。

(ウ) 社会や自然などにおける事象をモデル化する方法，シミュレーションを通してモデルを評価し改善する方法について理解すること。

イ　次のような思考力，判断力，表現力等を身に付けること。

(ア) コンピュータで扱われる情報の特徴とコンピュータの能力との関係について考察すること。

(イ) 目的に応じたアルゴリズムを考え適切な方法で表現し，プログラミングによりコンピュータや情報通信ネットワークを活用するとともに，その過程を評価し改善すること。

(ウ) 目的に応じたモデル化やシミュレーションを適切に行うとともに，その結果を踏まえて問題の適切な解決方法を考えること。

(内容の取扱い)

(4) 内容の(3)のアの(イ)及びイの(イ)については，関数の定義・使用によりプログラムの構造を整理するとともに，性能を改善する工夫の必要性についても触れるようにする。アの(ウ)及びイの(ウ)については，コンピュータを使う場合と使わない場合の双方を体験させるとともに，モデルの違いによって結果に違いが出ることについても触れるようにする。

ここでは，問題解決にコンピュータや外部装置を活用する活動を通して情報の科学的な見方・考え方を働かせて，コンピュータの仕組みとコンピュータでの情報の内部表現，計算に関する限界などを理解し，アルゴリズムを表現しプログラミングによってコンピュータや情報通信ネットワークの機能を使う方法や技能を身に付けるようにし，モデル化やシミュレーションなどの目的に応じてコンピュータの能力を引き出す力を養う。

また，こうした活動を通して，問題解決にコンピュータを積極的に活用しようとする態度，結果を振り返って改善しようとする態度，生活の中で使われているプログラムを見いだして改善しようとすることなどを通じて情報社会に主体的に参画しようとする態度を養うことが考えられる。

ここでは，中学校技術・家庭科技術分野の内容「D情報の技術」の学習を踏まえたプログラミングを扱う。また，コンピュータでの情報の内部表現や情報の抽象化，情報デザインについては，共通教科情報科の第2款の第1「情報Ⅰ」の2の(2)「コミュニケーションと情報デザイン」の内容と関連付けて扱う。

更に，モデル化とシミュレーションについては，高等学校数学科の第2款の第4「数学A」の2の(2)「場合の数と確率」との関連が深く，地域や学校の実態及び生徒の状況に応じて教育課程を工夫するなど，相互の内容の関連を図ることが大切である。

ア(ア) コンピュータや外部装置の仕組みや特徴，コンピュータでの情報の内部表現と計算に関する限界について理解することでは，コンピュータの特性を踏まえて活用するために，コンピュータの基本的な構成や演算の仕組み，オペレーティングシステムによる資源の管理と入力装置や出力装置などのハードウェアを抽象化して扱う考え方，コンピュータ内部でのプログラムやデータの扱い方，値の範囲や精度について理解するようにする。その際，ソフトウェアはオペレーティングシステムの機能を利用して動作していること，コンピュータでは定められたビット数のデータが扱われ，表現できる値の範囲や精度が有限であることで，計算結果は原理的に誤差を含む可能性があることなどを理解するようにする。

イ(ア) コンピュータで扱われる情報の特徴とコンピュータの能力との関係について考察することでは，コンピュータの特性を踏まえて活用するために，コンピュータの能力を適切に判断する力，精度とデータ容量のトレードオフの関係などを踏まえ，コンピュータを適切に活用する力を養う。その際，計算などによって意図しない結果が生じたときに，データの扱い方や精度，計算の手順などに目を向けて改善しようとする態度を養うことが考えられる。

例えば，コンピュータの仕組みや構造を取り上げ，ハードウェアとソフトウェアの関係，オペレーティングシステムが入力装置や出力装置などのハードウェアを抽象化して扱うことやメモリなどの資源や実行するプロセスを管理していること，データがCPU，メモリ，周辺装置の間でやり取りされていること，コンピュータがデータを処理する作業場所としてのメモリの役割，CPUが機械語のプログラムをデータとして読みながら実行することなどを扱う。

ア(イ) アルゴリズムを表現する手段，プログラミングによってコンピュータや情報通信ネットワークを活用する方法について理解し技能を身に付けることでは，コンピュータを効率よく活用するために，アルゴリズムを文章，フローチャート，アクティビティ図などによって表現する方法，データやデータ構造，プログラムの構造，外部のプログラムとの連携を含めたプログラミングについて理解するとともに，必要な技能を身に付けるようにする。その際，アルゴリズムによって処理の結果や効率に違いが出ること，アルゴリズム

第2章
共通教科情
報科の各科
目

を正確に記述することの重要性，プログラミングの意義や可能性について理解するようにする。

イ(イ) 目的に応じたアルゴリズムを考え適切な方法で表現し，プログラミングによりコンピュータや情報通信ネットワークを活用するとともに，その過程を評価し改善することでは，コンピュータを効率よく活用するために，アルゴリズムを表現する方法を選択し正しく表現する力，アルゴリズムの効率を考える力，プログラムを作成する力，作成したプログラムの動作を確認したり，不具合の修正をしたりする力を養う。その際，処理の効率や分かりやすさなどの観点で適切にアルゴリズムを選択する力，表現するプログラムに応じて適切なプログラミング言語を選択する力，プログラミングによって問題を解決したり，コンピュータの能力を踏まえて活用したりする力を養う。

例えば，気象データや自治体が公開しているオープンデータなどを用いて数値の合計，平均，最大値，最小値を計算する単純なアルゴリズムや，探索や整列などの典型的なアルゴリズムを考えたり表現したりする活動を取り上げ，アルゴリズムの表現方法，アルゴリズムを正確に表現することの重要性，アルゴリズムによる効率の違いなどを扱うことが考えられる。その際，アルゴリズムを基に平易にプログラムを記述できるプログラミング言語を使用するとともに，アルゴリズムやプログラムの記述方法の習得が目的にならないよう取扱いに配慮する。

また，プログラミングによってコンピュータの能力を活用することを取り上げ，対象に応じた適切なプログラミング言語の選択，アルゴリズムをプログラムとして表現すること，プログラムから呼び出して使う標準ライブラリやオペレーティングシステム及びサーバなどが提供するライブラリ，API（Application Programming Interface）などの機能，プログラムの修正，関数を用いてプログラムをいくつかのまとまりに分割してそれぞれの関係を明確にして構造化することなどを扱うことが考えられる。その際，プログラミング言語ごとの固有の知識の習得が目的とならないように配慮する。

更に問題解決のためのプログラミングを取り上げ，プログラミングでワードプロセッサや表計算ソフトウェアのようなアプリケーションソフトウェアが持つ検索や置換及び並べ替えなどの機能の一部を実現したり，ツールやアプリケーションを開発したり，カメラやセンサ及びアクチュエータを利用したり，画像認識や音声認識及び人工知能などの既存のライブラリを組み込んだり，APIを用いたりすることなどが考えられる。その際，人に優しく使いやすいインタフェース，手順を分かりやすく表現するアルゴリズム，効率的で読みやすいプログラムなどのデザインについて触れる。

ア(ウ) 社会や自然などにおける事象をモデル化する方法，シミュレーションを通してモデルを評価し改善する方法について理解することでは，モデル化とシミュレーションを身近な問題を発見し解決する手段として活用するために，実際の事象を図や数式などにモデル化して表現する方法，モデル化した事象をシミュレーションできるように表現し条件を

変えるなどしてシミュレーションする方法，作成したモデルのシミュレーションを通じてモデルを改善する方法を理解するようにする。その際，モデルの違いによってシミュレーションの結果や精度が異なる場合があることを理解するようにする。

イ(ウ) 目的に応じたモデル化やシミュレーションを適切に行うとともに，その結果を踏まえて問題の適切な解決方法を考えることでは，モデル化とシミュレーションの考え方を様々な場面で活用するために，モデル化とシミュレーションを問題の発見や解決に役立てたり，その結果から問題の適切な解決方法を考えたり選択したりする力を養う。その際，学校や地域の実態及び生徒の状況に応じて，数学科と連携し，不確実な事象を含む確率的モデルを扱うことも考えられる。

例えば，現実の事象をモデル化してシミュレーションする活動を取り上げ，現実の事象を抽象化することでコンピュータが扱える形に表現するモデル化のメリットや抽象化に起因するモデル化の限界，シミュレーション結果から予測を行ったり最適な解決方法を検討したりすることなどを扱う。その際，学校や地域の実態及び生徒の状況に応じて，プログラミング，シミュレーション専用ソフトウェア，表計算ソフトウェアの利用などシミュレーションを行う方法について配慮する。また，数式を利用したモデル化とシミュレーションを取り上げ，金利計算，人口の増減，インフルエンザの流行，数学や物理などの事象を扱うことなどが考えられる。

(3)の全体にわたる学習活動の例としては，コンピュータや外部装置についての仕組みや特徴，モデル化とシミュレーションの考え方などを学んだ後に，生徒の希望する問題についての学習を深める中で，アルゴリズムやプログラミングなどについて自ら学び，問題の発見・解決に必要な資質・能力を獲得することなどが考えられる。

例えば，コンピュータや携帯情報端末などで使われているアプリケーションソフトウェアの特徴的な動作や機能を図や文章を用いて整理することで，コンピュータや携帯情報端末のハードウェアとしての機能の共通性や違いに着目し，演算処理・メモリ・入出力といった機能など基本的な構成について理解しようとする態度を養うことが考えられる。

また，ハードウェアの機能はオペレーティングシステムやアプリケーションソフトウェアによる指示や制御の下で動作していることに着目することにより，ハードウェアとソフトウェアの関係やCPUとメモリとのデータのやりとりについて学ぶ学習活動が考えられる。

更に，手順を明確化して表現する学習活動を通して，アルゴリズムの違いによる効率の違いが体験できるよう，生徒自身が考えた複数のアルゴリズムを比較・評価する学習活動が考えられる。

コンピュータや携帯情報端末などで使われているアプリケーションソフトウェアの機能の一部について，内部ではどのようなプログラムが働き情報が処理されているのか考え，

プログラミング言語で表現する学習活動が考えられる。

例えば，モデル化とシミュレーションに関する学習活動としては，平面図等を利用した家具の配置等の単純なモデルによるシミュレーションやシミュレーションソフトウェアを利用した体験を通して，事象をどのようにモデル化しているのかを調べたり，生徒自らがモデル化を行ったり，モデル化の長所と短所を調べたりする学習活動などが考えられる。

また，数式等を利用しない単純なモデルを利用したシミュレーションなどの後に，コンピュータを活用した金利計算や通信に関する料金プランのモデル化とシミュレーションを行ったり，シミュレーションの仕組みを考えたりする学習活動が考えられる。更に，関係する変数が少ない事象を数式で表す技能を身に付け，変数に代入する値を変えるなどしながらシミュレーションを繰り返し，適切な解決方法を発見したり選択したりする学習活動が考えられる。

学校や地域の実態及び生徒の状況に応じて乱数を用いたシミュレーションなどを題材とするとともに，インフルエンザが爆発的に増える理由，感染を抑えるための方法について考えるような題材を基にモデル化とシミュレーションを行う学習活動などが考えられる。また，必要に応じて天体シミュレーション，物理シミュレーションや流体シミュレーションなどの専用のシミュレーションソフトウェアの利用やプログラミングによるシミュレーションを行う学習活動も考えられる。

(4) 情報通信ネットワークとデータの活用

情報通信ネットワークを介して流通するデータに着目し，情報通信ネットワークや情報システムにより提供されるサービスを活用し，問題を発見・解決する活動を通して，次の事項を身に付けることができるよう指導する。
ア　次のような知識及び技能を身に付けること。
　(ｱ) 情報通信ネットワークの仕組みや構成要素，プロトコルの役割及び情報セキュリティを確保するための方法や技術について理解すること。
　(ｲ) データを蓄積，管理，提供する方法，情報通信ネットワークを介して情報システムがサービスを提供する仕組みと特徴について理解すること。
　(ｳ) データを表現，蓄積するための表し方と，データを収集，整理，分析する方法について理解し技能を身に付けること。
イ　次のような思考力，判断力，表現力等を身に付けること。
　(ｱ) 目的や状況に応じて，情報通信ネットワークにおける必要な構成要素を選択するとともに，情報セキュリティを確保する方法について考えること。
　(ｲ) 情報システムが提供するサービスの効果的な活用について考えること。
　(ｳ) データの収集，整理，分析及び結果の表現の方法を適切に選択し，実行し，評価し改善すること。

（内容の取扱い）

> (5) 内容の(4)のアの(ｱ)及びイの(ｱ)については，小規模なネットワークを設計する
> 活動を取り入れるものとする。アの(ｲ)及びイの(ｲ)については，自らの情報活用の
> 評価・改善について発表し討議するなどの活動を取り入れるものとする。アの(ｳ)
> 及びイの(ｳ)については，比較，関連，変化，分類などの目的に応じた分析方法が
> あることも扱うものとする。

　ここでは，情報通信ネットワークや情報システムにより提供されるサービスを活用する
活動を通して情報の科学的な見方・考え方を働かせて，情報通信ネットワークや情報シス
テムの仕組みを理解するとともに，データを蓄積，管理，提供する方法，データを収集，
整理，分析する方法，情報セキュリティを確保する方法を身に付けるようにし，目的に応
じて情報通信ネットワークや情報システムにより提供されるサービスを安全かつ効率的に
活用する力やデータを問題の発見・解決に活用する力を養うことをねらいとしている。

　また，こうした学習活動を通して，情報技術を適切かつ効果的に活用しようとする態度，
データを多面的に精査しようとする態度，情報セキュリティなどに配慮して情報社会に主
体的に参画しようとする態度を養うことが考えられる。

　ここで学ぶ情報通信ネットワークの仕組み，情報システムにおけるデータを通信する技
術やデータを蓄積，管理，提供する方法については，中学校技術・家庭科技術分野の内容
「D 情報の技術」の(2)に示す「情報通信ネットワークの構成と，情報を利用するための基
本的な仕組み」についての学習を踏まえて扱う。

　また，統計的な内容については，中学校数学科の領域である「D データの活用」を踏ま
えて扱うとともに，高等学校数学科の第2款の第1「数学Ⅰ」の2の(4)「データの分析」
との関連が深いため，地域や学校の実態及び生徒の状況等に応じて教育課程を工夫するな
ど相互の内容の関連を図ることも大切である。

　**ア(ｱ) 情報通信ネットワークの仕組みや構成要素，プロトコルの役割及び情報セキュリ
ティを確保するための方法や技術について理解すること**では，コンピュータ等を使って
データをやり取りするためにコンピュータ同士を接続する仕組みや情報通信ネットワーク
を構成するクライアントやサーバ，ハブ，ルータなどの構成要素の役割について理解する
ようにする。また，安全かつ効率的な通信を行うためにデータをパケットと呼ばれる小さ
な単位に分けて伝送すること，プロトコルには経路制御や伝送制御など様々な役割があり，
これらは複数の階層からなる構造を持つこと，個人認証や情報の暗号化，通信されるデー
タを暗号化するプロトコル，デジタル署名やデジタル証明書などの情報セキュリティを確
保するために開発された技術の仕組みと必要性などについて理解するようにする。

　**イ(ｱ) 目的や状況に応じて，情報通信ネットワークにおける必要な構成要素を選択する
とともに，情報セキュリティを確保する方法について考えること**では，コンピュータ等を

用いて安全かつ効率的な通信を行うために必要な構成要素やプロトコルを適切に選択する力を養う。また，情報セキュリティを確保する方法について調べ，その意義を考えることにより，情報通信ネットワークを適切に活用しようとする態度を養うことが考えられる。

　例えば，家庭内 LAN（Local Area Network）等の小規模な情報通信ネットワークの仕組みを取り上げ，目的や方法に応じて情報通信ネットワークを構築するために必要な構成要素やプロトコルを扱う。また，電子メールを送受信するときの情報の流れなどを取り上げ，安全で効率的な情報通信ネットワークの設計に必要なことを扱う。その際，有線LAN と無線 LAN の違い及び無線 LAN において情報セキュリティを確保する方法についても扱う。更に，公衆無線 LAN を安全・安心に利用するための注意点についても触れる。また，地域や学校の実態及び生徒の状況に応じて，実際に家庭内 LAN 等の小規模な情報通信ネットワークを構築したり，あらかじめ用意したトラブルを抱えている情報通信ネットワークの不具合を解決したりすることを扱うことも考えられる。

　ア(イ) データを蓄積，管理，提供する方法，情報通信ネットワークを介して情報システムがサービスを提供する仕組みと特徴について理解することでは，情報システムが提供するサービスを安全かつ効率的に活用するために，情報システムにおけるデータの位置付け，データを蓄積，管理，提供するデータベースについて理解するようにする。

　また，データベースとは，ある目的のために収集した情報を一定の規則に従ってコンピュータに蓄積し利用するための仕組みであること，データベースを運用，管理するソフトウェアとしてデータベース管理システムが必要であること，データの定義とフォーマットを定めるデータモデルとしては，データの関係性に着目した関係データモデルなどの構造化されたものだけでなく，多様かつ大量のデータを扱うことに適したもの，自由に記述されたテキストなどの構造化されていないデータを扱うことができるものもあること，情報通信技術の急速な発展により，情報システムが提供するサービスの多くが情報通信ネットワーク上のシステムで稼働していること，これらのサービスやシステムの技術的な特徴などについて理解するようにする。

　イ(イ) 情報システムが提供するサービスの効果的な活用について考えることでは，目的に応じて適切なサービスを選択するために，様々なサービスが自らの生活にどのように役立っているかを考え，よりよいサービスの使い方を模索する力を養う。また，複数のサービスを比較検討し，目的に応じて最適なものを選択したり，組み合わせたりして活用する力を養う。更に，情報システムが提供するサービスを活用する際に，提供する個人情報と受けるサービスとの関係に留意することが考えられる。

　例えば，POS システム（Point Of Sales system）や ATM（Automatic Teller Machine）などの情報システム，荷物や商品の追跡などのトレーサビリティを確保する情報提供サービスなどの仕組みや活用例を取り上げ，情報システムにおけるデータの重要性，情報シス

テムが提供するサービスを利用するための方法を扱う。また，インターネットを介した銀行等の取引サービスを取り上げ，その仕組みや特徴，取引データを守る工夫，利用する側と提供する側双方のメリットを扱う。その際，取引データを蓄積するデータベースを分散管理し，情報システム同士を連携させる仕組みに触れることも考えられる。更に，インターネット上で公開されているデータ分析サービスを取り上げ，国や地方公共団体，民間企業が公開するオープンデータの重要性，様々なサービスを利用してデータを分析する方法，問題の発見・解決にサービスを活用する方法を扱う。その際，情報通信ネットワークを介して情報システムが提供するサービスを活用する際の留意点などについても触れる。

ア (ウ) データを表現，蓄積するための表し方と，データを収集，整理，分析する方法について理解し技能を身に付けることでは，データを問題の発見・解決に活用するために，ファイルとして蓄積するためのデータの様々な形式，データを収集，整理，分析する一連のデータ処理の流れ及びその評価について理解するようにする。その際，データの形式としては，関係データベースや表計算ソフトウェア等で扱われる表形式で表現されるデータをはじめとして，様々な形式のデータを扱う。

また，名義尺度，順序尺度，間隔尺度，比例尺度などのデータの尺度水準の違い，文字情報として得られる「質的データ」と数値情報として得られる「量的データ」などの扱い方の違いを理解するようにする。

データの収集としては，データの内容や形式を踏まえて，その収集方法を理解するようにする。データの整理としては，データに含まれる欠損値や外れ値の扱いやデータを整理，変換する必要性を理解するようにする。データの分析としては，基礎的な分析及び可視化の方法，多量のテキストから有用な情報を取り出すテキストマイニングの基礎やその方法を理解するようにする。

イ (ウ) データの収集，整理，分析及び結果の表現の方法を適切に選択し，実行し，評価し改善することでは，データを問題の発見・解決に活用するために，必要なデータの収集について，選択，判断する力，それに応じて適切なデータの整理や変換の方法を判断する力，分析の目的に応じた方法を選択，処理する力，その結果について多面的な可視化を行うことにより，データに含まれる傾向を見いだす力を養う。

また，データの傾向に関して評価するために，客観的な指標を基に判断する力，生徒自身の考えを基にした適正な解釈を行う力を養う。

更に，地域や学校の実態及び生徒の状況に応じて，数学科と連携し，データを収集する前に，分析の構想を練り紐付ける項目を洗い出したり，外れ値の扱いについて確認したり，データの傾向について評価するために仮説検定の考え方などを取り扱ったりすることも考えられる。

例えば，データの型式に関しては，表形式以外の時系列データ，SNS などにおいて個人と個人の繋がりを表現するためのデータ，項目（キー）と値（バリュー）をセットにし

て値を格納するキー・バリュー形式のデータを扱うことが考えられる。

　また，気象データ，総務省統計局のデータ及び国や地方公共団体などが提供しているオープンデータなどについて扱い，データ収集の偏りについても考え，それらのデータを表計算ソフトウェアや統計ソフトウェアで扱うことができるように整理，加工し，適切な分析や分かりやすい可視化の方法について話し合い，これらを選択して実施し，その結果に関する生徒個々人の解釈をグループで協議し，評価する学習活動などが考えられる。

　更に，テキストマイニングの学習として，新聞記事や小説などをテキストデータとして読み込み，適当な整形等を行った上で，単語の出現頻度について調べさせ，出現頻度に応じた文字の大きさで単語を一覧表示したタグクラウドを作らせ，単語の重要度や他の単語との関係性を捉える学習活動などが考えられる。英語と日本語では，テキストマイニングをする際にどのような部分に違いがあるのかについて討論したり，実際にテキストマイニングを行って比較したりする活動なども考えられる。

　(4)の全体にわたる学習活動としては，情報通信ネットワークとデータの利用を取り上げ，情報通信ネットワークを用いて安全かつ効率的に多量のデータを集め，これを分析し，発信する学習活動が考えられる。また，国や地方公共団体，民間企業等が提供するオープンデータを取り上げ，データの傾向を見いだす学習活動も考えられる。

　例えば，修学旅行の行程を決めるために該当学年の生徒の意見を集約するなどの学習活動を行う場合，アンケート等を行い，必要なデータを収集し，分析結果を回答者などに示す必要がある。安全かつ効率的なデータの収集と結果の報告を行うために必要な情報システムについて考える学習活動を通して，情報通信ネットワークやプロトコルの仕組み，データを蓄積，管理，提供するデータベースの仕組み，情報セキュリティなどについて理解を深め，これらを活用した情報システムを設計する力を養うことが考えられる。

　また，アンケートのデータを分析して分かりやすくまとめる学習活動を通して，データの形式に関する知識，統計的に分析する技能や結果を可視化する技能を身に付け，適切なデータ形式を選択する力，データを基に多面的に考える力，分析結果を分かりやすく伝える力を養うことが考えられる。

　更に，地域や学校及び生徒の実態に応じて，校内LANあるいはインターネットなどの情報通信ネットワークを選択するとともに，アンケートについては，サーバに生徒自身が作成するほか，グループウェアが提供する簡易的なもの，アンケートの作成，収集，分析などの機能を提供するインターネット上のサイトを使用するようにする。必要に応じて，データの分析と可視化についてプログラムや専用のソフトウェアを用い，自由記述式のデータについては簡単なテキストマイニングを行うことが考えられる。

　具体的に，気温や為替などの変動，匿名化したスポーツテストの結果やオリンピック・パラリンピックの記録などのデータを分析する学習活動を行う場合，グラフや表などを用いてデータを可視化して全体の傾向を読み取ったり，問題を発見したり，予測をしたりすることが考えられる。その際，データの形式や分析目的に応じた可視化の方法を選択する学習活動を通して，相関係数などの統計指標，相関関係や因果関係などのデータの関係性，

調べようとするもの以外で結果に影響を与えている原因である交絡因子，データの関係性を数式の形で表す単回帰分析などについて扱うことが考えられる。

　データを分析する過程については，データの分析を容易にするために必要な計算を事前に行っておくなど，データの傾向などを読むことを容易にする工夫を行う力を養うことが考えられる。更に，データを分析及び可視化するために適切なソフトウェアを活用する学習活動を通して，多くの項目のあるデータに対して，項目間の相関を見るためにデータを漏れのないように組み合わせて複数の散布図などを作成し，相関関係の見られる変数の組合せを見出し，その変数の組合せに関して回帰直線を考え，データの変化を予測する力を養うことが考えられる。

第2節　情報Ⅱ

● 1　目標

「情報Ⅱ」の目標は，次のように示されている。

情報に関する科学的な見方・考え方を働かせ，情報技術を活用して問題の発見・解決を行う学習活動を通して，問題の発見・解決に向けて情報と情報技術を適切かつ効果的，創造的に活用し，情報社会に主体的に参画し，その発展に寄与するための資質・能力を次のとおり育成することを目指す。

(1) 多様なコミュニケーションの実現，情報システムや多様なデータの活用について理解を深め技能を習得するとともに，情報技術の発展と社会の変化について理解を深めるようにする。

(2) 様々な事象を情報とその結び付きとして捉え，問題の発見・解決に向けて情報と情報技術を適切かつ効果的，創造的に活用する力を養う。

(3) 情報と情報技術を適切に活用するとともに，新たな価値の創造を目指し，情報社会に主体的に参画し，その発展に寄与する態度を養う。

この科目のねらいは，具体的な問題の発見・解決を行う学習活動を通して，問題の発見・解決に向けて情報と情報技術を活用するための知識と技能を身に付けるようにし，適切かつ効果的，創造的に活用する力を養い，情報社会に主体的に参画し，その発展に寄与するための資質・能力を養うことである。

(1) 「多様なコミュニケーションの実現，情報システムや多様なデータの活用について理解を深め技能を習得するとともに，情報技術の発展と社会の変化について理解を深めるようにする」とは，多様なコミュニケーションを実現するためのコンテンツの作成と発信，多様なデータを活用するためのデータ処理，情報システムを構築するためのプログラミングなどについて理解し技能を身に付けるとともに，情報技術の発展と社会の変化について人の知的活動への影響も含めて理解するようにすることを示している。

(2) 「様々な事象を情報とその結び付きとして捉え，問題の発見・解決に向けて情報と情報技術を適切かつ効果的，創造的に活用する力を養う」とは，情報に関する科学的な見方・考え方を働かせ，様々な事象を情報とその結び付きとして捉え，コミュニケーション，データ，情報システムなどを活用した問題の発見・解決に向けて，試行錯誤と振り返り及び改善を通して，情報と情報技術を適切かつ効果的に活用する力を養うとともに，将来の情報技術と情報社会の在り方について考察することを通して，情報と情報技術を創造的に活用する力を養うことを示している。

(3) 「情報と情報技術を適切に活用するとともに，新たな価値の創造を目指し，情報社会

に主体的に参画し，その発展に寄与する態度を養う」とは，情報と情報技術を適切に活用することを通して，法律や規則を守ろうとする態度，情報セキュリティを確保しようとする態度などの情報モラルを養うとともに，これらを踏まえて身に付けた知識を深化・総合化し，思考力，判断力，表現力等の向上を通じて新たな価値の創造を目指す態度，情報社会に主体的に参画するだけでなく，その発展に寄与する態度を養うことを示している。

● 2 内容とその取扱い

(1) 情報社会の進展と情報技術

情報技術の発展による人や社会への影響に着目し，情報社会の進展と情報技術の関係を歴史的に捉え，将来の情報技術を展望する活動を通して，次の事項を身に付けることができるよう指導する。

ア　次のような知識を身に付けること。

(ア) 情報技術の発展の歴史を踏まえ，情報社会の進展について理解すること。

(イ) 情報技術の発展によるコミュニケーションの多様化について理解すること。

(ウ) 情報技術の発展による人の知的活動への影響について理解すること。

イ　次のような思考力，判断力，表現力等を身に付けること。

(ア) 情報技術の発展や情報社会の進展を踏まえ，将来の情報技術と情報社会の在り方について考察すること。

(イ) コミュニケーションが多様化する社会におけるコンテンツの創造と活用の意義について考察すること。

(ウ) 人の知的活動が変化する社会における情報システムの創造やデータ活用の意義について考察すること。

(内容の取扱い)

(1) 内容の(1)については，この科目の導入として位置付けるものとする。アの(ア)については，情報セキュリティ及び情報に関する法規・制度についても触れるものとする。また，将来の情報技術と情報社会の在り方等について討議し発表し合うなどの活動を取り入れるものとする。

ここでは，情報技術の発展の歴史を踏まえて，情報セキュリティ及び情報に関する法規・制度の変化を含めた情報社会の進展，情報技術の発展や情報社会の進展によるコミュニケーションの多様化や人の知的活動に与える影響を理解するようにし，コンテンツの創造と活用，情報システムの創造やデータ活用の意義について考えることをねらいとしている。

こうした活動を通して，情報社会における問題の発見・解決に情報技術を適切かつ効果的，創造的に活用しようとする態度，情報社会の発展に寄与しようとする態度を養うこと

が考えられる。

　問題の発見・解決の方法については，共通教科情報科の第2款の第1「情報Ⅰ」の2の
(1)「情報社会の問題解決」で学習するものを踏まえて，情報と情報技術を活用した具体
的な問題の発見・解決の活動の中で扱う。情報に関する法規・制度，情報セキュリティに
ついては，同じく「情報Ⅰ」の2の(1)「情報社会の問題解決」や(4)「情報通信ネットワー
クとデータの活用」で学習する内容と関連付けて扱う。コミュニケーションの多様化，情
報デザインやコンテンツについては，同じく「情報Ⅰ」の2の(2)「コミュニケーション
と情報デザイン」で学習する内容と関連付けて扱う。情報システムや情報通信ネットワー
ク，データの活用については，同じく「情報Ⅰ」の2の(3)「コンピュータとプログラミ
ング」及び(4)「情報通信ネットワークとデータの活用」で学習する内容と関連付けて扱う。

　アの(ア) 情報技術の発展の歴史を踏まえ，情報社会の進展について理解することでは，
情報技術を適切に活用するために，インターネット，コンピュータ及び携帯電話などの情
報技術の発達が社会や人の生活に大きな影響を与えたこと，これらの普及に伴って情報技
術が高度化するとともに機能や価格も多様化したこと，活用の範囲が広がることで社会や
人の生活の変化が更に進んだこと，このような情報技術の発展による社会の変化は今後も
続いていくことなどを理解するようにする。なお，その際，機密性・完全性・可用性など
を確保する情報セキュリティ技術の必要性が増したこと，情報セキュリティに関連する法
律が整備されていることなどについても理解するようにする。

　**イの(ア) 情報技術の発展や情報社会の進展を踏まえ，将来の情報技術と情報社会の在り
方について考察すること**では，情報社会の安全を維持し向上させるために，将来の情報技
術と情報社会への影響について考える力，情報技術の担う部分と人が担う部分の内容を判
断し適切かつ効果的に情報技術を活用する力，情報セキュリティに関連する法律の意味や
目的を考えて対応する力，適切な情報セキュリティ対策を考える力などを養う。その際，
情報技術の発展や情報社会の進展の歴史的経緯を踏まえて扱う。

　例えば，コンピュータや携帯電話などの情報機器を取り上げ，その技術的発達について
調べたり，将来の技術について考えたりすることによって，社会や人の生活への影響，情
報セキュリティに関連した法律や技術の必要性を扱うことが考えられる。また，企業や組
織などの情報セキュリティポリシーを取り上げて情報の管理方法について扱ったり，不正
アクセス，情報漏洩問題などにかかわる具体的な事例を取り上げて対策方法を扱ったりす
ることが考えられる。更に，個人の認証方法が高度化していることなどを取り上げ，情報
技術と情報社会の在り方を扱うことなどが考えられる。

　アの(イ) 情報技術の発展によるコミュニケーションの多様化について理解することで
は，適切にコミュニケーションを行うために，急激な情報技術の進展によりコミュニケー
ションの形態や手段が多様化していることを踏まえて，これらの変化が社会や人に与える

43

影響，今後も与え続けることを理解するようにする。その際，情報技術の進展によって登場した SNS などによるコミュニケーションの長所や短所などについても理解するようにする。更に，生活の中で場面や相手によってコミュニケーションの手段を適切に活用する必要性があることを理解するようにする。

イの(イ) コミュニケーションが多様化する社会におけるコンテンツの創造と活用の意義について考察することでは，よりよいコミュニケーションを行うために，人にとって分かりやすい情報デザイン，情報デザインが人や社会に与えている影響，目的に応じたコンテンツ，様々なコンテンツを活用する意義について考える力を養う。その際，受け手にとって分かりやすく，送り手の意図が受け手に伝わるコンテンツを創造する必要があること，更に，ユニバーサルデザインやユーザビリティなどを考慮することによって，社会におけるコンテンツの活用の意義が広がることを考えるようにする。

　例えば，コミュニケーション手段の多様化を取り上げ，個人と個人でやりとりする電子メール，不特定多数に向けて情報を発信する Web サイト，コミュニティを形成する SNS などを例に，コミュニケーションの形態がなぜ変化してきたのかなどを扱うことが考えられる。また，コンテンツの創造と活用の意義については，受け手にとって分かりやすく送り手の意図が受け手に伝わる例を取り上げ，ピクトグラム，電車の路線図などにおいてデータを視覚的に表現するインフォグラフィクス，音楽，映像，コンピュータグラフィクスなどを扱うことが考えられる。更に，人にやさしく効果的なコミュニケーションを取り上げ，音声対話機能，ユニバーサルデザインなどを扱うことが考えられる。

アの(ウ) 情報技術の発展による人の知的活動への影響について理解することでは，適切にコンピュータを活用するために，情報システムが社会の様々な場面で活用されていること，情報システムは互いに連携しながら社会生活を支える役割を果たし，人の活動，とりわけ，人の知的活動に影響を及ぼしていることを理解するようにする。その際，情報技術の進展により人工知能の機能や性能などが向上すると人の役割は変化し，人間に求められる知的活動，例えば，人の働き方などが変わってくることを理解するようにする。

イの(ウ) 人の知的活動が変化する社会における情報システムの創造やデータ活用の意義について考察することでは，よりよい情報社会を構築するために，情報システムの利用による人の活動の変化や社会の変化，人間が安全に快適に利用することを目指した情報システムの在り方，データを活用する意義について考える力を養う。その際，情報技術の発達によって起こる仕事の変化及び人に求められる資質・能力の変化について考える力も養う。

　例えば，情報技術の進展による人工知能の機能や性能の向上を取り上げ，社会の変化や仕事の変化及び人に求められる資質・能力の変化を扱うことが考えられる。また，将来の情報技術を活用した新たな情報システムを取り上げ，その効果と影響を扱うことが考えら

れる。例えば，自動運転やマーケティングなどのデータを活用した技術などを取り上げ，その意義や活用，想定される問題などについて扱うことが考えられる。

　(1)の全体にわたる学習活動としては，将来の情報技術の発展を展望し，社会の変化，人に求められる知的活動の変化について考え，必要とされるルールやマナーを含めた情報社会の在り方，人の役割や責任についてグループで議論するなどの学習活動を通して必要な資質・能力を育成することが考えられる。情報社会における問題の発見・解決に，情報と情報技術を適切かつ効果的に活用する力や活用しようとする態度，情報社会の発展に寄与しようとする態度を，問題解決の一連の流れについてグループでの学習活動を行うことを通して養うことが考えられる。

　例えば，少子高齢社会において高齢者の孤独感が高まっているという問題を取り上げ，人に癒しを与えるコミュニケーションロボット，介護支援ロボットなどのロボットが，老人ホームなどの施設内でダンス・歌・ゲームなどの集団レクリエーションや体操などを演じたり，高齢者に話しかけたりすることで，高齢者の孤独感を解消している例などがあることを踏まえ，人と機械がコミュニケーションするためのコンテンツや情報デザインの必要性について検討することが考えられる。

　また，有能な専門家や職人の知的資産や技術資産などを人工知能に学習させ活用できる社会になれば，人の仕事はどのようになっていくかについて予測し，今後，職業や雇用の在り方などがどのように変化していくかなどについて検討することが考えられる。

　更に，人工知能の導入と普及による雇用の影響について，地域や学校の実態及び生徒の状況に応じて，賛否両論の立場について討論し，人の知的活動が変化する情報社会において，よい人間関係を構築・維持するために必要なルールやマナーについて理解を深めるために，新しい技術や情報システムの利用方法などを議論するなど，情報社会の安全を維持するための人の役割や責任について検討することが考えられる。

　このように，情報や情報技術を活用することにより，問題の発見と解決の提案を行う一連の活動を通して，生徒が主体となって話し合い，よりよい解決方法の実現に向けた学びに向かう力を養うとともに，共通教科情報科の第2款の第2「情報Ⅱ」の(2)「コミュニケーションとコンテンツ」，(3)「情報とデータサイエンス」，(4)「情報システムとプログラミング」の内容に向けた動機付けや同(5)「情報と情報技術を活用した問題発見・解決の探究」に向けた内容にもつなげることが期待できる。

(2) コミュニケーションとコンテンツ

> 　多様なコミュニケーションの形態とメディアの特性に着目し，目的や状況に応じて情報デザインに配慮し，文字，音声，静止画，動画などを組み合わせたコンテンツを協働して制作し，様々な手段で発信する活動を通して，次の事項を身に付けることができるよう指導する。
> ア　次のような知識及び技能を身に付けること。

(ｱ) 多様なコミュニケーションの形態とメディアの特性との関係について理解すること。

(ｲ) 文字，音声，静止画，動画などを組み合わせたコンテンツを制作する技能を身に付けること。

(ｳ) コンテンツを様々な手段で適切かつ効果的に社会に発信する方法を理解すること。

イ　次のような思考力，判断力，表現力等を身に付けること。

(ｱ) 目的や状況に応じて，コミュニケーションの形態を考え，文字，音声，静止画，動画などを選択し，組合せを考えること。

(ｲ) 情報デザインに配慮してコンテンツを制作し，評価し改善すること。

(ｳ) コンテンツを社会に発信したときの効果や影響を考え，発信の手段やコンテンツを評価し改善すること。

（内容の取扱い）

(2) 内容の(2)のアの(ｱ)及びイの(ｱ)では，コンテンツに対する要求を整理する活動も取り入れるものとする。アの(ｳ)及びイの(ｳ)では，発信者，受信者双方の視点からコンテンツを評価する活動を取り入れるものとする。

ここでは，コミュニケーションを適切に行うために，目的や状況に応じてコンテンツを制作し，発信する学習活動を通じて，情報の科学的な見方・考え方を働かせ，多様なメディアを組み合わせてコンテンツを制作する方法やコンテンツを発信する方法を理解し，必要な技能を身に付けるようにするとともに，情報デザインに配慮してコンテンツを制作し評価し改善する力を養うことをねらいとしている。

また，こうした学習活動を通して，制作したコンテンツを適切かつ効果的に発信しようとする態度，コンテンツを社会に発信した時の効果や影響を考えようとする態度，コンテンツを評価し改善しようとする態度を養うことが考えられる。

ここで学ぶコミュニケーションやコンテンツ及び情報デザインについては，共通教科情報科の第2款の第1「情報Ⅰ」の2の(2)「コミュニケーションと情報デザイン」と関連付けて扱う。

ア(ｱ) 多様なコミュニケーションの形態とメディアの特性との関係について理解することでは，適切にコミュニケーションを行うために，コミュニケーションには送り手と受け手の組合せによって1対1，1対多数，特定少数対不特定多数などの多様な形態があること，情報を表現するメディアには文字，音声，静止画，動画などによる特性の違いがあること，情報を伝えるメディアには電話，テレビ・ラジオなどのような同期型のものと，手紙，電子メール，新聞のような非同期型のものがあることを理解するようにする。その際，コミュニケーションの形態とメディアの特性の組合せが重要であることも理解するように

する。

　イ(ア)　目的や状況に応じて，コミュニケーションの形態を考え，文字，音声，静止画，動画などを選択し，組合せを考えることでは，適切かつ効果的にコミュニケーションを行うために，目的や状況に応じて，必要なコミュニケーションの形態を選択する力，コンテンツを制作するために複数のメディアを組み合わせる力を養う。その際，適切かつ効果的なコミュニケーションの形態とメディアの特性との組合せについて判断する力を養う。

　例えば，グループで協働して Web サイトなどを制作する活動を取り上げ，多様なコミュニケーションの形態と様々なメディアとの組合せを扱うことが考えられる。また，既存のコンテンツなどを取り上げ，そこで使用されているメディアの組合せ，想定されるコミュニケーションの形態などについて扱うことが考えられる。

　ア(イ)　文字，音声，静止画，動画などを組み合わせたコンテンツを制作する技能を身に付けることでは，目的や状況に応じてコミュニケーションを行うために，文字，音声，静止画，動画などを適切に組み合わせてコンテンツを制作する方法，レイアウトや時間軸に沿った情報の配置を行うことの重要性を理解し，コンテンツを制作する技能を身に付けるようにする。

　イ(イ)　情報デザインに配慮してコンテンツを制作し，評価し改善することでは，目的や状況に応じてコミュニケーションを行うために，情報デザインに配慮して文字，音声，静止画，動画などを適切に組み合わせてコンテンツを制作する力，コンテンツを適切に評価し改善する力を養う。

　例えば，PDCA サイクルにより，コンテンツを制作する活動などを取り上げ，評価と改善を繰り返して情報デザインに配慮したコンテンツの質の向上について扱うことが考えられる。その際，文字や静止画のみで構成されたコンテンツに必要に応じて音声や動画を組み合わせて対象をよりよく伝えたり，情報デザインに配慮してより分かりやすく伝えたりすることなどが考えられる。また，新しいコミュニケーションの形態に配慮して，仮想現実，拡張現実，複合現実などの技術をコンテンツの制作に取り入れることも考えられる。

　ア(ウ)　コンテンツを様々な手段で適切かつ効果的に社会に発信する方法を理解することでは，実際にコミュニケーションを行うために，印刷物やデジタルメディア，情報通信ネットワークなどを通じてコンテンツを発信する方法，発信の手段やコンテンツを評価し改善する方法について理解し，必要な技能を身に付けるようにする。その際，共通教科情報科の第2款の第1「情報Ⅰ」の2の(1)「情報社会の問題解決」での個人情報の取扱いや知的財産の扱いも踏まえ，暗号化などの情報を保護する方法，データを圧縮する方法などについて理解するようにする。

47

イ(ウ) コンテンツを社会に発信したときの効果や影響を考え，発信の手段やコンテンツを評価し改善することでは，実際にコミュニケーションを行うために，社会にコンテンツを発信する力，コンテンツの発信が及ぼす効果や影響について考える力，発信の手段やコンテンツを評価し改善する力などを養う。その際，情報デザインの考え方や方法を適切に活用する力も養う。

例えば，コンテンツの発信が及ぼす効果や影響について取り上げ，Web上のアンケートシステムやアクセス履歴などから定量的な分析を行い，コンテンツの改善について扱うことなどが考えられる。また，グループでコンテンツを制作する活動を取り上げ，インターネット上のサービスを利用した協働作業の長所と短所について扱うことが考えられる。

(2)の全体にわたる学習活動としては，豊かなコミュニケーションの力を育むために，目的や状況に応じて文字，音声，静止画，動画などを組み合わせたコンテンツを制作して発信する際に，情報デザインに配慮してグループで協働して取り組み，評価や改善を通じてよりよいコンテンツの制作や発信につなげることが考えられる。

例えば，目的や状況に応じたWebサイトの制作などで，設計，制作，発信，評価，改善の流れを意識することが考えられる。設計段階では，ブレーンストーミングなどの思考を拡散する方向で目的や状況を広く考えた後に，実際に制作するものについて情報を整理して設計につなげることが考えられる。制作段階では，グループなどで協働して取り組むことを前提として，役割分担を行い並行して作業を進めることが考えられる。その際，情報デザインに配慮するとともに，地域や学校の実態及び生徒の状況に応じてコンピュータなどを適切に利用するとともに，静止画や動画などの素材を加工するソフトウェアなどを活用することが考えられる。発信の段階では，発信する情報の内容，想定される効果と影響について考えるようにし，必要に応じて発信の範囲を限定するなどの工夫を行うことが考えられる。評価，改善の段階では，一連の過程を振り返って自己評価や相互評価，ルーブリックなどで定めた段階的な基準による評価を行い，コンテンツや発信方法を改善することが考えられる。

(3) 情報とデータサイエンス

多様かつ大量のデータを活用することの有用性に着目し，データサイエンスの手法によりデータを分析し，その結果を読み取り解釈する活動を通して，次の事項を身に付けることができるよう指導する。
ア　次のような知識及び技能を身に付けること。
(ア) 多様かつ大量のデータの存在やデータ活用の有用性，データサイエンスが社会に果たす役割について理解し，目的に応じた適切なデータの収集や整理，整形について理解し技能を身に付けること。
(イ) データに基づく現象のモデル化やデータの処理を行い解釈・表現する方法につ

いて理解し技能を身に付けること。

　　　(ウ)　データ処理の結果を基にモデルを評価することの意義とその方法について理解し技能を身に付けること。

　イ　次のような思考力，判断力，表現力等を身に付けること。

　　　(ア)　目的に応じて，適切なデータを収集し，整理し，整形すること。

　　　(イ)　将来の現象を予測したり，複数の現象間の関連を明らかにしたりするために，適切なモデル化や処理，解釈・表現を行うこと。

　　　(ウ)　モデルやデータ処理の結果を評価し，モデル化や処理，解釈・表現の方法を改善すること。

（内容の取扱い）

> (3)　内容の(3)のアの(ア)については，データサイエンスによる人の生活の変化についても扱うものとする。イの(イ)については現実のデータの活用に配慮するものとする。アの(ウ)及びイの(ウ)については，アの(イ)及びイの(イ)で行ったモデル化や処理，解釈・表現の結果を受けて行うようにするものとする。

　ここでは，情報の科学的な見方・考え方を働かせて，問題を明確にし，分析方針を立て，社会の様々なデータ，情報システムや情報通信ネットワークに接続された情報機器により生成されているデータについて，整理，整形，分析などを行う。また，その結果を考察する学習活動を通して，社会や身近な生活の中でデータサイエンスに関する多様な知識や技術を用いて，人工知能による画像認識，翻訳など，機械学習を活用した様々な製品やサービスが開発されたり，新たな知見が生み出されたりしていることを理解するようにする。更に，不確実な事象を予測するなどの問題発見・解決行うために，データの収集，整理，整形，モデル化，可視化，分析，評価，実行，効果検証などの各過程における方法を理解し，必要な技能を身に付け，データに基づいて科学的に考えることにより問題解決に取り組む力を養うことをねらいとしている。

　また，こうした活動を通して，データを適切に扱うことによって情報社会に主体的に参画しその発展に寄与しようとする態度を養うことが考えられる。

　ここで扱うモデル化及びプログラミングについては，共通教科情報科の第2款の第1「情報Ⅰ」の2の(3)「コンピュータとプログラミング」，データの種類や特性及び活用については，同(4)「情報通信ネットワークとデータの活用」で学習する内容と関連付けて扱う。

　また，ここで学ぶ内容は数学や統計学などの理論を応用したものであり，中学校数学科の領域である「Dデータの活用」を踏まえて扱うとともに，高等学校数学科の第2款の第5「数学B」の2の(2)「統計的な推測」との関連が深いため，地域や学校の実態及び生徒の状況等に応じて教育課程を工夫するなど相互の内容の関連を図ることも考えられる。

**　ア(ア)　多様かつ大量のデータの存在やデータ活用の有用性，データサイエンスが社会に**

果たす役割について理解し，目的に応じた適切なデータの収集や整理，整形について理解し技能を身に付けること**では，社会における様々なデータ，情報システムや情報機器などによって生成され蓄積されている大量のデータを活用する必要性，機械学習などから生み出されるデータの新たな社会的な価値，データを活用したサービス及び製品の仕組みや役割について理解するようにする。また，データの種類や単位，データの値の意味，データの収集や整理，整形する方法について理解し，必要な技能を身に付けるようにする。

ここで扱うデータの整理とは，データを処理しやすいように欠損値や外れ値に関して適切な処理を施したり，不要なデータなどを削除したり，適当な長さに分割，調整，結合したり，値や単位の変換を行うことであり，データの整形とは，必要に応じて表形式のデータなどに変換したり，必要な項目を追加，削除したり，あらかじめ必要な値を計算するなどのデータ全体の加工を意味している。

なお，データの収集，整理，整形に関しては，関係データベースの関係演算を扱うとともにデータベースの管理や操作を行うプログラミング言語についても触れる。

イ(ア) 目的に応じて，適切なデータを収集し，整理し，整形することでは，多様かつ大量のデータを活用することの効果と影響を踏まえて社会においてデータを活用することが有効である場面，測定しようとするもの以外で結果に影響を与える交絡因子，信頼性の高いデータを収集し適切に問題解決に活用するために必要なデータの整理や整形，データを収集する際に存在する様々なバイアスやデータの入手元の違いによる信頼性を含めたデータの特性について判断する力を養う。また，機械学習の技術を用いた人工知能の判断の精度を上げるために，目的に応じてどのようなデータを用意すればよいかを考える力を養うことも考えられる。

ここでいうバイアスとは，データを収集する際に生じる偏りのことであり，対象となるデータを選択する際に生じる偏りである選択バイアスや，データを測定する際に生じる情報バイアスといわれるものがある。これらは，データの収集が適切か，実際の値より低い値になる過少申告や，実際の値より高い値になる過剰反応などを誘導するものではないか，などのデータの内容についての信頼性や信憑性を考慮する際に必要となる要素である。

例えば，Webページなどに掲載されている記事やデータ，グラフ等について，その収集の方法や対象について調べ，目的にあった公正な収集がなされているか，その分析や可視化に関して，適切な方法の選択や解釈がなされているかについて話し合う活動などが考えられる。また，Webページに掲載されている記事やデータなどについてテキストマイニングやデータ分析を行うために，どのように整形や加工をすればソフトウェアで処理できるかについて考えながら実施する学習活動が考えられる。

ア(イ) データに基づく現象のモデル化やデータの処理を行い解釈・表現する方法について理解し技能を身に付けることでは，確率や統計を用いたモデルの基本について理解するようにする。また，データを適切なソフトウェアやプログラミングなどを活用して，処理

し可視化などを行うことによって，データの傾向や特性などを理解する方法と技能を身に付けるようにする。

ここで行うデータの処理に関しては，回帰，分類，クラスタリング及びそれらがどのような場面で活用されているか，これらを応用して人間が判断や意思決定を行う代わりにデータを基にどのような仕組みでコンピュータが判断を行っているかを理解するようにする。回帰に関しては，重回帰分析などについて扱い，そのモデルを変更することによって結果がどのように変化するか，分類に関しては，条件付確率，近傍法，木構造などを用いた予測について扱い，これらの手法や技術がどのような場面に活用されているか，それぞれ適切なソフトウェアの活用を通して理解するようにする。全体を共通の特徴を持ったいくつかの集団に分割するクラスタリングに関しては，似たものを集団にしていく階層的方法と，集団の数を決めてから要素を所属させていく非階層的方法などについて扱い，適切なソフトウェアの活用を通して理解するようにする。その際，適切な活用場面についても考えるようにする。

ここでは，数学科における学習内容と関連する部分も含むが，数学や統計学の専門的な内容に深入りすることなく，可視化やソフトウェアによる処理の結果を基に，その概念を理解するようにする。

イ(イ) 将来の現象を予測したり，複数の現象間の関連を明らかにしたりするために，適切なモデル化や処理，解釈・表現を行うことでは，回帰，分類，クラスタリングなどを通して，データを基にモデル化し，検討を行い，その結果を基に不確実な事象について予測，判断する力を養う。単に可視化や分析された結果をそのまま使うだけではなく，得られたモデルを用いて新たな問題について検討し，予測が適切であるかを判断し，更に詳細な予測を行うにはどのようなデータが必要であるかについて考える力を養う。

これらの機械学習の基になる考え方や手法に関しては，具体的な問題に応じて分析や予測の手法を選択，判断する力を養うことが考えられる。

例えば，分類の例としてカラー画像のデータについて特定の5色に減色する場合，どのような考え方で近い色を選択すればよいかを表現し，任意の色がどの色に近いかを判断するプログラムを作成し，実際に5色に減色した画像を作成するなどの学習活動が考えられる。また，日本の各都道府県に関する平均気温や降雨量，又は特定の食物に関する嗜好などに関して，近隣の都道府県との比較，分類を行い，その結果をGIS（Geographic Information System）などの地理情報データを基に可視化するなどの学習活動も考えられる。機械学習を扱う際は，手書き文字の認識など，実際にソフトウェアなどを活用して多量の手書き文字などのデータを読み込み分類するなどの訓練を行い，訓練前と訓練後で自分の書いた手書き文字の認識率を調べる学習活動などが考えられる。

ア(ウ) データ処理の結果を基にモデルを評価することの意義とその方法について理解し技能を身に付けることでは，データ処理やモデルの適切さを評価するために，処理された

結果と実際のデータとの比較やモデルの適切さの評価指標など，様々な検討を行う方法があることについて理解するようにする。重回帰分析に関しては，モデルを修正することによって，どの程度データを説明できているのかを表す評価指標について理解するようにする。

　また，機械学習を扱う際は，あらかじめ用意した訓練データで学習させた結果について，どの程度の予測や判断ができているのかを訓練データとは異なるテストデータによって試し，モデルのあてはめの度合いについての評価・判断を行う方法について理解するようにする。また，この際，訓練データの多様性の不足などにより単純すぎるモデルを作ってしまうために認識率が落ちる適合不足や，訓練データでの認識率は高いが実際の認識率が上がらない過剰適合についても触れる。

　ここにおけるデータ処理の目的は問題解決であり，単にデータ処理を行うことで，必ずしも目的が達成できるわけではないことを理解するようにする。また，適合不足や過剰適合に関しては，訓練データに合うモデルを作成するだけでは，それ以外のデータについての予測ができない場合があることを理解するようにすることも考えられる。

イ(ウ) モデルやデータ処理の結果を評価し，モデル化や処理，解釈・表現の方法を改善することでは，データを処理した結果と人の判断がどの程度近いか，どのようなモデルを作ればあてはめの度合いが高まるのかについて検討，判断する力を養う。その際，未来の事象を予測するにはどのようなデータが必要であるか，どのような処理が必要であるかについて考えるようにする。

　例えば，データの評価に関する学習活動としては，二変量のデータに関する回帰直線と多項式による近似曲線を比較して，予測する際にどのような問題があるかについて考えさせる活動が考えられる。また，それらのモデルにデータを1つ加えたときの変動についてもデータを容易に扱うことができる統計ソフトウェアや数式処理ソフトウェアを活用して理解するようにする。更に，画像や音声データを分類できる関数やライブラリを持つ専用のソフトウェアを活用し，機械学習によって訓練データを処理することにより，他の画像や音声に関しての予測を行う実習などを体験することも考えられる。

　(3)の全体にわたる学習活動としては，データなどを用いた予測や問題解決を行う活動などが考えられる。生徒自身が収集したデータを基に行うこともできるが，大量のデータを集めることが難しい場合にはオープンデータなどの活用も考えられる。「質的データ」，「量的データ」など，結果として求めている形式に応じて適切な分析手法を選択し，データを分析することが必要である。また，Webページに掲載されているデータなどを取り上げることによって，データの処理の一連の流れの中でデータの整理や整形，加工を扱うことが考えられる。

　例えば，Webページに掲載されているデータなどに関しての整形を行い，そのデータを基に散布図などを作成してその傾向を読み取り，統計ソフトウェア等をあえて用いずに重回帰分析等のモデルを作成し，そのデータの予測モデルに関する評価指標を調べ，ソフ

トウェアで作成したモデルと比較して，そのモデルにどのような改善が必要であるかを議論する学習活動などが考えられる。また，このようなデータによる予測により，どのような問題に関して機械による判断が可能であるかを考える活動も考えられる。

また，3変量以上のデータに関して，複数の散布図などを作成し，データの散らばりの様子を基にデータ同士を比較したり，グループ分けする方法などについて学び，データを説明する変数を減らしたり，変数を減らすことによって，どのような利点があるかについて考察する活動も考えられる。

更に進んだ学習として，ある程度の数の簡単な手書き文字を収集し，定形の数字やアルファベットなどの単純な文字について画像やピクセルデータ等に変換し，それらの文字を認識する処理について考え，実際に実習や体験を行うことによって，人工知能やロボットの反応や判断についての理解を深める学習活動をすることが考えられる。なお，個人情報が含まれる場合などは，その取扱いに十分に留意することが必要である。

データの処理や分析を行うことによって人間の判断は必要なくなるのか，情報技術が発達しても人間の判断が必要な部分があるのか等について，討論することを通して，今後のデータ分析を用いた問題解決の必要性について理解を深めることが考えられる。

(4) 情報システムとプログラミング

情報システムの在り方や社会生活に及ぼす影響，情報の流れや処理の仕組みに着目し，情報システムを協働して開発する活動を通して，次の事項を身に付けることができるよう指導する。

ア　次のような知識及び技能を身に付けること。

　(ア) 情報システムにおける，情報の流れや処理の仕組み，情報セキュリティを確保する方法や技術について理解すること。

　(イ) 情報システムの設計を表記する方法，設計，実装，テスト，運用等のソフトウェア開発のプロセスとプロジェクト・マネジメントについて理解すること。

　(ウ) 情報システムを構成するプログラムを制作する方法について理解し技能を身に付けること。

イ　次のような思考力，判断力，表現力等を身に付けること。

　(ア) 情報システム及びそれによって提供されるサービスについて，その在り方や社会に果たす役割と及ぼす影響について考察すること。

　(イ) 情報システムをいくつかの機能単位に分割して制作し統合するなど，開発の効率や運用の利便性などに配慮して設計すること。

　(ウ) 情報システムを構成するプログラムを制作し，その過程を評価し改善すること。

(内容の取扱い)

　(4) 内容の(4)のアの(ア)及びイの(ア)については，社会の中で実際に稼働している情

報システムを取り上げ，それらの仕組みと関連させながら扱うものとする。

　ここでは，実際に稼働している情報システムを調査する活動や情報システムを設計し制作する活動を通して，情報の科学的な見方・考え方を働かせて，情報システムの仕組み，情報セキュリティを確保する方法，情報システムを設計しプログラミングする方法を理解し，必要な技能を身に付けるようにするとともに，情報システムの制作によって課題を解決したり新たな価値を創造したりする力を養うことをねらいとしている。

　また，こうした活動を通して，情報システムの設計とプログラミングに関わろうとする態度，自分なりの新しい考え方や捉え方によって解決策を構想しようとする態度，自らの問題解決の過程を振り返り，改善・修正しようとする態度，情報セキュリティなどに配慮して安全で適切な情報システムの制作を通して情報社会に主体的に参画しその発展に寄与しようとする態度を養うことが考えられる。

　ここでは，中学校技術・家庭科技術分野の内容「D 情報の技術」に示す「計測・制御のプログラミング」や「ネットワークを利用した双方向性のあるコンテンツのプログラミング」についての学習を踏まえて情報システムとプログラミングを扱うとともに，高等学校共通教科情報科の第2款の第1「情報Ⅰ」の2の(3)「コンピュータとプログラミング」や，2の(4)「情報通信ネットワークとデータの活用」，同じく第2「情報Ⅱ」の2の(3)「情報とデータサイエンス」などの各項目と関連付けて扱うようにする。

　ア(ア) 情報システムにおける，情報の流れや処理の仕組み，情報セキュリティを確保する方法や技術について理解することでは，情報システムを活用するために，ユーザーが提供する情報，情報システムが提供する利便性，これらの情報の流れや処理の仕組み，情報システムを構成する情報技術などについて理解するようにする。その際，暗号化，ファイアウォールの設置，個人認証，アクセス制御，ネットワークのセグメント化などのシステムや組織としての情報セキュリティを確保する方法についても理解するようにする。

　なお，ここでいう情報システムとは，コンピュータやセンサ等を含むハードウェア，ネットワークなどのデータ通信，それらを制御するソフトウェア，その運用体制までを含み，それらがまとまって機能する仕組みのことである。

　イ(ア) 情報システム及びそれによって提供されるサービスについて，その在り方や社会に果たす役割と及ぼす影響について考察することでは，情報システムが提供するサービスを活用するために，そのサービスが生活に与える効果や影響，サービスが停止した時の影響，個人情報が漏洩した時の影響について考える力，サービスの停止や個人情報の漏洩に対応する力などを養うとともに，人間が安全かつ快適に利用できることを目指した情報システムの在り方や社会に果たす役割と影響について考える力を養う。

　例えば，交通系ICカードを利用したシステムを取り上げ，RFID（Radio Frequency IDentification）などの技術や処理の仕組み，情報システム全体の情報の流れ，情報シス

テムに蓄積された情報の利用方法などを扱うことが考えられる。また，携帯情報端末の位置情報システムを取り上げ，GPS（Global Positioning System）衛星や携帯情報端末の基地局，無線LANを使用した機器からの情報を用いることで使用者の位置を正確に特定するための仕組み，ユーザーの無線LANで接続される機器の位置情報の利用を無効にできるオプトアウト方式などの制度，情報システムにおける個人情報の利用の在り方などを扱う。その際，情報システムは独立したシステムとして機能しているだけでなく，GPSとGISなどのように複数の情報システムを組み合わせることにより，より高度で便利な情報システムとして活用されていることにも触れる。

ア（イ）情報システムの設計を表記する方法，設計，実装，テスト，運用等のソフトウェア開発のプロセスとプロジェクト・マネジメントについて理解することでは，よりよい情報システムを開発するために，情報システムに求められる機能や性能を明確化する要件定義，ユーザーが利用する画面やその遷移などを設計する外部設計，プログラミングの観点からユーザーから見えない部分を設計する内部設計，設計に基づいてプログラムを作成する実装，仕様通りに正しく動作するかを確認するテスト，完成したシステムを稼働させる運用などを経て開発されること，複数人が役割を分担し協力しながら開発を進めていく方法について理解するようにする。

なお，要件定義については，その前に，日常生活の中にある課題をどのような情報技術を使って解決するかを構想し企画することが重要であることも理解するようにする。

情報システムの設計を表記する方法については，情報システムをモデル化して図に表すなど，様々な視点で対象を表現することが大切なこと，流れ図のほか，複数の処理の流れを並行して表現するのに適している図，対象の状態やその移り変わりを表現するのに適している図など，目的に応じた適切で分かりやすい図を用いることについて理解するようにする。

プロジェクト・マネジメントとは，課題解決をするためにプロジェクトの進捗を管理することであり，企画，進捗管理，費用の見積り，グループの成員への作業の割り振りなどが必要なことを理解するようにする。

イ（イ）情報システムをいくつかの機能単位に分割して制作し統合するなど，開発の効率や運用の利便性などに配慮して設計することでは，複数の人が協力して品質の高いプログラムの開発を行うために情報システムを機能単位であるモジュールなどに分割したり，モジュールをその内部に含まれるいくつかの関数などの集まりとして分割したり，関数の「書式」，「機能」，「引数」，「戻り値」などを適切に定義したり，それらを使って情報システムを構成するソフトウェアを設計する力を養う。その際，過去に自分が作成した関数，他人が作成した関数も含めてどのような関数を利用すれば効率的な開発ができるか判断する力，プログラムの誤りの発見と修正が容易になる方法を考える力を養う。

例えば，情報システムの設計の例として掲示板システムを取り上げ，その開発プロセス，

文字データをサーバに送るモジュール，サーバ側で受け取った文字データをファイルに保存するモジュール，保存したデータの内容をWebブラウザに表示するモジュールなどへの分割，各モジュールを構成する関数などの仕様の決定などを扱う。また，ソフトウェアの開発のプロセスを取り上げ，プロジェクト・マネジメントの手法，分割されたモジュールや関数の設計，制作，テスト，統合などを扱う。

ア(ウ)　情報システムを構成するプログラムを制作する方法について理解し技能を身に付けることでは，目的とする情報システムを開発するために，プログラミング言語の構文，人が理解できる言語で書かれたプログラムをコンピュータで実行させるために必要な言語プロセッサ，プログラムの誤りを見つけて手直しをする方法などについて理解し，必要な技能を身に付けるようにする。その際，プログラムの誤りを発見するために変数の値を表示してチェックする簡便な方法や，それを実現するためのソフトウェア等を使用する方法などについて理解し，必要な技能を身に付けるようにする。

イ(ウ)　情報システムを構成するプログラムを制作し，その過程を評価し改善することでは，情報システムを構成するプログラムを制作するために適切なプログラミング言語を選択したり，目的に応じたプログラムを制作したり，プログラムを評価し改善したりする力を養う。その際，適切に関数などを定義して利用することでプログラムを構造化する力，適切なプロジェクト・マネジメントにより，グループで協働して計画的に情報システムを制作するとともに制作の過程を振り返って評価し改善する力を養う。

例えば，グループで掲示板システムを構成するプログラムを制作する学習を取り上げ，サーバ側のプログラムについて適切なプログラミング言語の選択，設計段階で作成した設計書に基づくプログラムの制作を扱う。その際，自分が制作したプログラムと他のメンバーが制作したプログラムの統合，テスト，デバッグ，制作の過程を含めた評価と改善について扱う。なお，プログラムを制作しやすくするために組み込み関数やあらかじめ用意した関数などを示し，これらを利用するようにすることも考えられる。

(4)の全体にわたる学習活動としては，社会の中で実際に稼働している情報システムの仕組みやセキュリティ対策などについて調査する活動や，限られた教室内の環境で実現が可能な小規模の情報システムを制作する活動などが考えられる。

例えば，効率的な経営のために必要なPOSシステムについて調べる活動を通して，その中での情報の流れや仕組み，金額に関する情報以外に，日付や時刻，顧客情報などのPOS端末に表示される情報の利用のされ方などを扱うことが考えられる。

また，情報システムを制作する活動として，小規模の簡単な掲示板などのWebシステムや，サーバと連携して動作する携帯情報端末用のアプリケーションの制作，コンピュータによる通信を利用した計測・制御システムなどが考えられる。

例えば，一人暮らしの高齢者の状況を見守るために異常があれば遠く離れた子供の形態

情報端末にメッセージを届けるシステムをグループで制作することを通して，状況を見守るためのセンサ部分，異常かどうかを判断する部分，携帯情報端末にメッセージを届ける部分などのモジュールに分割すること，それぞれのモジュールのプログラムを制作すること，これを統合してシステムとして稼働させることなどが考えられる。更に，これらの情報システムの設計及び制作の一連の過程を通して，作品の自己評価や相互評価を行い，それに基づいて改善することが考えられる。

　なお，地域や学校の実態及び生徒の状況に応じて，掲示板などの Web システムを取り扱う場合には，サーバサイドプログラムやデータベースなどを，コンピュータによる計測・制御システムを取り扱う場合には，中学校技術・家庭科技術分野の内容「D 情報の技術」における「計測・制御のプログラミング」によって問題を解決する活動の経験を踏まえて，センサなどの関連要素の知識や取扱い方法を，それぞれ深入りしない範囲で扱うように配慮する。

(5) 情報と情報技術を活用した問題発見・解決の探究

> 　「情報Ⅰ」及び「情報Ⅱ」で身に付けた資質・能力を総合的に活用し，情報と情報技術を活用して問題を発見・解決する活動を通して，新たな価値の創造を目指し，情報と情報技術を適切かつ効果的に活用する資質・能力を高めることができるよう指導する。

（内容の取扱い）

> (5) 内容の(5)については，この科目のまとめとして位置付け，生徒の興味・関心や学校の実態に応じて，コンピュータや情報システムの基本的な仕組みと活用，コミュニケーションのための情報技術の活用，データを活用するための情報技術の活用，情報社会と情報技術の中から一つ又は複数の項目に関わる課題を設定して問題の発見・解決に取り組ませるものとする。なお，学習上の必要があり，かつ効果的と認められる場合は，指導の時期を分割することもできるものとする。

　ここでは，教科の目標に沿って，地域や学校の実態及び生徒の状況に応じて情報と情報技術を活用して問題発見・解決の探究を通して，情報の科学的な見方・考え方を働かせて，情報と情報技術を適切かつ効果的に活用するための知識及び技能の深化・総合化，思考力，判断力，表現力等の向上を図ることをねらいとしている。

　また，このような活動を通して情報社会における問題の発見・解決に情報と情報技術を適切かつ効果的に活用しようとする態度，新たな価値を創造しようとする態度，情報社会に参画しその発展に寄与しようとする態度を養うことが考えられる。

　内容の(5)については，この科目のまとめとして位置付けるが，問題発見・解決の探究に当たっては，共通教科情報科の第2款の第1「情報Ⅰ」で身に付けた資質・能力も活用

するとともに，数学科など他教科とも積極的に連携を図るものとする。また，生徒が取り組む探究のテーマとしては，コンピュータや情報システムの基本的な仕組みと活用，コミュニケーションのための情報技術の活用，データを活用するための情報技術の活用，情報社会と情報技術などが想定されるが，生徒の興味・関心などに応じて複数の項目を含むテーマを設定することも考えられる。

なお，大学等との連携，外部の学習機会の活用を図る場合など，学習上の必要があり，かつ効果的と認められる場合は，指導の時期を分割することも考えられる。

「コンピュータや情報システムの基本的な仕組みと活用」については，コンピュータの仕組みを活用した問題の発見と解決，情報システムを活用した問題の発見と解決などが考えられる。例えば，物理現象や数学的事象のシミュレーションを行ったり，グループで作業を進めるためのメッセージやファイルの交換や共有，作業の進捗状況の管理などを行うための情報システムを作成したりすることが考えられる。また，画像認識，音声認識，カメラやセンサなどの外部機器や，その管理に必要なプログラムを使用することにより，作成するプログラムに機能を追加したり，ユーザビリティやアクセシビリティを向上したりすることも考えられる。更に，機械学習などの外部プログラムを使用することにより，ユーザーの操作に応じて適切な情報を選択して表示したり，対話的な操作でコンピュータに指示を与えたり，自動運転などのように外部からの刺激に対して自律的な動作を行うプログラムを作成したりすることも考えられる。

「コミュニケーションのための情報技術の活用」については，伝えたいことに応じて文字，音・音声，静止画，動画などを編集して用いることが基本であり，必要に応じて仮想現実，拡張現実，複合現実などの技術も含めてコンテンツを制作したり，制作したコンテンツを組み合わせて用いたりすることが考えられる。例えば，インターネット上で公開された動画などと連携したリーフレットの作成，仮想現実を用いた没入感のある作品の制作，拡張現実を用いた状況に応じた情報の提供，複合現実を用いた靴や洋服などの三次元の物体のデータを現実世界に重ね合わせた情報の提供などが考えられる。また，映像などをプロジェクタで物体に投影するプロジェクションマッピング，仮想世界を探検する中で，様々な情報を提供する作品の制作なども考えられる。

「データを活用するための情報技術の活用」については，目的に応じてインターネット上で公開されたデータを組み合わせることにより，問題の発見や解決を行うことが考えられる。また，蓄積されたデータを解析することにより，今後の方向性を予測することなどが考えられる。例えば，外国人観光客の出身国や滞在期間，訪問する地域や施設などの様々なデータを解析することで，観光案内をどの言語で書けば良いか，滞在に必要な施設の特性，求められるイベントの種類などの具体的な対応につなげることが考えられる。また，自然現象や災害に関して蓄積されたデータを解析することにより，災害の起こる場所や頻度，次の災害が起きるまでの期間，現在の地図と重ね合わせることにより被害などを予測

することが考えられる。

　また，記述式のアンケートなどのテキストデータなどをデータマイニングなどの手法で
分析することにより新たな知見を引き出したり，スポーツの記録を分析することで勝つた
めの方策を見いだしたり，コンビニエンスストアの来店記録を分析することで，季節別，
時間帯別の来店者や購入商品の傾向から新たな販売戦略を立てるなど，情報システムや
ネットワークに蓄積された多様で大量のデータを分析することにより，価値を生み出すこ
とが考えられる。

　「情報社会と情報技術」については，現在使われている情報技術，あるいは将来予測さ
れる情報技術により情報社会が受ける効果や影響についてまとめ，必要な対策を考えるな
どの学習活動が考えられる。例えば，人工知能の発達による社会や生活の変化について多
角的に検討し，その効果や影響についてまとめ，人間に求められる能力の変化や，社会で
必要とされる新たな職業について提案するなどの活動が考えられる。また，高度に発達し
た情報システムにより個人情報が収集されることによる利便性と危険性について調べ，個
人情報の保護と活用についての学習教材や啓発リーフレットを作成するなどの活動が考え
られる。

　複数の項目に関わる課題については，情報技術を組み合わせたりすることによって提供
するサービスの質を改善したり，機能を追加したりする学習活動が考えられる。例えば，
拡張現実を用いた観光案内などの素材を多数作成し，これを別に作成した観光案内アプリ
ケーションからGPS機能などを用いて場所を特定し，今いる場所に関係した観光案内を
インターネットから呼び出して表示するなどの情報システムの作成が考えられる。また，
図書検索システムなどにユーザーが書籍の評価や感想なども入力できるようにしておき，
書籍を検索すると，該当の本に対するユーザーの評価や感想なども表示されたりするなど
が考えられる。このような活動を通じて，情報や情報技術を用いて問題を発見・解決する
過程を通して新たな価値を創り出そうとする態度の育成につなげることが考えられる。

第3章　各科目にわたる指導計画の作成と内容の取扱い

● 1　指導計画作成上の配慮事項

　共通教科情報科における指導計画の作成に当たっての配慮事項については，高等学校学習指導要領第2章第10節情報第3款の1に次のように示されている。

(1) 主体的・対話的で深い学びの実現に向けた授業改善

> (1) 単元など内容や時間のまとまりを見通して，その中で育む資質・能力の育成に向けて，生徒の主体的・対話的で深い学びの実現を図るようにすること。その際，情報に関する科学的な見方・考え方を働かせ，情報と情報技術を活用して問題を発見し主体的，協働的に制作や討論等を行うことを通して解決策を考えるなどの探究的な学習活動の充実を図ること。

　この事項は，共通教科情報科の指導計画の作成に当たり，生徒の主体的・対話的で深い学びの実現を目指した授業改善を進めることとし，共通教科情報科の特質に応じて，効果的な学習が展開できるように配慮すべき内容を示したものである。

　選挙権年齢や成年年齢の引き下げなど，高校生にとって政治や社会が一層身近なものとなる中，学習内容を人生や社会の在り方と結び付けて深く理解し，これからの時代に求められる資質・能力を身に付け，生涯にわたって能動的に学び続けるようにするためには，これまでの優れた教育実践の蓄積も生かしながら，学習の質を一層高める授業改善の取組を推進していくことが求められている。

　指導に当たっては，(1)「知識及び技能」が習得されること，(2)「思考力，判断力，表現力」等を育成すること，(3)「学びに向かう力，人間性等」を涵養することが偏りなく実現されるよう，単元や題材など内容や時間のまとまりを見通しながら，主体的・対話的で深い学びの実現に向けた授業改善を行うことが重要である。

　主体的・対話的で深い学びは，必ずしも1単位時間の授業の中で全てが実現されるものではない。単元や題材など内容や時間のまとまりの中で，例えば，主体的に学習に取り組めるよう学習の見通しを立てたり学習したことを振り返ったりして自身の学びや変容を自覚できる場面をどこに設定するか，対話によって自分の考えなどを広げたり深めたりする場面をどこに設定するか，学びの深まりをつくりだすために，生徒が考える場面と教師が教える場面をどのように組み立てるか，といった観点で授業改善を進めることが求められる。また，生徒や学校の実態に応じ，多様な学習活動を組み合わせて授業を組み立てていくことが重要であり，単元や題材のまとまりを見通した学習を行うに当たり基礎となる「知識及び技能」の習得に課題が見られる場合には，それを身に付けるために，生徒の主体性を引き出すなどの工夫を重ね，確実な習得を図ることが必要である。

　主体的・対話的で深い学びの実現に向けた授業改善を進めるに当たり，特に「深い学び」の視点に関して，各教科等の学びの深まりの鍵となるのが「見方・考え方」である。各教

科等の特質に応じた物事を捉える視点や考え方である「見方・考え方」を，習得・活用・探究という学びの過程の中で働かせることを通じて，より質の高い深い学びにつなげることが重要である。

　共通教科情報科においては，「主体的な学び」とは，見通しをもって試行錯誤することを通して自らの情報活用を振り返り，評価・改善して，次の問題解決に取り組むことや，生徒に達成感を味わわせ学習に取り組む意欲を高めたり，個々の興味・関心や能力・適正に応じてより進んだ課題に取り組んだりすることなどであると考えられる。

　「対話的な学び」とは，生徒が協働して問題の発見・解決に取り組んだり，互いに評価し合ったりして，情報技術のより効果的な活用を志向し探究したり，産業の現場など実社会の人々と関わるなどして現実の問題解決に情報技術を活用することの有効性を，実感をもって理解したりすることなどであると考えられる。

　「深い学び」とは，具体的な問題の発見・解決に取り組むことを通して，日常生活においてそうした問題の発見・解決を行っていることを認識し，その過程や方法を意識して考えるとともに，その過程における情報技術の適切かつ効果的な活用を探究していく中で「見方・考え方」を豊かで確かなものとすること，それとともに，情報技術を活用し，試行錯誤して目的を達成することにより，情報や情報技術等に関する概念化された知識，問題の発見・解決に情報技術を活用する力や情報社会との適切な関わりについて考え主体的に参画しようとする態度などといった資質・能力を獲得していくことであると考えられる。

　以上のような授業改善の視点を踏まえ，共通教科情報科で育成を目指す資質・能力及びその評価の観点との関係も十分に考慮し，指導計画等を作成することが必要である。

(2) 情報活用能力を更に高めるとともに他の各教科・科目等との連携を図ること

> (2) 学習の基盤となる情報活用能力が，中学校までの各教科等において，教科等横断的な視点から育成されてきたことを踏まえ，情報科の学習を通して生徒の情報活用能力を更に高めるようにすること。また，他の各教科・科目等の学習において情報活用能力を生かし高めることができるよう，他の各教科・科目等との連携を図ること。

　共通教科情報科は，小・中・高等学校の各教科等の指導を通じて行われる情報教育の中核として，小・中学校段階からの問題発見・解決や情報活用の経験の上に，情報と情報技術を問題の発見と解決に活用するための科学的な理解や思考力等を育み，情報活用能力を更に高める教科として位置付けることができる。また，生涯にわたって情報技術を活用し現実の問題を発見し解決していくことができる力を育むことは，共通教科情報科の学習だけで達成されるのではなく，各教科・科目等の全ての教育活動を通じて達成されるものである。各教科・科目等においては，それぞれの見方・考え方やねらいに即して情報活用能力を育成する教育が行われる。共通教科情報科においては，情報教育の目標の観点に基づ

61

き，各教科・科目等と密接な連携を図りながら，カリキュラム・マネジメントを含めた計画的な指導によって情報活用能力を生かし高めるよう指導計画の作成に当たって次のような工夫が必要である。

・履修年次を考慮する
・指導内容の実施時期について，相互に関連付けながら決定する
・教材等を共有する
・学習課題と情報手段を活用した学習活動と実習の有機的な関連を図る

また，生徒が中学校で情報手段をどのように活用してきたかを的確に把握することは，共通教科情報科の指導計画を立てる際に重要なことである。中学校での活動内容や程度を踏まえて，適切な指導ができるよう留意する必要がある。

(3) 各科目の履修に関する配慮事項（順序，同一年次での履修，分割履修，系統性への配慮）

> (3) 各科目は，原則として同一年次で履修させること。また，「情報Ⅱ」については，「情報Ⅰ」を履修した後に履修させることを原則とすること。

ここでは，「情報Ⅰ」，「情報Ⅱ」の履修についての配慮事項を述べている。「情報Ⅰ」は，共通必履修科目として，「情報Ⅱ」は，発展的な選択科目として高等学校段階における情報教育の内容として構成される標準単位数2単位の科目である。すなわち，これらの各科目の履修に当たっては，実習などの実践的・体験的な学習活動を通して各科目の目標を達成するように配慮し，指導の効果を高めるためには，複数年次にわたって分割し各年次1単位で履修させるよりも，同一年次で集中的に2単位を履修させた方がより情報活用能力の定着に効果的である。そこで，「情報Ⅰ」及び「情報Ⅱ」を教育課程に位置付ける際は，各科目は原則としてそれぞれを同一年次に位置付けることとした。また，「情報Ⅱ」は，「情報Ⅰ」を履修した後に履修させることを原則とする。なお，ここで定めている各科目の履修の順序は，この教科の系統性に基づき，後に履修する科目の内容が前に履修する科目の内容を前提として定められていることによるものであり，生徒にはこの順序に則って履修させることが求められる。

(4) 他教科等との関連

> (4) 公民科及び数学科などの内容との関連を図るとともに，教科の目標に即した調和のとれた指導が行われるよう留意すること。

共通教科情報科と他の各教科・科目等との連携の必要性や重要性については(2)で規定しており，公民科や数学科も(2)の趣旨に沿って連携を図ることになるが，公民科や数学科の各科目の「内容の取扱い」や「各科目にわたる指導計画の作成と内容の取扱い」に，

情報教育の視点や，共通教科情報科との連携を図るとともに学習内容の系統性に留意する旨の規定が置かれているため，改めてここに同趣旨の内容を明記したものである。

具体的には，公民科では，第3款の2の(2)において，「諸資料から社会的事象等に関する様々な情報を効果的に収集し，読み取り，まとめる技能を身に付ける学習活動を重視する」ことや，同2の(4)において「コンピュータや情報通信ネットワークなどの情報手段を積極的に活用し指導に生かすこと」，「その際，課題の追究や解決の見通しをもって生徒が主体的に情報手段を活用するようにするとともに，情報モラルの指導にも配慮する」旨の規定を設けている。また，第2款の第1「公共」の3の(1)イなどにおいて，共通教科情報科との関連を図る旨の規定を設けている。

数学科では，第3款の1の(4)において，各科目を履修させるに当たっては，共通教科情報科の内容を踏まえ，相互の関連を図るとともに，学習内容の系統性に留意する旨の規定を設けている。例えば，共通教科情報科の第2款の第1「情報Ⅰ」の2の(4)「情報通信ネットワークとデータの活用」の内容については，数学科の第2款の第1「数学Ⅰ」の2の(4)「データの分析」の内容と関連付けて扱うこと，共通教科情報科の第2款の第2「情報Ⅱ」の2の(3)「情報とデータサイエンス」の内容については，数学科の第2款の第5「数学B」の(3)「統計的な推測」の内容と関連付けて扱うことなどが考えられる。

このように，公民科及び数学科については，情報教育についての特段の配慮や共通教科情報科との連携が明記されるなど，他の教科・科目にはない取扱いがなされていることに十分留意する必要がある。

(5) 障害のある生徒などへの指導

> (5) 障害のある生徒などについては，学習指導を行う場合に生じる困難さに応じた指導内容や指導方法の工夫を計画的，組織的に行うこと。

障害者の権利に関する条約に掲げられたインクルーシブ教育システムの構築を目指し，児童生徒の自立と社会参加を一層推進していくためには，通常の学級，通級による指導，小・中学校における特別支援学級，特別支援学校において，児童生徒の十分な学びを確保し，一人一人の児童生徒の障害の状態や発達の段階に応じた指導や支援を一層充実させていく必要がある。

高等学校の通常の学級においても，発達障害を含む障害のある生徒が在籍している可能性があることを前提に，全ての教科等において，一人一人の教育的ニーズに応じたきめ細かな指導や支援ができるよう，障害種別の指導の工夫のみならず，各教科等の学びの過程において考えられる困難さに対する指導の工夫の意図，手立てを明確にすることが重要である。

これを踏まえ，今回の改訂では，障害のある生徒などの指導に当たっては，個々の生徒によって，見えにくさ，聞こえにくさ，道具の操作の困難さ，移動上の制約，健康面や安全面での制約，発音のしにくさ，心理的な不安定，人間関係形成の困難さ，読み書きや計

算等の困難さ，注意の集中を持続することが苦手であることなど，学習活動を行う場合に生じる困難さが異なることに留意し，個々の生徒の困難さに応じた指導内容や指導方法を工夫することを，各教科等において示している。

　その際，共通教科情報科の目標や内容の趣旨，学習活動のねらいを踏まえ，学習内容の変更や学習活動の代替を安易に行うことがないよう留意するとともに，生徒の学習負担や心理面にも配慮する必要がある。

　例えば，共通教科情報課科における配慮として，次のようなものが考えられる。

・コンピュータ等の画面が見えにくい場合には，情報を的確に取得できるよう，文字等を拡大したり，フォントを変更したり，文字と背景の色を調整したりするなどの配慮をする

・コンピュータ等の発する音が聞きとりにくい場合には，情報を的確に取得できるよう，音の代わりに光や振動，画面上の表示で伝えたり，スピーカーを適切な位置に設置したり，また，音量の調整やヘッドホンの使用などの配慮をする

・キーボードによる文字入力やマウス操作等の動作に困難がある場合には，コンピュータ等の操作が可能となるよう，レバー操作型のコントローラーなどの入力手段を使えるようにするなどの配慮をする

・コンピュータ等の画面上の文字を目で追って読むことに困難がある場合には，どこを読んでいるのかが分かるよう，読んでいる箇所をハイライト表示や反転表示するなどの配慮をする

・コンピュータ等を扱いながら，指示を聞くことに困難がある場合には，同時に二つの作業が重なることがないよう，まずは手を止めるよう指示をしてから次の話をするなどの配慮をする

・集中して学習を継続することが難しい場合には，見通しをもって学習に取り組めるよう，学習活動の手順を視覚化して明示したり，スモールステップで学習を展開できるようにしたりするなどの配慮をする

・自ら問題解決の計画を立てたり設計したりすることが難しい場合には，生徒が学習に取り組みやすくなるよう，あらかじめ用意した計画や設計から生徒が選択したり，それらの一部を改良する課題に取り組めるようにするなど，段階的な指導を行うなどの配慮をする

　なお，学校においては，こうした点を踏まえ，個別の指導計画を作成し，必要な配慮を記載し，他教科等の担任と共有したり，翌年度の担任等に引き継いだりすることが必要である。

● 2　内容の取扱いに当たっての配慮事項

　共通教科情報科における内容の取扱いに当たっての配慮事項については，高等学校学習指導要領第2章10節情報第3款の2において，次のように示されている。

(1) 科学的な理解に基づく情報モラルの育成

> (1) 各科目の指導においては，情報の信頼性や信憑性を見極めたり確保したりする能力の育成を図るとともに，知的財産や個人情報の保護と活用をはじめ，科学的な理解に基づく情報モラルの育成を図ること。

　各科目の指導に当たっては，情報の信頼性や信憑性を見極めたり確保したりする能力については，他の情報と組み合わせる，情報源を整理する，情報を比較するなどの具体的な方法を通して育成を図るようにする。知的財産や個人情報に関する扱いについては，関係する法律や規則ができた経緯や目的の理解を図るようにし，保護と同時に活用にも配慮されていることを理解するようにする。

　これらと併せて情報通信ネットワークやコンピュータの仕組みなどの科学的な理解を進めることで，よりよい情報社会の実現に向けて情報モラルの育成を適切に行うことができる。

(2) 言語活動

> (2) 各科目の指導においては，思考力，判断力，表現力等を育成するため，情報と情報技術を活用した問題の発見・解決を行う過程において，自らの考察や解釈，概念等を論理的に説明したり記述したりするなどの言語活動の充実を図ること。

　言葉は，情報を理解したり自分の考えをまとめたり発表したりするなどの知的活動の基盤であり，コミュニケーション能力，更には，感性・情緒の基盤としての役割を持つ。

　各科目の指導に当たっては，情報と情報技術を活用した問題の発見・解決を行う過程で，認識した情報を基に思考する場面として考察や解釈，概念の形成などの言語活動を行う。その際，情報科の特質を生かして，情報通信ネットワークを活用した情報の収集と共有化，統計的指標やシミュレーションの結果などを用いることが考えられる。同様に思考したものを言語により表現する場面として論理的な説明や記述などの言語活動を行う。その際，情報科の特質を生かして，図やグラフによる表現，プログラミングを用いた表現，アニメーションや動画などのメディアを用いた表現，情報通信ネットワークの特性を生かして考えを伝え合う活動の充実などが考えられる。

(3) 実践的な能力と態度の育成

> (3) 各科目の指導においては，問題を発見し，設計，制作，実行し，その過程を振り返って評価し改善するなどの一連の過程に取り組むことなどを通して，実践的な能力と態度の育成を図ること。

65

各科目の指導に当たっては，学習活動を通して身に付けた知識と技能を生徒の学校生活や社会生活で生きて働く力として，様々な場面で活用できる実践的な能力と態度を育成する必要がある。そのためには，問題を発見し，設計，制作，実行するなどの手順を実際に体験するなどの活動を通して，知識や技能を身に付けるとともに，その活用を図ることが重要である。また，その過程を振り返って評価し改善するなどの活動を通して，身に付けた知識や技能を更に深めるとともに，その有用性に気付き，主体的な学習につなげることが考えられる。

(4) 情報機器の活用等に関する配慮事項

> (4) 各科目の目標及び内容等に即して，コンピュータや情報通信ネットワークなどを活用した実習を積極的に取り入れること。その際，必要な情報機器やネットワーク環境を整えるとともに，内容のまとまりや学習活動，学校や生徒の実態に応じて，適切なソフトウェア，開発環境，プログラミング言語，外部装置などを選択すること。

　「情報Ⅰ」は共通必履修科目として，「情報Ⅱ」は発展的な選択科目としての基本的な性格を備えていることを踏まえ，共通教科情報科の目標に即した学習内容で構成されている科目である。指導に当たっては，実習などの実践的・体験的な学習活動を通して各科目の目標を達成し，その内容を実現することができるよう配慮し，指導の効果を高めることが必要である。

　なお，今回の学習指導要領の改訂に当たって，従前と同様に各科目とも総授業時数に占める実習に配当する授業時数の割合を明示していない。この割合については各学校の実情に応じて弾力的に設定できるようにしたものである。しかし，ここで特に留意すべきことは，情報活用能力を確実に身に付けるためには，問題解決の過程で情報手段を活用することが不可欠であり，実習は重要である。

　また，実習の内容に応じた機能や性能を持つコンピュータなどの情報機器，インターネット接続を含めた情報通信ネットワーク環境を整えることが必要である。更に，情報デザインの学習であれば，それに応じた画像や動画を加工するためのソフトウェア，プログラミングの学習であれば，開発環境やプログラミング言語の準備，計測・制御などであればコンピュータに接続する外部装置など，内容のまとまりや学習活動，学校や生徒の実態に応じたものを準備することによって，実習の効果を高めることができる。

(5) 生徒が自らの健康に留意し望ましい習慣を身に付けること

> (5) 情報機器を活用した学習を行うに当たっては，照明やコンピュータの使用時間などに留意するとともに，生徒が自らの健康に留意し望ましい習慣を身に付けることができるよう配慮すること。

学習環境としては，適切な採光と照明，周囲の光が画面に反射しない工夫，机や椅子の高さの調整など，また，望ましい習慣としては，正しい姿勢や適度な休憩などがある。

これらを踏まえ，生徒が主体的に自宅や学校で必要な学習環境を整え，望ましい習慣で情報機器を活用するようにするには，生徒自らが健康に留意した学習環境や望ましい習慣について考え，その意義を理解することが大切である。

(6) 情報技術の進展に対応して適宜見直しを図ること

> （6）授業で扱う具体例，教材・教具などについては，情報技術の進展に対応して適宜見直しを図ること。

情報技術の進展により，情報と情報技術に関する用語，学習内容における具体例，実習の課題，情報モラルの内容，現在の標準的な情報機器や情報技術などが数年先には標準でなくなる可能性もあるので，授業で扱う具体例，教材・教具などは適宜見直す必要がある。また，これに伴いコンピュータや情報通信ネットワーク，計測・制御に必要な外部装置などの学習環境についても見直しや更新が必要になる場合がある。共通教科情報科では，個々の機器の操作方法や技術の習得で終わるのではなく，それらの基礎になる原理を理解することが大切である。授業で扱う具体例，教材・教具などを選ぶ基準としては，情報機器や情報技術の原理などが生徒にとって分かりやすいものであることを優先させるべきである。

● 3　総則関連事項

(1) 道徳教育との関連（第1章総則第1款の2の(2)の2段目）

> 学校における道徳教育は，人間としての在り方生き方に関する教育を学校の教育活動全体を通じて行うことによりその充実を図るものとし，各教科に属する科目（以下「各教科・科目」という。），総合的な探究の時間及び特別活動，（以下「各教科・科目等」という。）のそれぞれの特質に応じて，適切な指導を行うこと。

高等学校における道徳教育については，各教科・科目等の特質に応じ，学校の教育活動全体を通じて生徒が人間としての在り方生き方を主体的に探求し，豊かな自己形成ができるよう，適切な指導を行うことが求められている。

このため，各教科・科目においても目標や内容，配慮事項の中に関連する記述があり，共通教科情報科との関連をみると，特に次のような点を指摘することができる。

情報に関する科学的な見方・考え方を働かせ，情報と情報技術を適切に活用するとともに，情報社会に主体的に参画する態度を養うことは，情報社会で適正な活動を行うための基になる考え方と態度を身に付けることにつながるものである。

67

(2) 学校設定科目（第1章総則第2款の3の(1)のエ）

> エ　学校設定科目
> 　学校においては，生徒や学校，地域の実態及び学科の特色等に応じ，特色ある教育課程の編成に資するよう，イ及びウの表に掲げる教科について，これらに属する科目以外の科目（以下「学校設定科目」という。）を設けることができる。この場合において，学校設定科目の名称，目標，内容，単位数等については，その科目の属する教科の目標に基づき，高等学校教育としての水準の確保に十分配慮し，各学校の定めるところによるものとする。

学校設定科目の名称，目標，内容，単位数等は各学校において定めるものとされているが，その際には，「その科目の属する教科の目標に基づき」という要件が示されていること，及び科目の内容の構成については関係する各科目の内容との整合性を図ることに十分配慮する必要がある。

(3) 義務教育段階での学習内容の確実な定着（第1章総則第2款の4の(2)）

> (2)　生徒や学校の実態等に応じ，必要がある場合には，例えば次のような工夫を行い，義務教育段階での学習内容の確実な定着を図るようにすること。
> 　ア　各教科・科目の指導に当たり，義務教育段階での学習内容の確実な定着を図るための学習機会を設けること。
> 　イ　義務教育段階での学習内容の確実な定着を図りながら，必履修教科・科目の内容を十分に習得させることができるよう，その単位数を標準単位数の標準の限度を超えて増加して配当すること。
> 　ウ　義務教育段階での学習内容の確実な定着を図ることを目標とした学校設定科目等を履修させた後に，必履修教科・科目を履修させるようにすること。

本項では，従来に引き続き，学校や生徒の実態等に応じて義務教育段階の学習内容の確実な定着を図るための指導を行うことを指導計画の作成に当たって配慮すべき事項として示し，生徒が高等学校段階の学習に円滑に移行できるようにすることを重視している。

義務教育段階の学習内容の確実な定着を図る指導を行うことが求められるのは，「学校や生徒の実態等に応じ，必要がある場合」であり，全ての生徒に対して必ず実施しなければならないものではないが，前述の必要がある場合には，こうした指導を行うことで，高等学校段階の学習に円滑に接続できるようにすることが求められている。

これは，高等学校を卒業するまでに全ての生徒が必履修教科・科目の内容を学習する必要があるが，その内容を十分に理解するためには，義務教育段階の学習内容が定着していることが前提として必要となるものであることから，それが不十分であることにより必履修教科・科目の内容が理解できないということのないよう，必履修教科・科目を履修する

際又は履修する前などにそうした学習内容の確実な定着を図れるようにする配慮を求めた
ものである。

第2部
主として専門学科において開設される教科「情報」

第2章

新しい時代の教科書づくり

第1章　総　説

第1節　改訂の経緯及び基本方針

● 1　改訂の経緯

　今の子供たちやこれから誕生する子供たちが，成人して社会で活躍する頃には，我が国は厳しい挑戦の時代を迎えていると予想される。生産年齢人口の減少，グローバル化の進展や絶え間ない技術革新等により，社会構造や雇用環境は大きく，また急速に変化しており，予測が困難な時代となっている。また，急激な少子高齢化が進む中で成熟社会を迎えた我が国にあっては，一人一人が持続可能な社会の担い手として，その多様性を原動力とし，質的な豊かさを伴った個人と社会の成長につながる新たな価値を生み出していくことが期待される。

　こうした変化の一つとして，進化した人工知能（AI）が様々な判断を行ったり，身近な物の働きがインターネット経由で最適化されるIoTが広がったりするなど，Society5.0とも呼ばれる新たな時代の到来が，社会や生活を大きく変えていくとの予測もなされている。また，情報化やグローバル化が進展する社会においては，多様な事象が複雑さを増し，変化の先行きを見通すことが一層難しくなってきている。そうした予測困難な時代を迎える中で，選挙権年齢が引き下げられ，更に平成34（2022）年度からは成年年齢が18歳へと引き下げられることに伴い，高校生にとって政治や社会は一層身近なものとなるとともに，自ら考え，積極的に国家や社会の形成に参画する環境が整いつつある。

　このような時代にあって，学校教育には，子供たちが様々な変化に積極的に向き合い，他者と協働して課題を解決していくことや，様々な情報を見極め，知識の概念的な理解を実現し，情報を再構成するなどして新たな価値につなげていくこと，複雑な状況変化の中で目的を再構築することができるようにすることが求められている。

　このことは，本来我が国の学校教育が大切にしてきたことであるものの，教師の世代交代が進むと同時に，学校内における教師の世代間のバランスが変化し，教育に関わる様々な経験や知見をどのように継承していくかが課題となり，子供たちを取り巻く環境の変化により学校が抱える課題も複雑化・困難化する中で，これまでどおり学校の工夫だけにその実現を委ねることは困難になってきている。

　こうした状況の下で，平成26年11月には，文部科学大臣から，新しい時代にふさわしい学習指導要領等の在り方について中央教育審議会に諮問を行った。中央教育審議会においては，2年1か月にわたる審議の末，平成28年12月21日に「幼稚園，小学校，中学校，高等学校及び特別支援学校の学習指導要領等の改善及び必要な方策等について(答申)」(以下「平成28年12月の中央教育審議会答申」という。)を示した。

　平成28年12月の中央教育審議会答申においては，"よりよい学校教育を通じてよりよい社会を創る"という目標を学校と社会が共有し，連携・協働しながら，新しい時代に求められる資質・能力を子供たちに育む「社会に開かれた教育課程」の実現を目指し，学習

指導要領等が，学校，家庭，地域の関係者が幅広く共有し活用できる「学びの地図」としての役割を果たすことができるよう，次の6点にわたってその枠組みを改善するとともに，各学校において教育課程を軸に学校教育の改善・充実の好循環を生み出す「カリキュラム・マネジメント」の実現を目指すことなどが求められた。

① 「何ができるようになるか」（育成を目指す資質・能力）

② 「何を学ぶか」（教科等を学ぶ意義と，教科等間・学校段階間のつながりを踏まえた教育課程の編成）

③ 「どのように学ぶか」（各教科等の指導計画の作成と実施，学習・指導の改善・充実）

④ 「子供一人一人の発達をどのように支援するか」（子供の発達を踏まえた指導）

⑤ 「何が身に付いたか」（学習評価の充実）

⑥ 「実施するために何が必要か」（学習指導要領等の理念を実現するために必要な方策）

　これを踏まえ，文部科学省においては，平成29年3月31日に幼稚園教育要領，小学校学習指導要領及び中学校学習指導要領を，また，同年4月28日に特別支援学校幼稚部教育要領及び小学部・中学部学習指導要領を公示した。

　高等学校については，平成30年3月30日に，高等学校学習指導要領を公示するとともに，学校教育法施行規則の関係規定について改正を行ったところであり，今後，平成34 (2022) 年4月1日以降に高等学校の第1学年に入学した生徒（単位制による課程にあっては，同日以降入学した生徒（学校教育法施行規則第91条の規定により入学した生徒で同日前に入学した生徒に係る教育課程により履修するものを除く。））から年次進行により段階的に適用することとしている。また，それに先立って，新学習指導要領に円滑に移行するための措置（移行措置）を実施することとしている。

● 2　改訂の基本方針

　今回の改訂は平成28年12月の中央教育審議会答申を踏まえ，次の基本方針に基づき行った。

(1) 今回の改訂の基本的な考え方

① 教育基本法，学校教育法などを踏まえ，これまでの我が国の学校教育の実践や蓄積を生かし，生徒が未来社会を切り拓くための資質・能力を一層確実に育成することを目指す。その際，求められる資質・能力とは何かを社会と共有し，連携する「社会に開かれた教育課程」を重視すること。

② 知識及び技能の習得と思考力，判断力，表現力等の育成とのバランスを重視する平成21年改訂の学習指導要領の枠組みや教育内容を維持した上で，知識の理解の質を更に高め，確かな学力を育成すること。

③ 道徳教育の充実や体験活動の重視，体育・健康に関する指導の充実により，豊かな心や健やかな体を育成すること。

(2) 育成を目指す資質・能力の明確化

平成28年12月の中央教育審議会答申においては，予測困難な社会の変化に主体的に関わり，感性を豊かに働かせながら，どのような未来を創っていくのか，どのように社会や人生をよりよいものにしていくのかという目的を自ら考え，自らの可能性を発揮し，よりよい社会と幸福な人生の創り手となる力を身に付けられるようにすることが重要であること，こうした力は全く新しい力ということではなく学校教育が長年その育成を目指してきた「生きる力」であることを改めて捉え直し，学校教育がしっかりとその強みを発揮できるようにしていくことが必要とされた。また，汎用的な能力の育成を重視する世界的な潮流を踏まえつつ，知識及び技能と思考力，判断力，表現力等とをバランスよく育成してきた我が国の学校教育の蓄積を生かしていくことが重要とされた。

このため「生きる力」をより具体化し，教育課程全体を通して育成を目指す資質・能力を，ア「何を理解しているか，何ができるか（生きて働く「知識・技能」の習得)」，イ「理解していること・できることをどう使うか（未知の状況にも対応できる「思考力・判断力・表現力等」の育成)」，ウ「どのように社会・世界と関わり，よりよい人生を送るか（学びを人生や社会に生かそうとする「学びに向かう力・人間性等」の涵養)」の三つの柱に整理するとともに，各教科等の目標や内容についても，この三つの柱に基づく再整理を図るよう提言がなされた。

今回の改訂では，知・徳・体にわたる「生きる力」を生徒に育むために「何のために学ぶのか」という各教科等を学ぶ意義を共有しながら，授業の創意工夫や教科書等の教材の改善を引き出していくことができるようにするため，全ての教科等の目標や内容を「知識及び技能」，「思考力，判断力，表現力等」，「学びに向かう力，人間性等」の三つの柱で再整理した。

(3)「主体的・対話的で深い学び」の実現に向けた授業改善の推進

子供たちが，学習内容を人生や社会の在り方と結び付けて深く理解し，これからの時代に求められる資質・能力を身に付け，生涯にわたって能動的に学び続けることができるようにするためには，これまでの学校教育の蓄積も生かしながら，学習の質を一層高める授業改善の取組を活性化していくことが必要である。

特に，高等学校教育については，大学入学者選抜や資格の在り方等の外部要因によって，その教育の在り方が規定されてしまい，目指すべき教育改革が進めにくいと指摘されてきたところであるが，今回の改訂は，高大接続改革という，高等学校教育を含む初等中等教育改革と，大学教育の改革，そして両者をつなぐ大学入学者選抜改革という一体的な改革や，更に，キャリア教育の視点で学校と社会の接続を目指す中で実施されるものである。改めて，高等学校学習指導要領の定めるところに従い，各高等学校において生徒が卒業までに身に付けるべきものとされる資質・能力を育成していくために，どのようにしてこれまでの授業の在り方を改善していくべきかを，各学校や教師が考える必要がある。

また，選挙権年齢及び成年年齢が18歳に引き下げられ，生徒にとって政治や社会が

一層身近なものとなる中，高等学校においては，生徒一人一人に社会で求められる資質・能力を育み，生涯にわたって探究を深める未来の創り手として送り出していくことが，これまで以上に重要となっている。「主体的・対話的で深い学び」の実現に向けた授業改善（アクティブ・ラーニングの視点に立った授業改善）とは，我が国の優れた教育実践に見られる普遍的な視点を学習指導要領に明確な形で規定したものである。

　今回の改訂では，主体的・対話的で深い学びの実現に向けた授業改善を進める際の指導上の配慮事項を総則に記載するとともに，各教科等の「第3款　各科目にわたる指導計画の作成と内容の取扱い」等において，単元や題材など内容や時間のまとまりを見通して，その中で育む資質・能力の育成に向けて，主体的・対話的で深い学びの実現に向けた授業改善を進めることを示した。

　その際，以下の点に留意して取り組むことが重要である。

①　授業の方法や技術の改善のみを意図するものではなく，生徒に目指す資質・能力を育むために「主体的な学び」，「対話的な学び」，「深い学び」の視点で，授業改善を進めるものであること。

②　各教科等において通常行われている学習活動（言語活動，観察・実験，問題解決的な学習など）の質を向上させることを主眼とするものであること。

③　1回1回の授業で全ての学びが実現されるものではなく，単元や題材など内容や時間のまとまりの中で，学習を見通し振り返る場面をどこに設定するか，グループなどで対話する場面をどこに設定するか，生徒が考える場面と教師が教える場面とをどのように組み立てるかを考え，実現を図っていくものであること。

④　深い学びの鍵として「見方・考え方」を働かせることが重要になること。各教科等の「見方・考え方」は，「どのような視点で物事を捉え，どのような考え方で思考していくのか」というその教科等ならではの物事を捉える視点や考え方である。各教科等を学ぶ本質的な意義の中核をなすものであり，教科等の学習と社会をつなぐものであることから，生徒が学習や人生において「見方・考え方」を自在に働かせることができるようにすることにこそ，教師の専門性が発揮されることが求められること。

⑤　基礎的・基本的な知識及び技能の習得に課題がある場合には，それを身に付けさせるために，生徒の学びを深めたり主体性を引き出したりといった工夫を重ねながら，確実な習得を図ることを重視すること。

(4) 各学校におけるカリキュラム・マネジメントの推進

　各学校においては，教科等の目標や内容を見通し，特に学習の基盤となる資質・能力（言語能力，情報活用能力（情報モラルを含む。以下同じ。），問題発見・解決能力等）や現代的な諸課題に対応して求められる資質・能力の育成のために教科等横断的な学習を充実することや，主体的・対話的で深い学びの実現に向けた授業改善を単元や題材など内容や時間のまとまりを見通して行うことが求められる。これらの取組の実現のためには，学校全体として，生徒や学校，地域の実態を適切に把握し，教育内容や時間の配分，必要な人的・物的体制の確保，教育課程の実施状況に基づく改善などを通して，教

育活動の質を向上させ，学習の効果の最大化を図るカリキュラム・マネジメントに努めることが求められる。

このため，総則において，「生徒や学校，地域の実態を適切に把握し，教育の目的や目標の実現に必要な教育の内容等を教科等横断的な視点で組み立てていくこと，教育課程の実施状況を評価してその改善を図っていくこと，教育課程の実施に必要な人的又は物的な体制を確保するとともにその改善を図っていくことなどを通して，教育課程に基づき組織的かつ計画的に各学校の教育活動の質の向上を図っていくこと（以下「カリキュラム・マネジメント」という。）に努める」ことについて新たに示した。

（5）教育内容の主な改善事項

このほか，言語能力の確実な育成，理数教育の充実，伝統や文化に関する教育の充実，道徳教育の充実，外国語教育の充実，職業教育の充実などについて，総則や各教科・科目等（各教科・科目，総合的な探究の時間及び特別活動をいう。以下同じ。）において，その特質に応じて内容やその取扱いの充実を図った。

第1章
総説

第2節　専門教科情報科改訂の趣旨及び要点

● 1　専門教科情報科改訂の趣旨

　平成28年12月21日の中央教育審議会答申では，学習指導要領改訂の基本的な方向性，各教科等における改訂の具体的方向性などが示されている。このたびの高等学校情報科の改訂は，これらを踏まえて行ったものである。

　中央教育審議会の答申の中で，職業に関する各教科・科目の改善については，次のように示された。

Ⅰ　職業に関する各教科・科目

（1）現行学習指導要領の成果と課題を踏まえた産業教育の目標の在り方

　①現行学習指導要領の成果と課題

　　○　農業、工業、商業、水産、家庭、看護、情報、福祉から成る職業に関する
　　　各教科（以下「職業に関する各教科」という。）においては、各教科の指導
　　　を通して、関連する職業に従事する上で必要な資質・能力を育み、社会や産
　　　業を支える人材を輩出してきたが、科学技術の進展、グローバル化、産業構
　　　造の変化等に伴い、必要とされる専門的な知識・技術も変化するとともに高
　　　度化しているため、これらへの対応が課題となっている。

　　○　また、職業に関する各教科においては、専門的な知識・技術の定着を図る
　　　とともに、多様な課題に対応できる課題解決能力を育成することが重要であ
　　　り、地域や産業界との連携の下、産業現場等における長期間の実習等の実践
　　　的な学習活動をより一層充実させていくことが求められている。あわせて、
　　　職業学科に学んだ生徒の進路が多様であることから、大学等との接続につい
　　　ても重要な課題となっている。

　②課題を踏まえた産業教育の目標の在り方

　　○　このような中、産業教育全体の目標の考え方については、産業界で必要と
　　　される資質・能力を見据えて、三つの柱に沿って次のように整理することが
　　　できる。

　　　職業に関する各教科の「見方・考え方」を働かせた実践的・体験的な学習
　　　活動を通して、社会を支え産業の発展を担う職業人として必要な資質・能力
　　　を次のとおり育成することを目指す。

　　　・　各職業分野について（社会的意義や役割を含め）体系的・系統的に理解
　　　　させるとともに、関連する技術を習得させる。

　　　・　各職業分野に関する課題（持続可能な社会の構築、グローバル化・少子
　　　　高齢化への対応等）を発見し、職業人としての倫理観をもって合理的かつ
　　　　創造的に解決する力を育成する。

・ 職業人として必要な豊かな人間性を育み、よりよい社会の構築を目指して自ら学び、産業の振興や社会貢献に主体的かつ協働的に取り組む態度を育成する。

○ これらを構成する要素のうち、例えば、「倫理観」や「合理的」等は、従来、学習指導要領において明示してきた重要な要素である。一方で、「職業人として必要な豊かな人間性を育み、よりよい社会の構築を目指して自ら学ぶ」、「社会貢献」、「協働的に取り組む」は、社会や産業における新たな課題の解決に向けて多くの人と協力して挑戦し粘り強く学び続けることや、広い視野でよりよい社会の構築に取り組むことが重要であることから明示した。

③産業教育における「見方・考え方」

○ また、産業教育の特質に応じた「見方・考え方」については、教科ならではの物事を捉える視点や考え方であり、三つの柱で整理していく資質・能力を育むため、各教科に関連する職業を踏まえて検討を行った。

その結果、社会や産業に関する事象を、職業に関する各教科の本質に根ざした視点で捉え、人々の健康の保持増進や快適な生活の実現、社会の発展に寄与する生産物や製品、サービスの創造や質の向上等と関連付けることなどに整理することができる。

○ 各教科の目標や「見方・考え方」については、前述の産業教育全体の目標の考え方や「見方・考え方」を踏まえ、各産業の特質に応じて整理することが必要である。

(2) 具体的な改善事項

①教育課程の示し方の改善

ⅰ）資質・能力を育成する学びの過程についての考え方

○ 前述の三つの柱に沿った資質・能力を育成するためには、産業教育において従前から実施されている具体的な課題を踏まえた課題解決的な学習の充実が求められる。

○ このような学習については、解決すべき職業に関する課題を把握する「課題の発見」、関係する情報を収集して予想し仮説を立てる「課題解決の方向性の検討」、「計画の立案」、計画に基づき解決策を実践する「計画の実施」、結果を基に計画を検証する「振り返り」、といった過程に整理することができる。この過程においては、例えば、「課題の発見」では、学びに向かう力や人間性として、よりよい社会の構築に向け課題を発見しようとする態度が、「計画の実施」では、思考力・判断力・表現力として、専門的な知識・技術を活用する力が育まれることが想定される。

○ ここで整理した過程はあくまでも例示であり、各過程を行き来して学習活動が行われるものであることに留意する必要があるが、これらの過程において、先述した三つの柱に基づき整理した資質・能力の育成を図ること

ができる。

ⅱ) 科目構成の構造

○　今回の改訂においては、産業教育で育成する資質・能力を踏まえ、各教科で指導すべき共通の内容を整理し、これを各教科共通の基礎的・基本的な内容として各教科の原則履修科目などの基礎的科目において扱うことが求められる。

○　また、産業教育に関する各教科の科目構成については、基礎的科目において各教科に関する基礎的・基本的な内容を理解させ、それを基盤として専門的な学習につなげ、「課題研究」等で更に専門的な知識・技術の深化、総合化を図るという現行の考え方を継続し、改訂を進めることが必要である。

②教育内容の改善・充実

○　今回の改訂においては、前述のような資質・能力の育成を前提に、社会や産業の変化の状況等や学校における指導の実情を踏まえて、持続可能な社会の構築、情報化の一層の進展、グローバル化などへの対応についての視点から改善を図ることが求められる。また、こうした社会や産業の変化の状況等に対応する観点からも、経営等に関する指導についてはより重要となっており、例えば、農林水産業などの各産業においては、経営感覚に優れた次世代の人材の育成に向けた指導の充実などが求められる。

○　資質・能力の育成に向けた職業に関する各教科の教育内容については、次の方向で改善・充実を図る。

③学習・指導の改善充実や教育環境の充実等

ⅰ)「主体的・対話的で深い学び」の実現

○　産業教育においては、企業等と連携した商品開発、地域での販売実習、高度熟練技能者による指導など、地域や産業界等と連携した実験・実習などの実践的、体験的な学習活動を重視してきた。

（「主体的な学び」の視点）

・　企業等での高度な技術等に触れる体験は、キャリア形成を見据えて生徒の学ぶ意欲を高める「主体的な学び」につながるものである。

（「対話的な学び」の視点）

・　産業界関係者等との対話、生徒同士の協議等は、自らの考えを広げ深める「対話的な学び」につながるものである。

（「深い学び」の視点）

・　また、社会や産業の具体的な課題に取り組むに当たっては、各教科等の特質に応じた「見方・考え方」を働かせ、よりよい製品の製造やサービスの創造等を目指すといった「深い学び」につなげていくことが重要である。「深い学び」を実現する上では、課題の解決を図る学習や臨床の場で実践を行う「課題研究」等の果たす役割が大きい。

○　これらの学びを実現するためには、地域や産業界等との連携が重要であり、産業教育においては、今後とも地域や産業界等と連携した実験・実習などの実践的、体験的な学習活動を充実し、アクティブ・ラーニングの三つの視点から、これらの学習活動を再確認しながら、不断の授業改善に取り組むことが求められる。

ⅱ) 教育環境の充実

（産業界との連携）

○　地域や産業界等と連携した実験・実習などの実践的、体験的な学習活動は、アクティブ・ラーニングの三つの視点を踏まえた学びを実現する上でも重要なものであることから、地域や産業界等との連携がより一層求められる。このような連携を促進するためには、各地域の産業教育振興会等と協力して、定期的に学校と産業界等が情報交換を行うとともに、教育委員会、地方公共団体の関係部局、経済団体等が協力し、インターンシップの受入れや外部講師の派遣の調整を行うなどといった取組も期待される。

（中学校や大学等との接続）

○　研修を通じて中学校の教員が職業の多様性や専門高校について理解を深めることや、産業教育フェア等の取組によって、中学生の主体的な進路選択に資するよう、専門高校での学習に対する理解・関心を高めることも求められる。

○　現在実施されている大学入学者選抜は、共通教科を中心としていることが多いため、アドミッション・ポリシー等に応じ、専門高校での学びを積極的に評価できる入学者選抜の実施の拡大が望まれる。また、農業大学校や職業能力開発大学校などの省庁系大学校等との連携・協力の促進等も求められる。

（教員研修等の充実）

○　教員の資質・能力を向上させるための研修の機会等の充実、大学が教育委員会等と連携した教員養成課程の充実、実務経験が豊富な社会人の活用が求められる。

（実験・実習の環境整備）

○　計画的な施設・設備の改善・充実・更新、生産や販売実習等の学習活動を円滑に実施するための地方公共団体における関係する財務規則等の整理などの環境整備が求められる。

また，情報科に関しては，次のように示された。

```
Ⅰ 職業に関する各教科・科目
(2) 具体的な改善事項
 ②教育内容の改善・充実
  ○ 資質・能力の育成に向けた職業に関する各教科の教育内容については、次
   の方向で改善・充実を図る。
 〔情報〕
  ○ 知識基盤社会の到来、情報社会の進展、高度な情報技術を持つIT人材の
   需要増大などを踏まえ、情報関連産業を通して、地域産業をはじめ情報社会
   の健全で持続的な発展を担う職業人を育成するため、次のような改善・充実
   を図る。
   ・ 情報セキュリティに関する知識と技術を習得させ、情報の安全を担う能
    力と態度を育成する学習の一層の充実
   ・ 情報コンテンツを利用した様々なサービスや関連する社会制度について
    の知識や技術を習得させ、実際に活用する能力と態度を育成する学習の一
    層の充実
   ・ システムの設計・管理と情報コンテンツの制作・発信に関する実践力の
    一体的な習得
   ・ 情報メディアと情報デザインに関する知識と技術の一体的な習得
   ・ 問題解決やプログラミングに関する学習の充実
   ・ 統計的手法の活用やデータの分析、活用、表現に関する学習の充実
   ・ データベースの応用技術に関する学習の充実
   ・ ネットワークの設計、構築、運用管理、セキュリティに関する学習の充
    実
   ・ コンピュータグラフィックや情報コンテンツの制作に関する学習の充実
```

● 2 専門教科情報科改訂の要点

(1) 目標の改善

ア 資質・能力について

　教科及び科目の目標については，産業界で必要とされる資質・能力を見据えて三
つの柱に沿って整理し，育成を目指す資質・能力のうち，(1)には「知識及び技術」
を，(2)には「思考力，判断力，表現力等」を，(3)には「学びに向かう力，人間性
等」を示した。

イ 専門教科情報科における「見方・考え方」について

　今回の改訂では，「見方・考え方」を働かせた学習活動を通して，目標に示す資質・
能力の育成を目指すこととした。これは中央教育審議会答申において，「見方・考
え方」は各教科等の学習の中で働き，鍛えられていくものであり，各教科等の特質

に応じた物事を捉える視点や考え方として整理されたことを踏まえたものである。共通教科情報科では、「情報に関する科学的な見方・考え方」を「事象を、情報とその結び付きとして捉え、情報技術の適切かつ効果的な活用（プログラミング、モデル化とシミュレーションを行ったり情報デザインを適用したりすること等）により、新たな情報に再構成すること」であると整理されている。

専門教科情報科では、「情報に関する科学的な見方・考え方」について、「情報産業に関する事象を、情報技術を用いた問題解決の視点で捉え、情報の科学的理解に基づいた情報技術の適切かつ効果的な活用と関連付けること」としている。情報技術を用いた問題解決を行うには、事象を情報とその結び付きとして捉える必要があり、情報の科学的理解に基づいた情報技術の適切かつ効果的な活用と関連付けることで、新たな情報に再構成することにつながる。このように専門教科情報科の「情報に関する科学的な見方・考え方」は共通教科のそれをより専門的にしたものといえる。

ウ　基礎的・基本的な知識と技術の習得について

専門教科情報科の各分野に関する基礎的・基本的な知識と技術を習得させるという視点については、引き続き重視するとともに、体系的・系統的な理解と関連する技術を身に付けるようにすることとした。

エ　情報社会の課題の解決について

情報社会の課題を主体的、合理的にかつ倫理観をもって解決するという視点については、課題を発見するという視点を新たに加え、倫理観については、職業人に求められる倫理観として、より明確にした。ここで、専門教科情報科で「課題を発見する」とは、問題を捉え、これを解決するために必要な課題を設定することとした。

オ　その他の改善点について

情報産業の構造の変化や新たな情報産業に対応するため、情報産業や社会の発展に寄与するという視点に加え、情報技術者に必要とされる情報活用能力の習得を目指して自ら学ぶという視点と、主体的かつ協働的に参画するという視点を新たに加えた。

(2) 内容の改善

ア　〔指導項目〕について

今回の改訂では、専門教科情報科に属する全ての科目の「2　内容」においては〔指導項目〕として「(1)，(2)」などの大項目や「ア，イ」などの小項目を、柱書においては「1に示す資質・能力を身に付けることができるよう、次の〔指導項目〕を指導する」と示した。これは、〔指導項目〕として示す学習内容の指導を通じて、目標において三つの柱に整理した資質・能力を身に付けることを明確にしたものである。

なお、項目の記述については、専門教科は学科や課程を問わず、様々な履修の形があり、学習内容の程度にも幅があることから、従前どおり事項のみを大綱的に示

した。

イ　科目構成について

　科目構成については，知識基盤社会の到来，情報社会の進展，高度な情報技術を
もつIT人材の需要増大に対応し，体系的・系統的な知識と技術，課題を発見し合
理的かつ創造的に解決する力，職業人に求められる倫理観，自ら学ぶ力，主体的か
つ協働的に取り組む態度を身に付けた人材を育成する観点から，従前の13科目を
「情報産業と社会」，「課題研究」，「情報の表現と管理」，「情報テクノロジー」，「情
報セキュリティ」，「情報システムのプログラミング」，「ネットワークシステム」，
「データベース」，「情報デザイン」，「コンテンツの制作と発信」，「メディアとサー
ビス」，「情報実習」といった12科目に改めた。

　具体的には，「情報セキュリティ」及び「メディアとサービス」の2科目を新設
するとともに，「情報産業と社会」及び「情報と問題解決」を「情報産業と社会」に，
「情報メディア」及び「情報デザイン」を「情報デザイン」に，「情報システム実習」
及び「情報コンテンツ実習」を「情報実習」に整理統合した。また，「アルゴリズ
ムとプログラム」を「情報システムのプログラミング」に，「表現メディアの編集
と表現」を「コンテンツの制作と発信」へと科目の名称変更を行った。また，情報
に関する各学科において，原則として全ての生徒が履修する科目は，「情報産業と
社会」と「課題研究」の2科目である。前者は，情報に関する各学科において，よ
り専門的な学習への動機付けや進路について生徒の意識を高めることを目的とした
科目であり，後者は，課題の発見・解決を図る学習活動を通して，情報に関する専
門的な知識と技術の深化，統合化を図るとともに，課題を発見・解決する能力や自
発的，創造的な学習態度を養うための科目である。

　なお，「情報の各分野」については，これまでの「システムの設計・管理分野」
を「情報システム分野」，「情報コンテンツの制作・発信分野」を「コンテンツ分野」
のように呼称を改めた。「コンテンツ分野」については，制作だけでなく，発信や
管理・運用も行うように科目を編成した。

　なお，項目の記述については，専門教科は学科や課程を問わず，様々な履修の形
があり，学習内容の程度にも幅があることから，従前どおり事項のみを大綱的に示
した。

（3）指導計画の作成と内容の取扱いについての改善

　指導計画の作成と内容の取扱いに関する主な改善事項は次のとおりである。

ア　単元など内容や時間のまとまりを見通して，その中で育む資質・能力の育成に向け
　て，生徒の主体的・対話的で深い学びの実現を図るようにした。

イ　見方・考え方を働かせ，社会の様々な事象を捉え，専門的な知識や技術などを基に
　情報産業に対する理解を深めることとした。

ウ　新たなシステムやコンテンツなどを地域や産業界と協働して創造するなどの実践
　的・体験的な学習活動の充実を図ることとした。

エ 地域や産業界に加え，大学との連携・交流を通じた実践的な学習活動を取り入れることとした。

オ 障害のある生徒などについては，学習活動を行う場合に生じる困難さに応じた指導内容や指導方法の工夫を計画的，組織的に行うこととした。

カ 情報産業に関する課題の発見や解決の過程において，協働して分析，考察，討議するなど言語活動の充実を図ることとした。

キ 個人情報や知的財産の保護と活用について扱うとともに，情報モラルや職業人に求められる倫理観の育成を図ることとした。

2
専門教科情報
科改訂の趣旨
及び要点

第1章
総　説

第3節　専門教科情報科の目標

教科の目標は，次のとおりである。

> 　情報に関する科学的な見方・考え方を働かせ，実践的・体験的な学習活動を行うことなどを通して，情報産業を通じ，地域産業をはじめ情報社会の健全で持続的な発展を担う職業人として必要な資質・能力を次のとおり育成することを目指す。
> 　(1) 情報の各分野について体系的・系統的に理解するとともに，関連する技術を身に付けるようにする。
> 　(2) 情報産業に関する課題を発見し，職業人に求められる倫理観を踏まえ合理的かつ創造的に解決する力を養う。
> 　(3) 職業人として必要な豊かな人間性を育み，よりよい社会の構築を目指して自ら学び，情報産業の創造と発展に主体的かつ協働的に取り組む態度を養う。

　今回の改訂においては，知識基盤社会の到来，情報社会の進展，高度な情報技術をもつIT人材の需要増大などを踏まえ，情報の各分野における専門性に関わる資質・能力を育成する教育を重視した。教科の目標は，この教科の12科目の各目標を包括して示したものであり，大きく三つの資質・能力に分けて考えることができる。この教科では，これらの資質・能力の育成を通して，情報の各分野に関わる将来のスペシャリストに必要な能力や態度を養うことになる。

1　「情報に関する科学的な見方・考え方を働かせ，実践的・体験的な学習活動を行うことなどを通して，情報産業を通じ，地域産業をはじめ情報社会の健全で持続的な発展を担う職業人として必要な資質・能力を次のとおり育成する」について

　情報に関する科学的な見方・考え方を働かせとは，情報産業に関する事象を，情報技術を用いた問題解決の視点で捉え，情報の科学的理解に基づいた情報技術の適切かつ効果的な活用と関連付けることを意味している。

　実践的・体験的な学習活動を行うとは，具体的な課題の発見・解決の過程で，調査，研究，実験を行ったり，協働して作品を制作したりするなどの実践的な活動，産業現場等における実習などの体験的な活動を行うことが重要であることを意味している。

　情報産業を通じ，地域産業をはじめ情報社会の健全で持続的な発展を担う職業人として必要な資質・能力とは，専門教科情報科の各分野に関する基礎的・基本的な知識と技術の習得，情報社会における情報や情報産業の意義や役割の理解及び諸課題の解決などに関わる学習は，最終的には情報産業を通じ，地域産業をはじめ情報社会の健全で持続的な発展を担う職業人として必要な資質・能力の育成につながるものであることを意味している。

2　「(1) 情報の各分野について体系的・系統的に理解するとともに，関連する技術を身

に付けるようにする。」について

　情報システム分野やコンテンツ分野などのこの教科に関わる各分野の学習を，現代社会を支え，発展させている情報産業の視点で捉え，情報の意義や役割も含め，将来のスペシャリストとして必要な知識と技術を体系的・系統的に身に付けるようにすることを示している。

　専門教科情報科の各分野の専門的な内容を習得するとともに，その成果を創造的，実践的に活用できる能力や態度を養うためには，情報の意義や役割を理解し，必要な知識と技術を体系的・系統的に身に付けるようにすることが大切である。

3　「(2) 情報産業に関する課題を発見し，職業人に求められる倫理観を踏まえ合理的かつ創造的に解決する力を養う。」について

　情報に関する科学的な見方・考え方を働かせて情報産業に関する課題を発見し，職業人に求められる倫理観を踏まえ，科学的で論理的な方法で創造的に解決することを通して課題の発見・解決に必要な思考力，判断力，表現力等を養うことを示している。

　今回の改訂では，問題を発見し解決する能力の育成が重視されている。情報産業においては，情報に関する科学的な見方・考え方を働かせて課題を発見すること，科学的で論理的な方法で課題を解決すること，創造的な解決方法を考えることで新たな価値を生み出すことが大切である。その際，情報技術者には国民の生活様式や様々なサービス，社会システムなどを提供する側として，遵法精神や安全に配慮するなどの社会的責任が強く求められていることを理解することが重要である。

4　「(3) 職業人として必要な豊かな人間性を育み，よりよい社会の構築を目指して自ら学び，情報産業の創造と発展に主体的かつ協働的に取り組む態度を養う。」について

　情報産業に携わり，新たな価値を生み出すためには，みずみずしい感性や協調性など職業人として必要な豊かな人間性を養うことが大切であること，進展の著しい情報技術に対応するためには自ら学ぶ態度が必要であることを示している。これらを通して，最終的には，よりよい情報社会の構築を目指して主体的かつ協働的に取り組む態度を養うことを目指している。

第4節　専門教科情報科の内容構成

1　科目構成

　専門教科情報科は，次の12科目で編成されている。改訂前との比較は次の表のとおりである。

新旧科目対照表

改訂	改訂前	備考
情報産業と社会	情報産業と社会	整理統合
課題研究	課題研究	
情報の表現と管理	情報の表現と管理	
	情報と問題解決	
情報テクノロジー	情報テクノロジー	
情報セキュリティ		新設
情報システムのプログラミング	アルゴリズムとプログラム	名称変更
ネットワークシステム	ネットワークシステム	
データベース	データベース	
	情報システム実習	
情報デザイン	情報メディア	整理統合
	情報デザイン	
コンテンツの制作と発信	表現メディアの編集と表現	名称変更
メディアとサービス		新設
情報実習	情報コンテンツ実習	整理統合

2　分野構成

　今回の改訂では，教科の目標に示す資質・能力を育成するために12科目を三つの分野と総合的科目に分類している。これを図に示すと次のとおりとなる（図1参照）。このうち，「情報産業と社会」，「情報の表現と管理」，「情報テクノロジー」，「情報セキュリティ」は，共通的分野の科目として位置付けている。各学校においては，いずれの分野の学習を目指す生徒に対しても，共通的分野の学習が重要であることを十分考慮に入れた教育課程を編成することが望ましい。また，「情報システムのプログラミング」，「ネットワークシステム」，「データベース」，「情報デザイン」，「コンテンツの制作と発信」，「メディアとサービス」は，進路希望などに応じて選択する応用的選択科目である。「情報実習」は，情報システム分野とコンテンツ分野双方の専門科目で個別に学んだ知識と技術を総合的に活用することができるようにすることを狙いとしている科目であり，各分野の学習に当たっては，こうした科目のねらいを十分踏まえることが重要である。さらに，「課題研究」は，専門科目の

内容を相互に関連付けて実践的な内容を取り扱う総合的科目である。

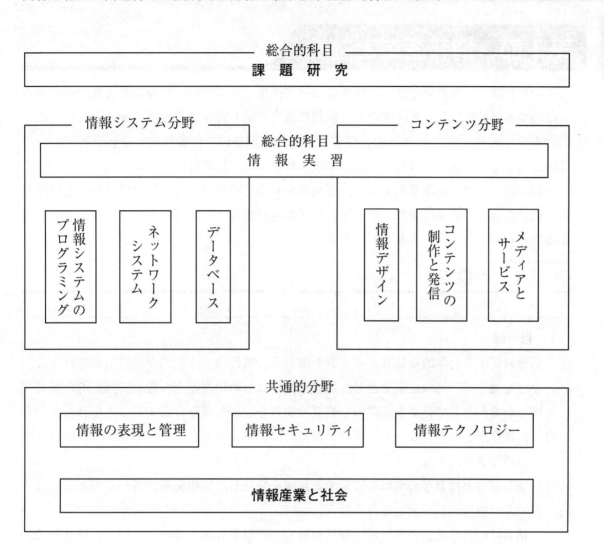

図1　専門教科情報科の科目及び分野の構成
※原則履修科目は,「情報産業と社会」及び「課題研究」

第2章　専門教科情報科の各科目

第1節　情報産業と社会

　この科目は，情報産業と社会に関する知識と技術を身に付け，情報産業と社会との関わりに関する課題を発見し解決する力，情報社会に参画し寄与する態度を養うことを目的としたものであり，平成21年改訂の学習指導要領と同様に，情報に関する各学科において原則として全ての生徒に履修させる原則履修科目として位置付けている。

　今回の改訂では，情報産業を通じ，地域産業をはじめ情報社会の健全で持続的な発展を担う職業人として必要な資質・能力を育成する視点から，問題解決やプログラミングに関する指導項目を取り入れるなどの改善を図った。

● 第1　目標

1　目　標

　情報に関する科学的な見方・考え方を働かせ，実践的・体験的な学習活動を行うことなどを通して，情報産業を通じ，地域産業をはじめ情報社会の健全で持続的な発展を担う職業人として必要な基礎的な資質・能力を次のとおり育成することを目指す。

(1) 情報産業と社会について体系的・系統的に理解するとともに，関連する技術を身に付けるようにする。

(2) 情報産業と社会との関わりに関する課題を発見し，情報産業に携わる者として合理的かつ創造的に解決する力を養う。

(3) 情報技術者に必要とされる情報活用能力の習得を目指して自ら学び，情報社会に主体的かつ協働的に参画し寄与する態度を養う。

　この科目においては，情報産業と社会に関する知識と技術を身に付け，情報産業と社会との関わりに関する課題を発見し，情報産業に携わる者として合理的かつ創造的に解決する力，情報社会に主体的かつ協働的に参画し寄与する態度を養うことをねらいとしている。

　目標の(1)については，情報化と情報産業の発展が現代社会に与える効果と影響を踏まえ，そこで生きるために必要な知識と技術を身に付けるようにすることを意味している。

　目標の(2)については，情報産業と社会との関わりに関する課題を発見し，情報産業に携わる者として，情報の科学的な理解に基づき，情報と情報技術を適切かつ効果的に活用して創造的に解決する力を養うことを意味している。

　目標の(3)については，変化する社会の中で情報技術者に必要とされる資質・能力について自ら考え，定義し，学び，活用することを通して情報社会に主体的かつ協働的に参画し寄与する態度を養うことを意味している。

第2　内容とその取扱い

1　内容の構成及び取扱い

　この科目は，目標に示す資質・能力を身に付けることができるよう，(1)情報社会の進展と情報産業，(2)情報とコミュニケーション，(3)コンピュータとプログラミング，(4)情報産業が果たす役割の四つの指導項目で，2〜4単位程度履修されることを想定して内容を構成している。また，内容を取り扱う際の配慮事項は次のように示されている。

（内容を取り扱う際の配慮事項）

> ア　情報産業が社会で果たしている役割を扱うとともに，社会の情報化について，情報技術者の業務内容と関連付けて考察するよう留意して指導すること。

　内容を取り扱う際には，この科目が情報に関する学科における原則履修科目として位置付けられていることから，情報産業が社会の情報化にどのように関わり，社会の中でどのような役割を果たしているかを，身近にある産業現場を見学したり情報技術者の業務内容について直接話を聞いたりするなど，実習を通じて体験的に学習することが重要である。その際，人々の社会生活が情報を基盤として成り立っていることを踏まえて，情報産業が社会に与えている影響について，情報技術者の業務内容などと関連付けて考察するとともに，情報社会の健全で持続的な発展に参画し寄与する態度を養う必要がある。

> イ　社会の情報化が人々の生活に与えている影響について，身近にある具体的な事例を課題として取り上げ，情報社会の将来について主体的かつ協働的に考察させ，情報産業に携わる者に求められる倫理観を踏まえ合理的かつ創造的に課題を解決できるよう留意して指導すること。

　内容を取り扱う際には，情報社会の将来や情報産業に関する課題の発見や解決について，協働して分析，考察，討議するなど言語活動の充実を図りながら，体験的に学習することが重要である。その際，生徒の日常生活の中から具体的な事例を取り上げ，情報産業が果たすべき役割や社会に与える影響の大きさに触れながら，情報技術者に求められる倫理観や責務などと関連付けて考えるようにする。また，情報や情報に関する技術が，人々の生活の様々な場面でなくてはならないものとして広く活用され社会を支えていることに自ら気付き，情報産業と社会との関わりの視点で，課題を発見し，その解決に取り組む態度を身に付けることも重要である。

2　内容

> **2　内　容**
>
> 　1に示す資質・能力を身に付けることができるよう，次の〔指導項目〕を指導する。

〔指導項目〕

> （1）　情報社会の進展と情報産業
> 　　ア　情報社会の進展
> 　　イ　情報社会における問題解決
> 　　ウ　情報社会の将来と情報産業

（内容の範囲や程度）

> 　ア　〔指導項目〕の(1)のアについては，人々の生活が情報を基盤として成り立っていることを踏まえて，これまでの社会の変遷についても扱うこと。イについては，情報社会の進展によって将来的に生じることが予想される問題についても扱うこと。ウについては，情報に関する最新の技術などについても扱うこと。

（1）情報社会の進展と情報社会

　ここでは，科目の目標を踏まえ，情報社会の進展について学ぶ重要性，最新の情報や情報技術についての知識などを基盤として，情報社会の問題を発見・解決する力と，情報や情報技術などを活用することを通して主体的かつ協働的に情報社会に参画する態度を養うことをねらいとしている。

　このねらいを実現するため，次の①から③までの事項を身に付けることができるよう，〔指導項目〕を指導する。

① 　情報社会の進展と問題解決の方法，最新の情報と情報技術などについて基礎的な知識と技術を身に付けること。

② 　情報社会の進展によって生じている問題を発見し，最新の情報と情報技術などを適切かつ効果的に活用して創造的に解決すること。

③ 　情報産業及び情報技術者の業務内容について自ら学び，情報社会の進展を支える最新の情報と情報技術などを活用することに主体的かつ協働的に取り組むこと。

ア　情報社会の進展

　ここでは，情報社会の進展に関わる情報産業及び情報技術者の業務内容を取り上げ，人々の生活との関わり，望ましい情報社会の形成に果たす役割などについて扱う。また，社会の情報化はあらゆる分野の産業が互いに関わり合いながら進展していくことについても触れる。

イ　情報社会における問題解決

　　ここでは，人工知能などの情報技術の進化と普及が人々の働き方や生活習慣を大き
く変えるなど，情報社会の進展によって生じている問題や将来的に生じることが予測
される問題を取り上げ，その解決の方法について考察することなどを扱う。その際，
問題については，身近な生活の中から発見することを重視し，その解決の方法を考察
する過程においては，協働して分析，考察，討議するなど言語活動の充実を図りなが
ら，自らの課題として捉えられるように工夫することが重要である。

ウ　情報社会の将来と情報産業

　　ここでは，情報社会の進展を支える最新の情報と情報技術などを取り上げ，将来の
情報技術，これからの情報社会のあるべき姿，情報社会が抱える問題を解決するため
に情報産業が果たすべき役割などについて扱う。その際，情報技術者として求められ
る資質・能力について考えるようにすることが重要である。

〔指導項目〕

---

(2) 情報とコミュニケーション
　ア　情報の表現
　イ　情報の管理
　ウ　情報技術を活用したコミュニケーション

（内容の範囲や程度）

イ　〔指導項目〕の(2)のアについては，コンテンツ及びメディアとサービスについて
　も扱うこと。ウについては，コミュニケーションに関わるハードウェア及びソフト
　ウェアを扱うこと。

---

(2) 情報とコミュニケーション

　　ここでは，科目の目標を踏まえ，コミュニケーションに活用される多様な情報技術や
技法，情報を管理するための方法を基盤として，情報の表現や管理に関する課題を発見
し解決する力と，望ましいコミュニケーションについて自ら考え，主体的かつ協働的に
取り組む態度を育成することをねらいとしている。

　　このねらいを実現するため，次の①から③までの事項を身に付けることができるよう，
〔指導項目〕を指導する。

①　コミュニケーションに活用される多様な情報技術や技法及び情報を管理するために
　必要となる基礎的な知識と技術を身に付けること。

②　情報の表現や管理に関する課題を発見し，コンテンツ，メディア，ドキュメント及
　びこれを管理する方法などを活用して創造的に解決すること。

③　望ましいコミュニケーションを行うために自ら学び，情報社会の健全で持続的な発

展のために主体的かつ協働的に取り組むこと。

ア　情報の表現

ここでは，情報の表現における多様な技術や技法などの基礎的な知識を取り上げ，メディアの特性や情報デザインと関連させながら扱う。また，情報に関するコンテンツなどを効果的に活用した情報発信やプレゼンテーションの実例を取り上げ，対象や目的に応じて表現することの重要性などについて扱う。その際，将来を見据えた新たな情報の表現方法や視点についても積極的に扱うことが重要である。

イ　情報の管理

ここでは，情報の共有や情報を整理・分類するなど，情報を管理するために必要となる基礎的な知識を取り上げ，ドキュメント作成などの体験的な活動を通して，情報共有の有効性や情報管理の重要性などについて扱う。その際，情報セキュリティの視点が重要であることに気付くようにする。

ウ　情報技術を活用したコミュニケーション

ここでは，身近にある情報デザインやメディアを利用したサービスを取り上げ，情報を適切に活用することの必要性や重要性，望ましいコミュニケーションを図るために必要な力について考察すること，情報モラルや情報セキュリティに配慮すること，望ましいコミュニケーションを図ろうとする態度を身に付けることなどを扱う。その際，コンピュータや情報通信ネットワークなどを活用した実践的・体験的な学習活動を積極的に取り入れ，主体的かつ協働的に取り組む態度を養うことが重要である。

〔指導項目〕

---

(3) コンピュータとプログラミング
ア　コンピュータの仕組み
イ　アルゴリズムとプログラム
ウ　情報通信ネットワークの活用

（内容の範囲や程度）

〔指導項目〕の(3)のアについては，周辺機器や規格の標準化についても扱うこと。イについては，データの型，データ構造，アルゴリズム，モデル化及びシミュレーションについて扱うこと。ウについては，社会を支えているネットワークシステムと関連付けながら，データベースの活用について扱うこと。

---

(3) コンピュータとプログラミング

ここでは，科目の目標を踏まえ，コンピュータやネットワークシステムの仕組み，プログラミングやデータベースなどの知識や技術を基盤として，情報に関する課題を発見し解決する力と，情報セキュリティの向上を通した安全な社会の構築に貢献しようとす

る態度を養うことをねらいとしている。

このねらいを実現するため，次の①から③までの事項を身に付けることができるよう，〔指導項目〕を指導する。

① コンピュータやデータベース及びネットワークシステムの仕組みについて理解するとともに，情報社会を支えているアルゴリズムやプログラミングに関する基礎的な知識と技術を身に付けること。

② コンピュータやネットワーク及びプログラミングに関する課題を発見し，情報技術を活用することで創造的に解決すること。

③ コンピュータやネットワーク及び情報セキュリティについて自ら学び，情報社会の安全で持続的な発展のために主体的かつ協働的に取り組むこと。

ア コンピュータの仕組み

ここでは，情報を活用するために情報社会の進展と情報テクノロジーの関わりについて取り上げ，情報テクノロジーの根幹となるコンピュータのハードウェアの基本的な構成，内部で処理されるデータの流れ及びソフトウェアの特徴などを扱う。その際，情報セキュリティの技術と関連させることが重要である。

イ アルゴリズムとプログラム

ここでは，義務教育段階での既習事項を踏まえて，アルゴリズムとプログラムの作成過程について体系的・系統的に取り上げ，データ構造，アルゴリズム，モデル化やシミュレーションに関する基礎的な知識，プログラミングの有用性や重要性，課題解決のためにコンピュータを有効に活用する力などを扱う。その際，大学等との連携や交流及び社会人講師を積極的に招聘するなど，実践的・体験的な学習活動を積極的に行い，主体的かつ協働的に取り組む態度を養うことが考えられる。

ウ 情報通信ネットワークの活用

ここでは，具体的な情報通信ネットワークを取り上げ，情報通信ネットワークに関する技術的用語などの基礎的な知識，情報通信ネットワークの機能や安全性を高めるネットワークセキュリティの重要性などを扱う。また，情報通信ネットワークにおけるデータの扱いを取り上げ，データベースが果たしている役割などを扱う。その際，実際に簡易なデータベースを構築するなどの実践的・体験的な学習活動を通して，情報技術者として求められる能力や態度を養うことが考えられる。

〔指導項目〕

（4）情報産業が果たす役割

　ア 情報セキュリティ

　イ 情報産業の役割

　ウ 情報技術者の責務

（内容の範囲や程度）

93

ア 〔指導項目〕の(4)のアについては，情報セキュリティの重要性や情報セキュリティ
対策に関する法規について扱うこと。ウについては，法令遵守をはじめとする情報
技術者の使命と責任及びこれからの情報技術者に求められる資質・能力について扱
うこと。また，社会や産業全体の課題及びその解決のために情報が果たしている役
割，働くことの社会的意義や役割，情報産業に携わる者に求められる倫理観につい
ても扱うこと。

(4) 情報産業が果たす役割

ここでは，科目の目標を踏まえ，情報産業が社会に及ぼす効果と影響，情報セキュリ
ティや情報モラルを基盤として，情報産業が抱える課題の発見と解決に向けて考える力，
情報社会の健全で持続的な発展に主体的かつ協働的に取り組む態度を養うことをねらい
としている。

このねらいを実現するため，次の①から③までの事項を身に付けることができるよう，
〔指導項目〕を指導する。

① 情報産業のあるべき姿や社会に及ぼす影響について理解するとともに，情報セキュ
リティや情報モラルなどに関する基礎的な知識や技術を身に付けること。

② 情報産業が抱える課題を発見し，情報技術者に求められる知識及び技術を活用して
創造的な解決に向けて考察すること。

③ 情報産業の役割と情報技術者の責務について自ら学び，法令を遵守して適切に業務
を遂行することの意義や重要性を尊重し，情報社会の健全で持続的な発展に主体的か
つ協働的に取り組むこと。

ア 情報セキュリティ

安全かつ安心で快適な情報社会の実現を取り上げ，情報セキュリティに関する基礎
的な知識，自らの社会生活や情報技術者としての職務を遂行する際に求められる業務
上の責任及び情報セキュリティ対策やマネジメントなどについて情報モラルと関連さ
せて扱う。その際，情報セキュリティの必要性及び重要性について，情報セキュリティ
に関する法規と関連させながら，身近にある実例の中から課題を発見する学習活動を
通して理解するなど，実践的・体験的な学習活動を取り入れることが重要である。

イ 情報産業の役割

情報社会の進展により，社会生活を支える基盤を担う情報産業の業務内容の重要性
が増し，複雑かつ広範囲に及ぶようになったことを取り上げ，情報社会が抱える課題
を解決するために情報産業が果たすべき役割，情報産業が抱えている課題などについ
て扱う。その際，情報産業に関連する法規の内容を踏まえて考察するとともに，情報
産業を身近に感じ，情報産業に対する興味・関心を高めるようにすることが重要であ
る。

ウ 情報技術者の責務

情報技術者の業務内容や期待される役割を取り上げ，情報技術者として働くことの

社会的意義や必要な資質・能力，情報技術者が担う社会的な責任や倫理観，守秘義務などの法的責任，故意や不注意により情報システムなどに障害を生じさせた場合の対応，法令を遵守して適切に業務を遂行することの意義や重要性などについて扱う。その際，身近な生活の中から課題を発見し，その解決のために情報や情報技術が果たしている役割を理解し，情報技術者として求められる資質・能力について考えるようにすることが重要である。

1
情報産業と
社会

第2節　課題研究

　この科目は，専門教科情報科の各分野で学んだ知識や技術などを基に，情報産業に関する課題を発見し，情報産業に携わる者として解決策を探究し，科学的な根拠に基づいて創造的に解決することから，地域産業をはじめ情報社会の健全で持続的な発展を担う職業人として必要な資質・能力を養うことを主眼として，平成21年改訂の学習指導要領と同様に，情報に関する各学科において原則として全ての生徒に履修させる原則履修科目として位置付けている。

　今回の改訂では，専門的な知識・技術などの深化・総合化を図り，情報産業に関する課題の発見・解決に取り組むことができるようにするために〔指導項目〕の(1)から(4)までを位置付け，また，主体的かつ協働的な学習活動を通して必要な資質・能力を身に付けることについて内容を取り扱う際の配慮事項に示すなどの改善を行った。

● 第1　目標

---

1 目 標

　情報に関する科学的な見方・考え方を働かせ，実践的・体験的な学習活動を行うことなどを通して，社会を支え情報産業の発展を担う職業人として必要な資質・能力を次のとおり育成することを目指す。

(1) 情報の各分野について体系的・系統的に理解するとともに，相互に関連付けられた技術を身に付けるようにする。

(2) 情報産業に関する課題を発見し，情報産業に携わる者として解決策を探究し，科学的な根拠に基づいて創造的に解決する力を養う。

(3) 情報産業に関する課題を解決する力の向上を目指して自ら学び，情報産業の創造と発展に主体的かつ協働的に取り組む態度を養う。

　この科目においては，情報の各分野に関する基礎的・基本的な知識と技術を適用し，創造的な能力と実践的な態度を持ち，情報社会の諸課題を合理的に，かつ倫理観をもって，主体的かつ協働的に解決する力を養うことをねらいとしている。

　目標の(1)については，情報システムやコンテンツなどに関する知識を体系的・系統的に理解し，関連する技術を身に付けるようにすることを意味している。

　目標の(2)については，情報産業との関わりをもち，情報産業や職業人にとって健全で持続的な発展を担うために，課題を発見し，科学的な根拠に基づいて創造的に解決する力を養うことを意味している。

　目標の(3)については，情報産業に関わる実践的・体験的な学習活動を通して，情報産業の発展に主体的かつ協働的に取り組む態度を養うことを意味している。

第2 内容とその取扱い

1 内容の構成及び取扱い

この科目は、(1)調査、研究、実験、(2)作品制作、(3)産業現場等における実習、(4)職業資格の取得の四つの指導項目で、2～4単位程度履修されることを想定して内容を構成している。また、内容の構成及び取扱いに当たっての留意事項は次のように示されている。

（内容を取り扱う際の配慮事項）

> ア　生徒の興味・関心、進路希望等に応じて、〔指導項目〕の(1)から(4)までの中から、個人又はグループで情報産業に関する適切な課題を設定し、主体的かつ協働的に取り組む学習活動を通して、専門的な知識、技術などの深化・総合化を図り、情報産業に関する課題の解決に取り組むことができるようにすること。なお、課題については、(1)から(4)までの2項目以上にまたがるものを設定することができること。

内容を取り扱う際には、生徒がこれまでに学習してきた情報システム分野やコンテンツ分野に関係なく、専門教科情報科の目標に応じた広い範囲にわたる課題の設定が可能であり、各分野の内容と合わせて、応用性のある知識と技術を養うように配慮する。その際、課題を多面的に見て、情報の各分野の内容を関連付け、比較したり、分類したりすることで見通しをもって解決方法を具体化することが大切である。また、内容の(1)から(4)を適宜組み合わせた課題を設定することもできる。さらに、課題設定から解決に至る過程において、他教科の教員との連携、企業や大学などの外部との連携を図ることも有効な方法である。

この科目の指導に当たっては、学ぶことの意義や成就感を体得させることも大変意義深いことである。したがって、生徒がなるべく情報産業との関わりをもつことのできる機会を設けるようにし、実践的な体験を通して、職業意識や倫理観を育てる工夫を行う。また、情報社会の進展に伴い、権利や情報の保護と活用が重要となってきたことから、この学習を通して、権利や情報に関する制度や、リスクと対策について、実践的に学ぶようにすることが重要である。

> イ　課題研究の成果について発表する機会を設けるようにすること。

内容を取り扱う際には、生涯にわたる学習の基礎を培う観点から、自ら学ぶ目標を定め、何をどのように学ぶかという主体的な学習の仕方を身に付けるように配慮し、自ら学ぶ意欲を養うことが大切である。したがって、生徒が自ら設定した課題解決や目標達成に向けて行うグループ活動、職場体験などの主体的な学習において、メンバーや指導教員、大学教員や企業人など、課題研究に関連する人たちと広くコミュニケーションを図りながら、この課題研究により得た学習成果について発表し、成果に対する評価を行い、改善するこ

とができるような指導の工夫が必要である。また，課題研究活動について，次の学年への継続的な継承を行う仕組みを構築することが望まれる。

また，各生徒が課題を発見し解決する実践的かつ体験的な学習活動を通して，主体的・対話的で深い学びが実現するように留意することが大切である。

2　内容

> ### 2　内　容
> 　1に示す資質・能力を身に付けることができるよう，次の〔指導項目〕を指導する。

ここでは，科目の目標を定め，専門教科情報科で身に付けた知識と技術を基盤として，主体的かつ協働的な学習活動を通じ，地域産業をはじめ情報社会の健全で持続的な発展を担うことができるようにすることをねらいとしている。

このねらいを実現するため，次の①から③までの事項を身に付けることができるよう，〔指導項目〕を指導する。

①　情報の各分野について実践的な学習を通して体系的・系統的に理解するとともに，相互に関連付けられた技術を身に付けること。

②　情報産業に関する課題を発見し，情報産業に携わる者として解決策を探究し，科学的な根拠に基づいて創造的に解決すること。

③　課題を解決する力の向上を目指して自ら学び，情報産業の創造と発展に主体的かつ協働的に取り組むこと。

〔指導項目〕

> (1)　調査，研究，実験
> (2)　作品制作
> (3)　産業現場等における実習
> (4)　職業資格の取得

(1)　調査，研究，実験

ここでは，上記の①から③までの事項を身に付けることができるよう，科目の目標を踏まえ，情報システム分野やコンテンツ分野における技術動向や課題といった情報に関わるテーマの中から，調査，研究や実験の対象を取り上げ，これまでに学習した専門的な知識と技術の深化・総合化を図るとともに，新しい知識と技術を身に付けることをねらいとしている。また，取り上げた調査，研究や実験の対象に対して課題を発見し，解決策を探究し，科学的な根拠に基づいて創造的に解決する力，調査，研究や実験での活動に主体的かつ協働的に取り組む態度を養う。例えば，生徒の身近な情報技術の利用に関する実態調査などを扱い，その際，文献調査だけでなく，アンケートやヒアリング調

査，大学教員などの専門家から意見を聞くといったことなど，多様な方法を取り扱うことが考えられる。

内容としては，情報システム分野やコンテンツ分野に関する技術やその動向，情報セキュリティ，情報モラル，個人情報保護や知的財産などに関わる課題や動向に関して，具体的なテーマを決め，その調査，研究や実験を行う。さらには，これら以外の情報産業や情報社会などに関わるテーマや，いくつかのテーマを組み合わせた調査，研究，実験も考えられる。

(2) 作品制作

ここでは，上記の①から③までの事項を身に付けることができるよう，科目の目標を踏まえ，情報システム分野，コンテンツ分野，情報セキュリティなどの技術動向や課題といった情報に関わるテーマの中から，作品制作の対象を取り上げ，これまでに学習した専門的な知識と技術の深化・総合化を図るとともに，新しい知識と技術を身に付けることをねらいとしている。また，取り上げた作品制作の対象に関する課題を発見し，作品制作でのシステム開発，構築や運用の工程を通して解決策を探究し，科学的な根拠に基づいて創造的に解決する力，作品制作での活動に主体的かつ協働的に取り組む態度を養う。例えば，生徒が情報システムの機能をイメージしやすい対象を扱い，その際，グループで開発を分担し，開発工程を意識して取り組み，企業の技術者にプロジェクトの進め方などの意見を聞くといった活動を取り扱うことが考えられる。

内容としては，図書管理システムや出席管理システム，校内のイントラネットなどの小規模なネットワークシステム，Web ページ，パンフレット，2次元又は3次元のコンピュータグラフィックス，アニメーション，プレゼンテーション，さらには，仮想現実，拡張現実や複合現実の技術などを活用したコンテンツ制作，商品を Web で販売するシステムなどの制作及び開発や運用といった具体的なテーマを決めて取り組むことが考えられる。また，自然現象や社会現象のモデル化，シミュレーションによる視覚化，携帯情報端末用のアプリケーション開発，人工知能などの技術を活用したアプリケーション開発などに関わるテーマや，いくつかのテーマを組み合わせた複合的な作品制作も考えられる。

(3) 産業現場等における実習

ここでは，上記の①から③までの事項を身に付けることができるよう，科目の目標を踏まえ，情報関連産業や研究所などでのインターンシップといった体験的な実習の中から適切なテーマを取り上げ，実践的・体験的な学習活動を通して，これまでに学習した専門的な知識と技術の深化・総合化を図るとともに，産業界などにおける進んだ知識と技術を身に付けることをねらいとしている。また，実習における課題を発見し，体験を通じて解決策を探究し，科学的な根拠に基づいて創造的に解決する力，これらの活動に主体的かつ協働的に取り組む態度を養う。併せて，実習を通して，進路意識の啓発，勤労観や職業観，対人関係の大切さや協調性を養うこともねらいとしている。例えば，情

報関連産業での情報システムの開発を体験する実習などを設定し，その際，現場の技術者に関する観察や日々の活動に対する省察を日誌などに記録することで，情報関連産業への理解を深化させるといったことが考えられる。

内容としては，情報通信，ネットワークシステムの管理，プログラムの開発，データベースの管理，Web ページの制作，アニメーションの制作，マルチメディアによる出版，コンピュータグラフィックス，DTP（DeskTop Publishing）編集，仮想現実，拡張現実や複合現実の技術を使ったアプリケーションの開発などの情報産業分野に関して，具体的な実習分野を決め，その実習先でのインターンシップなどを行うことが考えられる。さらには，インターンシップ以外の方法で産業現場での活動を体験的に学ぶことができる実習方法を扱うことも考えられる。

(4) 職業資格の取得

ここでは，上記の①から③までの事項を身に付けることができるよう，科目の目標を踏まえ，情報システム分野に関わる知識や技術の認定試験，コンテンツ分野に関わる知識や技術の認定試験といった情報に関わる認定試験の中から，生徒自らが希望する職業資格を取り上げ，資格取得を目指して専門的な知識と技術の習得のための学習方法を体得し，自らの進路意識を高めることをねらいとしている。また，職業資格の取得に向けた活動に関する課題を発見し，解決策を探究し，科学的な根拠に基づいて創造的に解決する力を養うとともに，生徒が主体的かつ協働的に学習に取り組む態度を養う。特に，生徒の興味や関心，進路希望に応じた職業資格や検定試験などの選択について配慮するとともに，一つの目標達成で学習が終わるのではなく，そのことを通して，継続して生涯にわたる学習を促すものとなるように配慮する。例えば，生徒の興味や関心，進路希望などに応じた資格を設定した後，学習上のマイルストーンを設けるなど，主体的な学習を促進するための方法を取り扱うといったことが考えられる。

内容としては，情報システム分野では，職業人として共通に求められる情報技術の基礎知識の習得，組織の情報セキュリティを管理する者に求められる知識や技術の習得，ソフトウェア開発に必要な基本的な知識や技術の習得などを目指した認定試験や，コンテンツ分野では，コンピュータグラフィックスの表現技術の習得，コンピュータグラフィックスを使ったソフトウェア開発に関わる知識や技術の習得，Web デザインに関わる知識や技術の習得などを目指した認定試験などの中から，その生徒にとってふさわしい具体的な職業資格を決め，その資格の取得に向けた学習について扱う。また，資格の設定においては，社会が求める人材像に即したものを選ぶという視点が必要である。

第3節 情報の表現と管理

　この科目は，情報を適切に表現し管理する知識と技術を身に付け，情報の表現と管理に関する課題を発見し解決する力，情報の表現と管理に取り組む態度を養うことを目的としている。

　今回の改訂では，統計的手法を活用し，データの分析と表現に関する学習を充実するなどの改善を行った。

● 第1　目標

1　目　標

　情報に関する科学的な見方・考え方を働かせ，実践的・体験的な学習を行うことなどを通して，情報産業の維持と発展を支える情報の表現と管理に必要な資質・能力を次のとおり育成することを目指す。

(1) 情報の表現と管理について体系的・系統的に理解するとともに，関連する技術を身に付けるようにする。

(2) 情報の表現と管理に関する課題を発見し，情報産業に携わる者として合理的かつ創造的に解決する力を養う。

(3) 適切な情報の表現と管理を目指して自ら学び，情報産業の維持と発展に必要な情報の表現と管理に主体的かつ協働的に取り組む態度を養う。

　この科目においては，情報やデータを収集，整理，分析及び加工して表現し，対象や目的に応じてコミュニケーションを行うために必要な基礎的な知識と技術を身に付け，情報を表現するとともに適切に管理することができるようにするとともに情報の表現と管理に取り組む態度を養うことをねらいとしている。

　目標の(1)については，情報やデータの種類や特性，表現する手段や対象に応じた表現の方法や，情報を適切に管理するために必要な知識を理解し関連する技術を身に付けるようにすることを意味している。

　目標の(2)については，情報の表現と管理に関する課題を発見し，創造的に解決する力を養うことを意味している。

　目標の(3)については，情報産業に携わる者として，情報産業の維持と発展に倫理観と責任をもって自己の役割を認識して情報の表現と管理について自ら学ぶとともに，他者と連携，協力しながら主体的かつ協働的に取り組む態度を養うことを意味している。

● 第2　内容とその取扱い

1　内容の構成及び取扱い

　この科目は，目標に示す資質・能力を身に付けることができるよう，(1)情報の表現，(2)

情報の管理の二つの指導項目で，2〜4単位程度履修されることを想定して内容を構成している。また，内容を取り扱う際の配慮事項は次のように示されている。

（内容を取り扱う際の配慮事項）

> ア　実習を通して，情報通信機器や情報技術を積極的に活用して創造的に表現しようとする主体的かつ協働的な態度を養うことができるよう留意して指導すること。

　内容を取り扱う際には，情報産業や社会における情報の表現や管理にコンピュータをはじめとした様々な情報通信機器が利用されていることとともに，これらの機器の特性，扱われるメディアの特性などについて理解するようにする。また，情報を表現する方法について，目的や対象に応じて情報通信機器やアプリケーションソフトウェアを選択し，実習を通して体験的に学習することが重要である。その際，企業や大学などと連携し，情報産業や社会で実際に利用されている事例を取り上げ，利用者としての視点だけでなく，情報産業に携わる者として創造的に表現し，自ら発信及びコミュニケーションを行おうとする主体的かつ協働的な態度を育成することが大切である。

> イ　生徒や地域の実態，学科の特色等に応じて，具体的な課題を設定し，グループ活動を行うことなどを通して，情報共有の有効性や情報管理の重要性，個人及び組織の責任などについて考察させること。

　内容を取り扱う際には，情報社会においてやり取りされる情報量が増加し，情報を収集，発信及び共有する手段も多様化し，情報の共有が情報産業や社会に様々な可能性を広げていることについて考察するようにする。同時に，情報の共有の利点だけでなく，不適切な情報の発信や流出が起こる危険も増していることに留意する。その際，企業や大学などと連携し，具体的な事例や実習を通して，情報管理の重要性について考察するようにする。また，社会を構成する一員として個人や組織の責任について考察し，情報産業に携わる者として，正しく情報を取り扱おうとする態度を身に付ける必要がある。

2　内容

> **2　内　容**
> 　1に示す資質・能力を身に付けることができるよう，次の〔指導項目〕を指導する。

〔指導項目〕

> （1）情報の表現
> 　ア　情報社会と情報の表現

イ　メディアの特性とその表現

ウ　データサイエンスとデータの表現

エ　情報の発信とコミュニケーション

（内容の範囲や程度）

ア　〔指導項目〕の(1)のアについては，具体的な事例を取り上げ，情報の表現における多様な技術や技法について扱うこと。イについては，文字，音・音楽，静止画，動画などのメディアの特性と役割，効果的な表現について扱うこと。ウについては，データから有益な情報を見いだし，評価，検証及び可視化して表現するなどのデータサイエンスの手法について扱うこと。エについては，コンピュータや情報通信ネットワークを活用した情報の発信及び効果的なプレゼンテーションの方法について扱うこと。

(1) 情報の表現

　ここでは，科目の目標を踏まえ，情報の表現を学ぶ重要性と，情報の表現に関する知識と技術を基盤として，自らの考えをもって情報を表現，発信し，他者とよりよいコミュニケーションを行おうとする意識と意欲を高めるようにすることをねらいとしている。

　このねらいを実現するため，次の①から③までの事項を身に付けることができるよう，〔指導項目〕を指導する。

①　様々なメディアの特性やデータ分析の方法について理解するとともに，対象や目的に応じて情報を適切に加工したり表現したりする技術を身に付けること。

②　メディアやデータを処理したり分析したりすることから情報の価値を発見し，情報を的確に表現して他者とコミュニケーションする意義を見いだすこと。

③　情報の表現について自ら学び，情報やデータの表現について創造的かつ協働的に取り組むこと。

ア　情報社会と情報の表現

　ここでは，情報社会における情報を表現することの重要性を取り上げ，表現の多様性や社会への影響，どのような情報が，どのようなメディアによって，どのように表現され，やりとりされているかについて自己の経験と関連付けて扱う。また，各種の携帯情報端末が普及し，コミュニケーション手段や表現手段が多様化していること，携帯情報端末の特徴として小型化，個別化及び移動性の高さなどがあること，携帯情報端末のカメラや各種センサなどの機能を生かした情報の表現方法などについても扱う。また，デジタル情報が現実世界や物体と深く結び付いた情報の表現を取り上げ，仮想現実，拡張現実及び複合現実や，人や物の動きに応じて変化するコンテンツ，3Dプリンタを活用したものづくりなどに触れる。さらに視覚や聴覚による情報の表現だけでなく，嗅覚や触覚など人間の五感をデジタルデータから再現する技術も進んでいることなどにも触れる。このように，現在使われている技術にとどまらず，新し

い技術や情報の表現方法について関心をもち，その可能性や問題点など将来の情報表現について考察したり討議したりする学習活動なども考えられる。

イ　メディアの特性とその表現

　ここでは，様々な条件，目的によって用いられる文字，音・音楽，静止画，動画などのメディアの特性や役割を取り上げ，情報の構造や順序を整理すること，図解して表現すること，コンピュータやソフトウェアを活用した音や静止画及び動画のデジタル化と編集，目的に応じた書体の選択などの情報を表現するための知識と技術を扱う。その際，実習などを通して創造的，体験的に身に付けるようにする。

　また，文字のデジタルデータは，利用者の特性や機器に応じて文字サイズやレイアウトを可変的に表現できること，図形においては言語や文章を使わずに情報を表現，伝達するピクトグラムを扱うことも考えられる。生徒や地域の実態及び学科の特色等に応じ，静止画，動画では写真や映像作品の制作をはじめ，色彩の特性，コンピュータグラフィックスやアニメーション，３Dモデルの作成，音・音楽では効果音の特性，合成音声などを含むコンピュータを用いた音楽などを扱うことも考えられる。

　その際，各メディアのもつ特性や対象を考慮した表現について討議し，生徒個々の作品制作やグループによる協働制作など，実践的，協働的，創造的な表現活動を通した学習活動を行うことが大切である。

ウ　データサイエンスとデータの表現

　ここでは，データから有益な情報を見いだしたり，主張の根拠を示したり，可視化して分かりやすく表現するなどのデータ活用の有用性を取り上げ，データの収集，整理，整形，分析，解釈，表現などの基礎的な知識と技術，可視化，集計，要約，モデル化，予測などのデータサイエンスの手法を扱う。その際，数学的な内容に終始しないように留意し，データを分析する際には，表計算ソフトウェアや統計分析ソフトウェア，プログラミングなどを活用し，適切に表現できるようにする。

　また，情報産業や社会において，多様かつ大量のデータから異なる事象の関連性を見いだしたり，将来を予測したりするなど，データ活用の重要性が増していることについて触れる。

　さらに，大学や企業などと連携し，実際の業務や研究にデータがどのように活用されているかに触れたり，自治体や各種団体から公開されている統計データなどを活用したりするなど，実践的，体験的な学習活動を行うことも考えられる。

エ　情報の発信とコミュニケーション

　ここでは，ブレーンストーミングなどの発想法や情報を整理する方法について取り上げ，個人やグループの考えをまとめる方法，目的や対象を意識して情報を発信したり，コミュニケーションしたりするための基礎的な知識と技術を扱う。その方法の一つとしてプレゼンテーションを取り上げ，資料の作成や提示，発表や質疑応答の技法について扱う。その際，発表内容を構成する際に演繹法や帰納法に触れるなど論理的に考えたり，プレゼンテーション後に，自己評価や相互評価を行い，感想や評価を集め分析したりするなど，準備，振り返り及び改善に向けた学習活動も重要である。

また，受信者の多様な条件に配慮した情報発信について取り上げ，言語及び非言語コミュニケーション，1対1と1対多，同期と非同期など多様なコミュニケーションの形態,ネットワーク上でのコミュニケーションの留意点など,望ましいコミュニケーションを行うための知識や技術について扱う。

さらに，受信者の利用する機器，通信環境，言語，年齢，身体に関する条件などにより情報の伝え方，伝わり方が異なることについても触れる。例えば広告作成や電子機器のマニュアル作成などの実習を通して，高齢者や子供向けなど対象によって変えるべき表現について考えたり，異なる国や文化及び言語間でのコミュニケーション，アクセシビリティやユーザビリティ，情報モラルなどの観点から考察したり，討議したりする学習活動などが考えられる。

〔指導項目〕

---

(2) 情報の管理
　ア　情報の管理とドキュメンテーション
　イ　コンピュータによる情報の管理と活用
　ウ　情報の保護とセキュリティ

（内容の範囲や程度）

イ　〔指導項目〕の(2)のアについては，情報を有効に共有し活用するために必要な情報の整理や分類の重要性及び様々なドキュメントの作成方法について扱うこと。イについては，コンピュータを用いて，情報の階層化や構造化による整理や分類及び情報を活用するために必要な抽出や共有などを扱うこと。ウについては，情報の適切な保護と管理，安全かつ有効な共有と活用について扱うこと。

---

(2) 情報の管理

　ここでは，科目の目標を踏まえ，情報の管理を学ぶ重要性と，情報の管理に関する知識と技術を基盤として，情報を適切に管理，活用する意義について理解し，倫理観と責任をもって情報を管理する意識と意欲を高めることができるようにすることをねらいとしている。

　このねらいを実現するため,次の①から③までの事項を身に付けることができるよう，〔指導項目〕を指導する。

①　様々な情報を適切に管理し，共有したり活用したりする方法について理解し関連する技術を身に付けるとともに,情報の管理に関連する法規などについて理解すること。

②　情報の管理に関する課題を発見し，職業人に求められる倫理観をもって情報技術を活用して創造的に解決すること。

③　情報の管理について自ら学び，望ましい情報産業や社会の発展に向け，情報やデー

タの管理について主体的かつ協働的に取り組むこと。

ア　情報の管理とドキュメンテーション

　　ここでは，適切に情報を整理し管理するドキュメンテーションについて扱う。情報産業で作成，管理される様々なドキュメントとして，通知文，企画書，報告書及び仕様書などについて取り上げ，それぞれのドキュメントの作成方法について扱う。その際，規程などがある場合にはそれに則って，必要な情報を整理し分かりやすく作成することに留意する。

　　また，文書を作成，保存及び廃棄するなどの一連の流れを示すファイリングシステムの考え方や図書分類法などを取り上げ，分類手法を用いて作成されたドキュメントを適切に管理する基礎的な知識と技術を扱う。その際，企業などと連携し，実際の情報管理やドキュメンテーションについて体験するなどの学習活動も考えられる。

イ　コンピュータによる情報の管理と活用

　　ここでは，コンピュータを使ってドキュメントを有効かつ適正に管理し，活用するための手法を取り上げ，情報の構造を考慮したフォルダ構成や階層化，ファイルの命名規則や分類規則，バージョン管理，ネットワーク上の情報共有などについて扱う。その際，コンピュータを用いた適切な情報の管理が情報を活用するために有効であることを体験的に理解するようにする。

　　また，ある情報に対して付加情報（メタデータ）を与えることで，参照，共有しやすくなることを取り上げ，並び替えや抽出，検索するなど，情報活用しやすくなることを実習や体験的な活動を通して扱う。例えば生徒同士で話し合ったり調べたりする活動から，書誌情報や音楽などがタイトルや作者，ジャンルなど異なる属性の観点から検索できることなどに気付くようにし，どのような付加情報が与えられているかを考えたり，表計算ソフトやデータベースソフトを使って，実際に付加情報を加え，検索，抽出したりするなどの学習活動も考えられる。

ウ　情報の保護とセキュリティ

　　ここでは，不適切な情報発信，情報流出の問題について取り上げ，組織的，体系的な情報管理の重要性について扱う。情報セキュリティマネジメント，情報の管理に関連する法規，情報のバックアップや暗号化の基礎的知識などから，情報を安全かつ適正に管理，共有，活用する方法について扱う。個人における情報管理の重要性に加え，産業においては不適切な情報の管理は金銭や信用などを失い，組織としての責任を問われることにも触れる。

　　また，コンピュータ及び携帯情報端末や，無線通信，高速データ通信技術などの普及によって，情報通信量は膨大となり，その利用者，機会，場所，目的も多様化していることを取り上げ，目的に応じた適切な情報の伝達手法，公開範囲，共有範囲及び保護の方法について扱う。その際，セキュリティを意識した情報の管理と共有について体験的に理解できるようにする。例えば，グループ内で情報を共有，管理しながら，課題を発見・解決する実習を行うなど，実践的，協働的な学習活動を行うことなどが考えられる。

情報産業に携わる者として，また社会を構成する一員としての責任を自覚し，個人の倫理及び職業倫理を身に付け，これからの望ましい情報産業や社会についてグループで考察したり，討議したりするなど，主体的かつ協働的に考えるようにすることが重要である。

3
情報の表現
と管理

第4節　情報テクノロジー

この科目は，情報テクノロジーに関する知識と技術を身に付け，情報テクノロジーに関する課題を発見し解決する力，適切に情報テクノロジーを活用する態度を養うことを目的としている。

今回の改訂では，情報セキュリティ対策について主体的かつ協働的に取り組む態度を育成するなどの改善を行った。

● 第1　目標

---

1 目 標

情報に関する科学的な見方・考え方を働かせ，実践的・体験的な学習活動を行うことなどを通して，情報社会を支える情報テクノロジーの活用に必要な資質・能力を次のとおり育成することを目指す。

(1) 情報テクノロジーについて体系的・系統的に理解するとともに，関連する技術を身に付けるようにする。

(2) 情報テクノロジーの利用，開発及び管理などに関する課題を発見し，情報産業に携わる者として合理的かつ創造的に解決する力を養う。

(3) 情報テクノロジーの安全かつ効率的な利用，開発及び管理を目指して自ら学び，情報システムの構築，運用及び保守などに主体的かつ協働的に取り組む態度を養う。

この科目においては，地域産業をはじめ情報社会の健全で持続的な発展を担う情報産業に携わる者に必要な知識と技術を身に付け，情報テクノロジーに関する課題を発見し，合理的かつ創造的に解決する力，自ら学び情報システムの構築，運用及び保守などに主体的かつ協働的に取り組む態度を養うことをねらいとしている。

目標の(1)については，コンピュータや情報通信ネットワークなどの情報手段やオペレーティングシステム，アプリケーションソフトウェア及び情報セキュリティなどに関わる知識を体系的・系統的に理解し関連する技術を身に付けることを意味している。

目標の(2)については，情報テクノロジーに関する課題を発見し，情報産業に携わる者として対象を分析し，情報と情報技術を適切かつ効果的に活用して課題を解決する力を養うことを意味している。

目標の(3)については，情報社会と情報テクノロジーの関わりに配慮し，情報テクノロジーの扱いについて自ら学び，主体的かつ協働的に取り組み，適切に活用する態度を養うことを意味している。

● 第2　内容とその取扱い

1　内容の構成及び取扱い

　この科目は，目標に示す資質・能力を身に付けることができるよう，(1)情報社会の進展と情報テクノロジーとの関わり，(2)ハードウェアの仕組みと活用，(3)ソフトウェアの仕組みと活用の三つの指導項目で，2〜4単位程度履修されることを想定して内容を構成している。また，内容を取り扱う際の配慮事項は次のように示されている。

（内容を取り扱う際の配慮事項）

> ア　社会で利用されている具体的な情報システムや情報テクノロジーに着目させ，それぞれの適性や限界について理解できるよう留意して指導すること。

　内容を取り扱う際には，情報テクノロジーは個別に独立して成り立つものではなく，相互に関連し合って発展するということについて，体系的・系統的に理解し関連する技術を身に付けるために，指導項目ごとに実際に何かを作成し稼働させる実習を通じて体験的に学習するようにすることが重要である。その際，できるだけ具体的な情報システムや情報テクノロジーを想定し，その技術が生み出された社会的背景や発展の経過などと関連付けて考えるようにするとともに，設計者や管理者の視点で技術の適性や限界を踏まえて技術習得に取り組む態度を身に付ける必要がある。

> イ　生徒や地域の実態，学科の特色等に応じて，適切な情報技術を選択し，実習を通して理解できるよう留意して指導すること。

　内容を取り扱う際には，情報システムの構築，運用及び保守などについて，理論に偏ることなく，実際に周辺機器を接続したり，情報通信ネットワークに接続してサーバソフトウェアからのサービスを受けたりするなど，具体的な情報テクノロジーを活用した実習を通して体験的に学習することが重要である。その際，情報機器に可能な限り触れ，具体的な環境設定や他者が利用しやすい設定などを行うようにするとともに，現状用いられているものを勘案しつつ，生徒や地域の実態及び学科の特色等に応じて適切な情報機器を選択すること。さらに，他の企業や他の国に対して技術的競争力を保つために，国際標準や業界標準などを見据えられる考え方を身に付ける必要がある。

2　内容

> **2　内　容**
> 　1に示す資質・能力を身に付けることができるよう，次の〔指導項目〕を指導する。

〔指導項目〕

(1) 情報社会の進展と情報テクノロジーとの関わり
　ア　情報社会を支える情報テクノロジーと情報システム
　イ　これからの情報社会と情報テクノロジー

（内容の範囲や程度）

　〔指導項目〕の(1)のアについては，情報テクノロジーが情報産業以外の他の産業とも深く結び付いていることを扱うこと。イについては，情報化による効率の向上が情報社会の様々な面に見られることを扱うこと。

（1）情報社会の進展と情報テクノロジーとの関わり

　ここでは，科目の目標を踏まえ，情報テクノロジーと社会との関わり，情報社会を支える技術を基盤として，技術やシステムに関する課題を発見し解決する力，情報テクノロジーについて自ら学び，主体的かつ協働的に取り組む態度を養うことをねらいとしている。

　このねらいを実現するため，次の①から③までの事項を身に付けることができるよう，〔指導項目〕を指導する。

①　情報テクノロジーや情報システムの目的と機能及び社会との関わりについて理解するとともに，情報社会を支える情報技術を身に付けること。

②　情報社会の中で使われている各種の技術やシステムに関する課題を発見し，情報テクノロジーの活用を通じて合理的かつ創造的に解決すること。

③　情報テクノロジーについて自ら学び，技術の利用，開発及び管理などに主体的かつ協働的に取り組むこと。

ア　情報社会を支える情報テクノロジーと情報システム

　ここでは，情報社会を支える情報システムを取り上げ，これを構成する物理的な機器やそれを動かす論理的な構築技術，それを情報テクノロジーが人に具体的なサービスを提供するという形で結び付けていること，情報産業以外の他の産業とも深く結び付きながら人にサービスを提供していることなどを扱う。また，歴史的に機械化・工業化の時代から情報化の時代に移り変わり，効率性や利便性を立場に関わりなく入手し共有することが可能になった技術の発展過程についても扱う。

　情報システムは身近なものを中心に取り上げ，仕組みの全体像，形態や構成の利点や欠点，使われる技術の適性や利用可能な範囲について扱う。また，情報社会の進展に関わる情報産業及び情報技術者の業務内容を取り上げ，それらが人々の生活に深く関わり，望ましい情報社会の形成に重要な役割を果たしていることについて扱う。さらに，社会の情報化はあらゆる分野の産業が互いに関わり合いながら進展していくことについても触れる。

イ　これからの情報社会と情報テクノロジー

　　ここでは，人や社会が望む物を提供している情報システムを取り上げ，これらが機器や環境及びサービスとして稼働していること，その効率の向上が社会の様々な面に寄与していること，これらを社会の仕組みと技術とを結び付けてサービスの提供者の立場で考えられるようにすることを扱う。その際，現在使われている技術の中で，普遍的に残る可能性のある技術と革新が待たれる技術について考察するようにする。

　　また，過去の紙資料などデジタルデータ化されていないものを，どのようにしたら既存の情報システムに組み込めるかを考える学習活動をすることも考えられる。

〔指導項目〕

---

(2) ハードウェアの仕組みと活用
　ア　コンピュータの構造と内部処理
　イ　周辺機器とインタフェース
　ウ　ハードウェアによる情報セキュリティ技術
　エ　情報システムを構成するハードウェア

（内容の範囲や程度）

　　〔指導項目〕の(2)のアについては，情報の流れに着目させ，組込み型コンピュータが情報システムの一部として価値を生み出していることを扱うこと。

---

(2) ハードウェアの仕組みと活用

　　ここでは，科目の目標を踏まえ，ハードウェアの仕組みとこれを扱う技術を基盤として，ハードウェアに関する課題の発見と解決を行う力，ハードウェアについて自ら学び，適切かつ効果的な活用に向けて主体的かつ協働的に取り組む態度を育成することをねらいとしている。

　　このねらいを実現するため，次の①から③までの事項を身に付けることができるよう，〔指導項目〕を指導する。

①　ハードウェアの働き，課題解決に必要なハードウェアの組み合わせと情報システムの関係を理解するとともに，関連する技術を身に付けること。

②　ハードウェアの操作，運用及び保守や情報セキュリティに関する課題を発見し，ハードウェアの機能の活用を通じて創造的に解決すること。

③　ハードウェアについて自ら学び，課題解決に必要なハードウェアの組み合わせのシステム的な提案や保守及び情報セキュリティ対策に主体的かつ協働的に取り組むこと。

ア　コンピュータの構造と内部処理

　　ここでは，コンピュータの種類や特性及びそれを構成する装置などを取り上げ，GPU（Graphics Processing Unit）の役割も含め，コンピュータの内部で処理される

111

データの流れや表現方法などを相互に関連させて扱う。その際，実際の機器選択において用途に応じた適切な提案ができるようにするために，実物のコンピュータなどを分解し，内部構造を把握したり組み立てたりする学習活動も考えられる。

コンピュータの種類としては，超小型の組込み型コンピュータからスーパーコンピュータまで幅広く取り上げ，それぞれの役割，異なる発展の仕方をしていること，相互に接続され情報が流れていくこと，組込み型コンピュータが収集し発信するデータが，情報システムの一部として価値を生み出していることなどについて扱う。さらに，携帯情報端末や音楽再生用の機器などにも触れる。

また，目的とする処理に必要な処理装置の容量やスピードなどを実際に求めるなど，身に付けた知識を実際に活用できるようにする。その際，情報の表現における多様な技術や技法の基礎的な知識について，メディアの特性や統計的手法と関連させながら扱う。さらに，情報に関するコンテンツなどを効果的に活用した情報発信やプレゼンテーションの実例を取り上げ，対象や目的に応じて表現することの重要性について扱う。その際，将来を見据えた新たな情報の表現方法や視点についても積極的に扱うことが重要である。

イ　周辺機器とインタフェース

ここでは，コンピュータの内部や外部で接続される周辺機器やインタフェースを取り上げ，その種類や特性及び役割，適切な組み合わせや活用について扱う。その際，周辺機器については，データの流れが理解できるように相互に関連付けて扱い，ネットワークやインターネットに関連する技術とも密接な関係があることに触れる。

また，規格を標準化することの必要性や重要性を取り上げ，ISO（International Organization for Standardization）や JIS（Japanese Industrial Standards）などの標準化団体や，市場競争の結果残った事実上の標準規格について，現実の機器と関連付けて扱う。

ウ　ハードウェアによる情報セキュリティ技術

ここでは，不正利用や不正アクセスの防止を取り上げ，ハードウェアに施された情報セキュリティ技術について扱う。例えば，情報セキュリティの有効性と限界を学ぶ学習活動として，指紋認証や顔認証の精度を相互に確認させるための実習も考えられる。また，不正利用を防止するために使う小型認証機器や，情報セキュリティチップについても技術の発展の動向と関連付けて触れる。さらに，端末認証技術は情報セキュリティに用いるだけでなく，ライセンス管理にも用いられることについても考察するようにする。

エ　情報システムを構成するハードウェア

ここでは，ここまで学んできたハードウェアに関連した情報テクノロジーを，情報システムと結び付けて取り上げ，機器を組み合わせてはじめて発生する運用性や継承性，信頼性などを扱う。

また，実際に稼働している情報システムとハードウェアとの関係を取り上げ，分散処理システムあるいはデータセンター的運用をするインターネット上のファイル保管

サービスを実現するために必要なハードウェア構成などを扱う。ある程度の規模の実際に稼働しているシステムを見るために，企業や大学などの外部との連携を図ることも考えられる。

〔指導項目〕

> (3) ソフトウェアの仕組みと活用
> ア　オペレーティングシステムの仕組み
> イ　応用ソフトウェアの仕組み
> ウ　ソフトウェアによる情報セキュリティ技術
> エ　情報システムを構成するソフトウェア

（内容の範囲や程度）

> ア　〔指導項目〕の(3)のアについては，オペレーティングシステムの役割，ファイルシステムの種類や機能，ソフトウェアの不具合の修正や機能拡張，開発環境及びユーザインタフェースを取り上げ，それぞれの特徴について扱うこと。ウについては，携帯情報端末のセキュリティについても扱うこと。

(3) ソフトウェアの仕組みと活用

　ここでは，科目の目標を踏まえ，ソフトウェアについての知識と技術を基盤として，ソフトウェアを効率的に活用する力，適切かつ安全に扱おうとする態度を育成することをねらいとしている。

　このねらいを実現するため，次の①から③までの事項を身に付けることができるよう，〔指導項目〕を指導する。

① ソフトウェアの操作や設定の概念，情報システムと各種ソフトウェアの関係を理解するとともに，これらを最大限活用できる環境の構築と設定を行う技術を身に付けること。

② ソフトウェアの操作や設定に関する課題を発見し，ソフトウェアの活用を通じて情報セキュリティを確保した上で創造的に解決すること。

③ ソフトウェアの操作や設定について自ら学び，ソフトウェアの選択や活用とそのための環境設定及び情報セキュリティ対策に主体的かつ協働的に取り組むこと。

ア　オペレーティングシステムの仕組み

　ここでは，複数のオペレーティングシステムとミドルウェアを取り上げ，それぞれの特性や役割，操作技術などを扱う。その際，オペレーティングシステムについては，ハードウェアのアーキテクチャや形態によって種類や機能，役割が異なること，ミドルウェアについては，Webサーバ，アプリケーションサーバ，データベースサーバなどがあることについて扱う。また，組込み型コンピュータやリアルタイムオペレー

ティングシステムについては，社会における影響や果たす役割と関連付けて，仮想化技術については不具合修正や機能拡張といった，保守，アップデートと関連付けて扱う。

その際，ユーザインタフェースについては，マウスだけでなくタッチ操作のような入力に対応したものを複数扱い，その効果と限界を理解し，適切かつ効果的に使い分けられるようにする。

イ　応用ソフトウェアの仕組み

ここでは，応用ソフトウェアとして，アプリケーションソフトウェア，情報システムや他のソフトウェアの機能を補うユーティリティソフトウェア，開発環境などを取り上げ，それぞれの種類，特性や役割について扱う。その際，実際の運用場面を想定するようにする。

アプリケーションソフトウェアについては，効率的な運用を行うための初期設定，管理者として必要に応じた設定変更や追加機能についての設定について扱う。その際，利用者を意識した操作環境や画面設計に配慮することが大切である。

ユーティリティソフトウェアについては，ファイルの圧縮や形式変換などを扱い，例えばコンテンツを一元管理するシステムなどをインストールし，アクセス権の制御やアクセスの分析手法を実習することが考えられる。また，Web ページから利用するソフトウェアも積極的に扱う。

人工知能関連の技術は，インターネットに常時接続された機器が生み出す多様かつ大量のデータを統計的に処理することで，新たな価値や利用法を生み出していることなどと関連付けて扱い，プログラミングの自動化にも触れる。その際，最新の情報技術や情報システムの運用については，企業の研究所や大学などの研究機関と連携して行うことが有効である。

ウ　ソフトウェアによる情報セキュリティ技術

ここでは，情報機器に不正な働きをもたらすマルウェアを取り上げ，その対策ソフトの動作原理や注意点，実際の設定や管理，プログラムのミスを修正するためのデータを利用者へ提供することの重要性，情報セキュリティを保つための具体的な作業の必要性と問題点，携帯情報端末の情報セキュリティなどについて扱う。その際，侵入監視ツール，フィルタリング，情報漏洩防止ツールなどの実際の振る舞いを確認する実習をすることが考えられる。

また，ソフトウェア産業として大切な，ライセンスを認証するための処理についても扱う。

エ　情報システムを構成するソフトウェア

ここでは，これまで学んできたソフトウェアに関連した情報テクノロジーを，情報システムと結び付けて取り上げ，異なる目的で作られたソフトウェアの相互運用やデータ等の継承について，利用者側の視点で扱う。

その際，情報システムによる課題解決は技術者視点による最適解を導くのではなく，利用者に対して製品やサービスを通して実現できる最適な体験を提供することが目的であることを理解するようにする。

第5節 情報セキュリティ

　この科目は，情報セキュリティ関連の人材養成の必要性に対応するために，情報セキュリティに関する知識と技術を身に付け，情報セキュリティに関する課題を発見し解決する力，情報の安全を担う態度を養う学習を一層充実するために今回の改訂で新設した。

第1　目標

1　目　標
　情報に関する科学的な見方・考え方を働かせ，実践的・体験的な学習活動を行うことなどを通して，健全な情報社会の構築と発展を支える情報セキュリティの確保に必要な資質・能力を次のとおり育成することを目指す。
(1) 情報セキュリティについて体系的・系統的に理解するとともに，関連する技術を身に付けるようにする。
(2) 情報セキュリティに関する課題を発見し，情報産業に携わる者として合理的かつ創造的に解決する力を養う。
(3) 情報セキュリティが保たれた情報社会の構築を目指して自ら学び，情報システムの運用と管理に主体的かつ協働的に取り組む態度を養う。

　この科目においては，情報セキュリティを確保する必要性とそのための仕組みや関連する法規・制度の意義について，基礎的な知識と技術を身に付け，情報セキュリティ上のリスクに対応できる能力と情報セキュリティの確保に取り組む態度を養うことをねらいとしている。

　目標の(1)については，情報セキュリティについての実践的・体験的な学習を通して，情報セキュリティについての知識を体系的・系統的に理解し関連する技術を身に付けることを意味している。

　目標の(2)については，情報セキュリティに関する課題を発見し，情報産業に携わる者として，情報の科学的な理解に基づき，情報と情報技術を適切かつ効果的に活用して創造的に解決する力を養うことを意味している。

　目標の(3)については，安心かつ安全な情報社会の実現を目指して情報セキュリティについて自ら学び，情報システムの運用と管理に生かそうとする態度を養うことを意味している。

第2　内容とその取扱い

1　内容の構成及び取扱い

　この科目は，目標に示す資質・能力を身に付けることができるよう，(1)情報社会と情報セキュリティ，(2)情報セキュリティと法規，(3)情報セキュリティ対策，(4)情報セキュ

リティマネジメントの四つの指導項目で，2～6単位程度履修されることを想定して内容を構成している。また，内容を取り扱う際の配慮事項は次のように示されている。

（内容を取り扱う際の配慮事項）

> ア　生徒や地域の実態，学科の特色等に応じて，適切な情報セキュリティ技術を選択し，実習を効果的に取り入れるとともに，情報セキュリティ技術の必要性について考察するよう留意して指導すること。

　内容を取り扱う際には，情報セキュリティ技術について，その仕組みを理解し活用できることが必要である。そのために生徒や地域の実態及び学科の特色等に応じた情報セキュリティ技術を選択し，実習を効果的に取り入れて扱うことが大切である。その際，選択した情報セキュリティ技術がなかった場合の影響などを通して情報セキュリティ技術の必要性について考察するようにする。

> イ　情報セキュリティに関する諸問題について，主体的に考察する学習活動を取り入れ，情報技術者が情報セキュリティにおいて果たすべき役割及び責務について理解できるよう留意して指導すること。

　内容を取り扱う際には，情報セキュリティに関する諸問題に対し，具体的な事例を通して主体的に考えるようにする。また，このような学習活動を通して，情報技術者の社会における責任と果たすべき役割を理解し，新たな問題に対して継続的に取り組む重要性を理解できるようにする。

2　内容

> ### 2　内　容
> 　1に示す資質・能力を身に付けることができるよう，次の〔指導項目〕を指導する。

〔指導項目〕

> (1) 情報社会と情報セキュリティ
> 　ア　情報セキュリティの現状
> 　イ　情報セキュリティの必要性

（内容の範囲や程度）

> 　〔指導項目〕の(1)のアについては，情報セキュリティの三要素である機密性，完全

性，可用性に加えて，責任追跡性，真正性，信頼性についても扱うこと。イについては，情報技術者の役割についても扱うこと。

（1）情報社会と情報セキュリティ

　ここでは，科目の目標を踏まえ，情報セキュリティに関する技術を基盤として，情報セキュリティに関する課題を発見し解決する力，情報セキュリティを保った情報システムの運用・管理に主体的かつ協働的に取り組む態度を育成することをねらいとしている。

　このねらいを実現するため，次の①から③までの事項を身に付けることができるよう，〔指導項目〕を指導する。

① 情報セキュリティの現状と必要性について理解するとともに，情報セキュリティに関する技術を身に付けること。

② 情報社会における情報セキュリティ及び情報技術者としての情報モラルに関する課題を発見し，情報技術者としての役割を捉える学習活動を通じて情報セキュリティに関する技術や法規及びガイドラインなどを活用して創造的に解決すること。

③ 情報セキュリティについて自ら学び，情報産業に従事するものとして情報システムの運用・管理に主体的かつ協働的に取り組むこと。

ア　情報セキュリティの現状

　ここでは，情報社会における情報セキュリティの現状を取り上げ，情報セキュリティ対策を行うために必要な情報資産の特質，機密性，完全性，可用性，さらに否認防止を含む責任追跡性，真正性，信頼性などについて扱う。

イ　情報セキュリティの必要性

　ここでは，情報社会における情報セキュリティの必要性を取り上げ，情報セキュリティに関する情報技術者の役割について扱う。

〔指導項目〕

（2）情報セキュリティと法規
　　ア　情報セキュリティ関連法規
　　イ　情報セキュリティ関連ガイドライン

（内容の範囲や程度）

　〔指導項目〕の(2)のアについては，具体的な事例を取り上げ，情報セキュリティに関連する法規や個人情報保護に関連する法規，知的財産権に関連する法規などについて扱うこと。イについては，具体的な事例を取り上げ，情報セキュリティに関連するガイドラインについて扱うこと。

(2) 情報セキュリティと法規

　ここでは，科目の目標を踏まえ，情報セキュリティに関連する法規やガイドラインを基盤として，情報セキュリティに関連する課題を発見し解決する力，法規やガイドラインを継続的に学ぶとともに，活用し遵守する態度を養うことをねらいとしている。

　このねらいを実現するため，次の①から③までの事項を身に付けることができるよう，〔指導項目〕を指導する。

① 情報セキュリティ関連法規やガイドラインについて理解するとともに，情報社会における様々な事例との関連を理解すること。

② 情報社会における様々な事例から，情報セキュリティに関する課題を発見し，情報セキュリティ関連法規やガイドラインと照らし合わせ，創造的に解決すること。

③ 情報セキュリティ関連法規やガイドラインなどについて自ら継続的に学び，情報産業に従事するものとして，その活用及び遵守に主体的かつ協働的に取り組むこと。

ア　情報セキュリティ関連法規

　ここでは，情報セキュリティに関連する法規，個人情報保護に関連する法規，知的財産に関連する法規などを取り上げ，情報社会で実際に起こった具体的な事例，法規に沿った取扱い，情報技術者に求められる法令遵守の姿勢などについて扱う。

イ　情報セキュリティ関連ガイドライン

　ここでは，情報セキュリティに関連するガイドラインを取り上げ，情報社会で実際に起こった具体的な事例，情報技術者に求められる適切な対応について扱う。また，情報セキュリティ対策の機能として，抑止，予防，検知，回復について扱う。

〔指導項目〕

---
(3) 情報セキュリティ対策
　　ア　人的セキュリティ対策
　　イ　技術的セキュリティ対策
　　ウ　物理的セキュリティ対策

（内容の範囲や程度）

　〔指導項目〕の(3)のアについては，情報セキュリティの啓発などを扱うこと。イについては，不正アクセス，不正プログラムなどを扱うこと。ウについては，情報を扱う場所の入退室管理などを扱うこと。
---

(3) 情報セキュリティ対策

　ここでは，科目の目標を踏まえ，情報セキュリティ対策に関する技術を基盤として，情報セキュリティに関する課題を発見し解決する力，新たな脅威や脆弱性に取り組もうとする態度を養うことをねらいとしている。

このねらいを実現するため、次の①から③までの事項を身に付けることができるよう、〔指導項目〕を指導する。

① 情報セキュリティに関する様々な問題について理解するとともに、情報セキュリティ対策に関する技術を身に付けること。

② 情報セキュリティに関する課題を発見し、情報技術の活用などを通じて創造的に解決すること。

③ 情報セキュリティに関する問題と対策について自ら学び、新たな脅威や脆弱性に対し、主体的かつ協働的に取り組むこと。

ア 人的セキュリティ対策

ここでは、パスワード管理、アクセス管理、通信記録の管理や監視などを取り上げ、それぞれの問題と対策に関連した知識と技術を扱う。その際、人による誤り、盗難、不正行為のリスクなどが情報社会において大きな脅威となっていること、情報セキュリティの啓発の重要性などについて扱う。

イ 技術的セキュリティ対策

ここでは、義務教育段階での既習事項を踏まえて、アルゴリズムとプログラムの作成過程、ユーザ認証とアクセス管理、暗号化、ウィルススキャンなどを取り上げ、それぞれの問題と対策に関連した知識と技術を扱う。その際、それぞれの情報セキュリティ対策については、仕組みを取り上げ、それに基づいた内容について扱う。

ウ 物理的セキュリティ対策

ここでは、情報を扱う場所の入退室管理、盗難や窃視等の防止、機器や装置及び情報媒体などの盗難や紛失防止も含めた物理的な保護及び措置を取り上げ、それぞれの問題と対策に関連した知識と技術を扱う。

〔指導項目〕

(4) 情報セキュリティマネジメント
 ア 情報セキュリティポリシー
 イ リスク管理
 ウ 事業継続

(内容の範囲や程度)

〔指導項目〕の(4)のアについては、情報セキュリティを確保するための体制、運用規定、基本方針、対策基準などについて扱うこと。イについては、情報資産に対する脅威について実効性のある対策とその運用について扱うこと。ウについては、事業継続計画、監査及び第三者認証について扱うこと。

(4) 情報セキュリティマネジメント

　ここでは，科目の目標を踏まえ，情報セキュリティの確保に関する技術を基盤として，情報セキュリティマネジメントに関する課題を発見し解決する力，情報セキュリティの確保に主体的かつ協働的に取り組む態度を養うことをねらいとしている。

　このねらいを実現するため，次の①から③までの事項を身に付けることができるよう，〔指導項目〕を指導する。

① 情報セキュリティマネジメントについて理解するとともに，情報セキュリティの確保に関する技術を身に付けること。

② 情報セキュリティマネジメントに関する課題を発見し，情報社会における様々な事例を活用して創造的に解決すること。

③ 情報セキュリティマネジメントについて自ら学び，情報セキュリティの確保に主体的かつ協働的に取り組むこと。

ア　情報セキュリティポリシー

　ここでは，企業や組織における情報セキュリティ対策の方針や行動指針を取り上げ，情報セキュリティを確保するための体制，運用規定，基本方針，対策基準などの策定に必要な知識と技術について扱う。また，情報システムの評価指標として，信頼性，可用性，保守性，保全性，安全性などについて扱う。

イ　リスク管理

　ここでは，守るべき対象である情報資産で発生する可能性のある脅威を取り上げ，脅威の発生確率や発生した場合の影響度などを評価するリスクアセスメント，実効性のある対策とその運用について必要な知識と技術などを扱う。

ウ　事業継続

　ここでは，インシデント発生時の対策を取り上げ，情報セキュリティポリシーに基づいて，適切かつ迅速な処理を行い，被害や損失を最小限に抑えるために必要な知識と技術について扱う。その際，事業継続計画の重要性，監査及び第三者認証についても扱う。

　ここでいうインシデントとは，事業運営に影響を与えたり，情報セキュリティを脅かしたりする事件や事故などを指す。

第6節　情報システムのプログラミング

　この科目は，情報システムのプログラミングに関する知識と技術を身に付け，情報システムのプログラミングに関する課題を発見し解決する力，情報システムのプログラミングに取り組む態度を養うことを目的としている。

　今回の改訂では，情報システムの設計や開発工程の管理及び運用・保守，情報セキュリティに関する学習を充実させるなどの改善を行った。

● 第1　目標

1　目　標

　情報に関する科学的な見方・考え方を働かせ，実践的・体験的な学習活動を行うことなどを通して，情報システムのプログラミングに必要な資質・能力を次のとおり育成することを目指す。

(1) 情報システムのプログラミングについて体系的・系統的に理解するとともに，関連する技術を身に付けるようにする。

(2) 情報システムのプログラミングに関する課題を発見し，情報産業に携わる者として合理的かつ創造的に解決する力を養う。

(3) 情報システムの開発と運用・保守を目指して自ら学び，情報社会の発展に向けた情報システムのプログラミングに主体的かつ協働的に取り組む態度を養う。

　この科目においては，情報システムのプログラミングについて必要な知識と技術を身に付け，情報システムのプログラミングに関する課題を発見し，合理的かつ創造的に解決する力を養い，情報システムの開発と運用・保守を目指して自ら学び，主体的かつ協働的に取り組む態度を養うことをねらいとしている。

　目標の(1)については，開発及び運用・保守に関わる一連の工程を理解するとともに，関連する技術を身に付けることを意味している。

　目標の(2)については，情報システムのプログラミングに関する課題を発見し，情報技術を適切かつ効果的に活用して創造的に解決する力を養うことを意味している。

　目標の(3)については，情報化の進展に応じて情報システムの開発と運用・保守について自ら学び，情報システムのプログラミングに主体的かつ協働的に取り組む態度を養うことを意味している。

● 第2　内容とその取扱い

1　内容の構成及び取扱い

　この科目は，(1)情報システムの設計，(2)データ構造とアルゴリズム，(3)プログラミング，(4)情報システムの開発管理と運用・保守の四つの指導項目で，2～6単位程度履

修されることを想定して，内容を構成している。また，内容を取り扱う際の配慮事項は次のように示されている。

（内容を取り扱う際の配慮事項）

ア　社会で活用されている情報システムを取り上げ，情報システムの機能や構造を考察するよう留意して指導すること。

　内容を取り扱う際には，社会で活用されている具体的な情報システムを取り上げ，情報システムに関する書籍やWebページなどで調べ，生徒同士で話し合うなどの活動を通して，情報システムの機能や構造を整理し考察するようにする。その際，適切な方法で情報システムをモデル化して表現し，入力，出力，処理，通信などの機能要素について確認するとともに，必要な情報セキュリティの確保，情報システムの運用と保守について考えるようにする。

イ　情報システムのプログラミングに関する具体的な課題を設定し，解決する方法について考察するよう留意して指導すること。

　内容を取り扱う際には，身近な問題を発見し，情報システムのプログラミングに関する具体的な課題を設定し，要求定義，設計，プログラミングなどの学習活動を取り入れる。その際，データの型やデータ構造を選択し，アルゴリズムを考え，適切な方法で表現するようにする。また，課題の解決に適したプログラミング言語の選択，開発工程の管理，必要な情報セキュリティの確保にも留意する。

2　内容

2　内　容
　1に示す資質・能力を身に付けることができるよう，次の〔指導項目〕を指導する。

（指導項目）

（1）情報システムの設計
　　ア　情報システムの要求分析と定義
　　イ　情報システムのモデル化
　　ウ　情報システムの分割

（内容の範囲や程度）

ア 〔指導項目〕の(1)のイについては，モデルを表記する適切な方法について扱うこと。ウの分割は，機能要素の単位で行うこと。

(1) 情報システムの設計

ここでは，科目の目標を踏まえ，情報システムの設計についての知識や技術などを基盤として，情報システムの設計における課題を発見・解決する力と，利用者の要求の実現を図るために，自ら学び主体的かつ協働的に取り組む態度を育成することをねらいとしている。このねらいを実現するために，次の①から③までの事項を身に付けることができるよう，〔指導項目〕を指導する。

① 情報システムの設計に関わる方法について理解するとともに，関連する技術を身に付けること。

② 情報システムの設計における課題を発見し，開発の効率化や運用の簡素化を図りつつ合理的かつ創造的に解決すること。

③ 情報システムの設計について自ら学び，利用者の要求の実現を図るために，主体的かつ協働的に取り組むこと。

ア 情報システムの要求分析と定義

ここでは，情報システムの要求分析と定義を取り上げ，利用者が情報システムに求めていることを明らかにするために必要な知識と技術について扱う。その際，図書館の図書管理システム，購買での注文・精算システムなど，身近な課題を解決するための情報システムについて，要求を出す側とそれを分析して定義する側に分かれて情報システムの要求分析と定義を行い，利用者が明文化できない要求も明文化し，分析者と利用者の間で曖昧性のない共通理解を構築する方法について考えるようにする。

イ 情報システムのモデル化

ここでは，社会で具体的に運用されている POS（Point of Sales）システムやチケット予約システムなどを取り上げ，入出力やデータの流れ，情報システムの機能や構造を扱う。その際，データフロー図，実態関連図及び状態遷移図などを用い，必要に応じて使い分けられるようにする。

また，要求定義された情報システムをモデル化し，抽象度をコントロールすることによって，情報システムの概要や機能を分かりやすく伝えることができるようにする。

ウ 情報システムの分割

ここでは，情報システムの分割を取り上げ，モデル化された情報システムについて入力，出力，通信などの機能要素間でやり取りされるデータを記述することで情報システムを分割することができること，情報システムを分割して制作することで，設計，制作，運用及び管理に関わる労力が少なくなることなどについて扱う。

〔指導項目〕

(2) データ構造とアルゴリズム
   ア　データの型
   イ　データ構造
   ウ　アルゴリズム

（内容の範囲や程度）

ア　〔指導項目〕の(2)のアについては，数値型，文字型，論理型などを扱うこと。イについては，配列，リスト，レコードなどを扱うこと。ウについては，具体的な事例を取り上げ，データ構造の選択と効率的なアルゴリズム及びその表記方法について扱うこと。

(2) データ構造とアルゴリズム

　ここでは，科目の目標を踏まえ，データの型やデータ構造及びアルゴリズムに関する知識と技術を基盤として，データ構造とアルゴリズムに関する課題を発見し解決する力，効率的なアルゴリズムの作成を目指して自ら学び，主体的かつ協働的に取り組む態度を育成することをねらいとしている。

　このねらいを実現するために，次の①から③までの事項を身に付けることができるよう，〔指導項目〕を指導する。

① データの型やデータ構造について理解するとともに，アルゴリズムを表現する方法について理解し関連する技術を身に付けること。

② データの型やデータ構造及びアルゴリズムに関する課題を発見し，適切なデータの型やデータ構造を選択し，効率的なアルゴリズムを考えることを通じて，創造的に解決すること。

③ データの型やデータ構造，アルゴリズムについて自ら学び，効率的で汎用性の高いアルゴリズムの作成に主体的かつ協働的に取り組むこと。

ア　データの型

　ここでは，データの型として数値型，文字型及び論理型を取り上げ，データの型の違い，データの型を定める必要性，気温や商品販売数などの数値データの処理，文字列の処理，真及び偽などで表現されるデータの処理，データの型の違いによる数値の精度やメモリへの影響，保存時のデータ容量や計算速度の違いなどについて扱う。その際，具体的な事例を通して，扱うデータに適したデータの型を選択できるようにする。

イ　データ構造

　ここでは，図書館の書籍管理における日本十進分類法や，会員証を作成する際に登録する項目など具体的な例を取り上げ，データ構造を適切に活用することで大量のデータを効率よく処理することができることを扱う。また，効率よくデータを扱うた

めに，スタック，キュー，リスト，木構造，レコード，配列等のデータ構造について具体的な例と関連付けて扱う。

ウ　アルゴリズム

　　ここでは，図書館で書籍を登録してから予約し貸出して返却するまでの手順や，会員証を読み取るなどのデータを計測・制御したりする手順，仕事の手順などの具体的な例を取り上げ，フローチャートや構造化チャートなどでアルゴリズムを表現すること，複数のアルゴリズムが同時並行的に動作したり，データの状態が変化したりする場合に適したアルゴリズムの表現方法，整列や探索などの基本的アルゴリズム，アルゴリズムの効率化について体験的に理解することなどについて扱う。

〔指導項目〕

---

(3)　プログラミング
　ア　プログラム言語の種類と特性
　イ　プログラムの作成
　ウ　プログラムの統合

（内容の範囲や程度）

ウ　〔指導項目〕の(3)のアについては，目的に応じた適切なプログラミング言語の選択について扱うこと。イについては，関数の定義と使用によるプログラムの構造化についても扱うこと。ウについては，統合の前後でプログラムの動作を確認する実習を取り入れること。

---

(3)　プログラミング

　　ここでは，科目の目標を踏まえ，プログラミングについての方法と技術を基盤として，プログラミングについての課題を発見し解決する力，情報システムのプログラミングについて自ら学び，主体的かつ協働的に取り組む態度を育成することをねらいとしている。

　　このねらいを実現するために，次の①から③までの事項を身に付けることができるよう，〔指導項目〕を指導する。

①　プログラム言語の種類と特性について理解し，プログラムを作成する技術と，複数のプログラムを統合する技術を身に付けること。

②　プログラミングについての課題を発見し，プログラミングについての知識や技術を活用して創造的に解決すること。

③　プログラムの作成や統合について自ら学び，情報システムのプログラミングに主体的かつ協働的に取り組むこと。

ア　プログラム言語の種類と特性

　　ここでは，複数のプログラム言語を取り上げ，簡単なプログラムを作成して実行す

るなどの体験，それぞれのプログラム言語の特性，用途に応じて最適なプログラム言語を検討し選択することなどを扱う。

イ　プログラムの作成

ここでは，分割した機能要素を取り上げ，適切なデータ構造を選択すること，アルゴリズムを考えること，適切なプログラム言語を選択すること，プログラムを作成すること，プログラムが正常な動作をするかどうかについて単体試験を行うことなどを扱う。

また，プログラムの作成に当たっては，プログラム間でお互いにやりとりを行うためのAPI（Application Programming Interface）やライブラリの活用，関数の定義と使用によるプログラムの構造化などを行う。

さらに，カメラ，スキャナ，気温センサ，衛星を用いた位置情報システムなどの情報を読み取り，コンピュータ内部で処理を行った上でモーターやLEDなどの出力装置，ネットワーク上の機器に出力することも考えられる。

ウ　プログラムの統合

ここでは，プログラムの統合を取り上げ，複数の単体プログラムを情報システムとして動作するように統合すること，統合した後に正常な動作をするかどうかについて統合試験を行うこと，予期しないデータ入力に対する稼働性を確保すること，セキュリティ性を向上することなどを扱う。

問題が生じた場合は，モジュール間の接続や，変数の型など，統合において生じた可能性のある原因について調べ，適切に課題を設定して修正するようにする。

〔指導項目〕

---

(4) 情報システムの開発管理と運用・保守
　ア　情報システムの開発工程の管理
　イ　情報システムの運用と保守
　ウ　情報システムのセキュリティ

（内容の範囲や程度）

エ　〔指導項目〕の(4)のアについては，プロジェクトマネジメントなどを扱うこと。イについては，情報システムの運用・保守に必要なドキュメントについても触れること。ウについては，情報システムのセキュリティを高める具体的な方法について扱うとともに，情報産業に携わる者に求められる倫理観にも触れること。

---

(4) 情報システムの開発管理と運用・保守

ここでは，科目の目標を踏まえ，情報システムの開発管理と運用・保守及びセキュリティの確保に関する知識と技術を基盤として，情報システムの開発管理と運用・保守に

関する課題の発見と解決を行う力，情報システムの開発管理と運用・保守及びセキュリティについて自ら学ぶとともに，主体的かつ協働的に取り組む態度を育成することをねらいとしている。

このねらいを実現するために，次の①から③までの事項を身に付けることができるよう，〔指導項目〕を指導する。

① 情報システムの運用・保守に関する方法と情報システムのセキュリティを確保する方法を理解するとともに，情報システムの開発工程の管理に関するプロジェクトマネジメントの手法を身に付けること。

② 情報システムの開発管理と運用・保守に関する課題を発見し，プロジェクトマネジメントの手法や情報システムの開発管理と運用・保守及び情報システムのセキュリティに関する知識と技術を活用して創造的に解決すること。

③ 情報システムの運用・保守及びセキュリティについて自ら学び，プロジェクトマネジメントの手法を用いて情報システムの開発工程の管理と運用・保守及びセキュリティの確保に主体的かつ協働的に取り組むこと。

ア 情報システムの開発工程の管理

ここでは，情報システムの開発工程について取り上げ，プロジェクトマネジメントの手法を用いて工程を管理する方法，ウォーターフォール，プロトタイプ，アジャイル，スパイラルなどの開発モデルについて扱う。その際，これまでに自らがプログラムを作成した工程を振り返ってプロジェクトマネジメントの手法を適用した際の開発工程について検討するとともに，新たに開発する情報システムについては，最初から適切なプロジェクトマネジメントの手法を用いる事ができるようにする。その際，複数の開発者が分担してシステム開発を行う場合なども扱う。

イ 情報システムの運用と保守

ここでは，情報システムの運用と保守の方法について取り上げ，目的とする情報システムについて適切な運用と保守の方法を選択すること，既存の情報システムについて運用と保守の方法を改善すること，設計段階から運用と保守を考えた情報システムを作成すること，設計段階から運用と保守を考えることの優位性などについて扱う。

ウ 情報システムのセキュリティ

ここでは，情報システムのセキュリティを確保する方法を取り上げ，目的とする情報システムについて人がコンピュータシステムを用いた操作を行う上で予想されるシステムの連続可動性，情報流出を防ぐ仕組み，情報システムのセキュリティの高さと利便性が相反する可能性があること，情報セキュリティの実装にはコストが伴うこと，法的な制約条件があること，これらを含めた総合的な判断が必要であることを扱う。その際，情報システムのセキュリティを確保するために適切な処理工程の組合せを選択し，実装するようにする。

第7節　ネットワークシステム

　この科目は，ネットワークシステムに関する知識と技術を身に付け，ネットワークシステムに関する課題を発見し解決する力，適切にネットワークシステムを活用する態度を育成することを目的としている。

　今回の改訂では，ネットワークの設計，構築，運用管理，ネットワークシステムの開発，情報セキュリティに関する学習を充実するなどの改善を行った。

● 第1　目標

1　目　標

　情報に関する科学的な見方・考え方を働かせ，実践的・体験的な学習活動を行うことなどを通して，ネットワークシステムの活用に必要な資質・能力を次のとおり育成することを目指す。

(1) ネットワークシステムについて体系的・系統的に理解するとともに，関連する技術を身に付けるようにする。

(2) ネットワークシステムに関する課題を発見し，情報産業に携わる者として合理的かつ創造的に解決する力を養う。

(3) ネットワークシステムの安全かつ効率的な活用を目指して自ら学び，ネットワークシステムの開発，運用及び保守などに主体的かつ協働的に取り組む態度を養う。

　この科目においては，ネットワークシステムの活用に必要な設計，構築，開発，運用，保守及び安全対策に必要な知識と技術を身に付け，ネットワークシステムの活用に必要な能力とネットワークシステムの開発，運用及び保守に取り組む態度を養うことをねらいとしている。

　目標の(1)については，情報社会の進展とネットワークシステムの関わりについて理解するとともに，情報産業を支えるデータ通信技術，小規模ネットワークの構築，ネットワークサーバ，ネットワークのセキュリティについての基本的な知識を理解し関連する技術を身に付けることを意味している。

　目標の(2)については，ネットワークの構築や情報セキュリティの確保などのネットワークシステムの課題を発見し，ネットワークシステムの知識と技術を用いて創造的に解決する力を養うことを意味している。

　目標の(3)については，ネットワークシステムに興味と関心をもって自ら学び，安全で安定したネットワークシステムの開発，運用及び保守などに主体的かつ協働的に取り組む態度を養うことを意味している。

第2 内容とその取扱い

1 内容の構成及び取扱い

この科目は，目標に示す資質・能力を身に付けることができるよう，(1)ネットワークの基礎，(2)ネットワークの設計と構築，(3)ネットワークシステムの開発，(4)ネットワークシステムの運用と保守の四つの指導項目で，2～4単位程度履修されることを想定して内容を構成している。また，内容を取り扱う際の配慮事項は次のように示されている。

（内容を取り扱う際の配慮事項）

> ア　社会で利用されているネットワークシステムに着目させ，ネットワークシステムの開発，運用及び保守などと関連付けて考察するよう留意して指導すること。

内容を取り扱う際には，社会で活用されているネットワークシステムについて取り扱い，そのネットワークシステムの全体像について研究するなど，実習を通して体験的に学習することが重要である。その際，ネットワークシステムに関する具体的な課題を設定し，ネットワークシステムの開発，運用及び保守などと関連付けて考えるとともに，安全なネットワークシステムの設計に主体的に取り組む態度を身に付ける必要がある。

> イ　ネットワークシステムに関する具体的な課題を設定し，解決する学習活動を取り入れること。

内容を取り扱う際には，実際に情報端末をネットワークに接続したり，ネットワークシステムを設計しサービスを提供したりするなど，具体的にネットワークシステムを活用した実習を取り入れ体験的に学習することが重要である。その際，構築するネットワークは，小規模ネットワークを中心に行い，実社会で確実に活用できる技術を身に付ける必要がある。また，単にネットワークシステムを理論的に理解するだけでなく，クラウドシステムも意識した具体的な環境設定や安全かつ効率的なネットワークシステムの運用ができる技術を身に付ける必要がある。

2 内容

> **2 内 容**
> 1に示す資質・能力を身に付けることができるよう，次の〔指導項目〕を指導する。

〔指導項目〕

(1) ネットワークの基礎
 ア　ネットワークシステムの役割
 イ　データ通信の仕組みと働き
 ウ　ネットワークの仮想化

（内容の範囲や程度）

ア　〔指導項目〕の(1)のイについては，データ通信の基本構成について扱うこと。

(1) ネットワークの基礎

　ここでは，科目の目標を踏まえ，データ通信の仕組み，ネットワークに係る基本的な技術などを基盤として，ネットワークシステムの課題を発見・解決する力，ネットワークシステムについて自ら学び活用しようとする態度を育成することをねらいとしている。

　このねらいを実現するため，次の①から③までの事項を身に付けることができるよう，〔指導項目〕を指導する。

① ネットワークシステムと情報社会の関わり及びデータ通信の仕組みについて理解するとともに，ネットワークに関する技術を身に付けること。

② 情報社会の中で使われているネットワークシステムに関する課題を発見し，情報技術の活用を通して合理的かつ創造的に解決すること。

③ ネットワークについて自ら学び，ネットワークシステムの活用に主体的かつ協働的に取り組むこと。

ア　ネットワークシステムの役割

　ここでは，社会で活用されているネットワークサービスについて取り上げ，ネットワークシステムが情報社会において重要な役割を果たしていること，ネットワーク上に存在する資源を使って提供されるサービスが，物理的な場所を意識することなくネットワーク越しに利用することができること，ネットワークシステムの発展に伴う社会構造の変化などについて扱う。

イ　データ通信の仕組みと働き

　ここでは，データ通信の基本構成，ネットワーク機器，伝送媒体，モバイルデータ通信網などを取り上げ，ネットワークアーキテクチャ，接続方式，TCP/IP などのプロトコルの基本的な機能，IPv4 と IPv6 の双方の IP アドレス，サブネット，伝送制御の手順，IPv4 と IPv6 との共存技術など，ネットワークを経由し，コンピュータ同士又は通信端末同士が通信できる仕組みについて扱う。その際，IP アドレスについては適切に配置する実習を行うなど，体験的に理解することができるようにすることが大切である。

ウ　ネットワークの仮想化

　　ここでは，仮想ネットワークとして VLAN（Virtual LAN），VPN（Virtual Private Network）などを取り上げ，ネットワークの仮想化に関する基本的な仕組みや働き，仮想化の概念，仮想ネットワークと物理ネットワークとの比較，情報資源を論理的に分割や統合することで，情報資源の効率的な活用と利便性が向上することなどについて扱う。また，VLAN や VPN を構築するための技法について実習を通して扱うことが考えられる。

〔指導項目〕

---

(2) ネットワークの設計と構築
　ア　ネットワークの設計
　イ　ネットワークの構築
　ウ　ネットワークの分析と評価

（内容の範囲や程度）

イ　〔指導項目〕の(2)のイについては，有線通信と無線通信の双方について扱うこと。

---

(2) ネットワークの設計と構築

　　ここでは，科目の目標を踏まえ，ネットワークの設計や分析及び構築の技術を基盤として，小規模なネットワークを設計し構築する力，ネットワークの設計や分析及び構築について自ら学び，これに主体的かつ協働的に取り組む態度を育成することをねらいとしている。

　　このねらいを実現するため，次の①から③までの事項を身に付けることができるよう，〔指導項目〕を指導する。

①　ネットワークの設計や分析について理解するとともに，ネットワークを効率的に構築する技術を身に付けること。

②　ネットワークの構築に関する課題を発見し，ネットワークの設計や分析を通して創造的に解決すること。

③　ネットワークの設計や分析について自ら学び，ネットワークの構築に主体的かつ協働的に取り組むこと。

ア　ネットワークの設計

　　ここでは，具体的なネットワークを取り上げ，ネットワークの基本構成，ネットワーク機器の選択，ネットワークを運用するための DHCP サーバや DNS サーバの仕組みや設定，ネットワークの設計手順など，ネットワークの設計に関する基礎的な知識と技術について扱う。その際，ネットワーク上の脅威に対応するために統合脅威管理などについても扱う。

イ　ネットワークの構築

　ここでは，有線と無線の両方のネットワークを取り上げ，ネットワークの設計に基づいたコンピュータとネットワーク機器の接続や設定，ネットワークに対応した機器の共有，アクセス制御や暗号化などの情報セキュリティ対策など，ネットワークの構築に必要な知識と技術について扱う。その際，ネットワークの構築は実習を通して体験的に扱う。

ウ　ネットワークの分析と評価

　ここでは，具体的なネットワークを取り上げ，ネットワークのトラフィックなどの分析，障害や不正行為に対する安全性などの評価，構成要素の二重化，認証，アクセス制御，情報セキュリティ対策などについて扱う。また，ネットワークを構築する際の手順，設計するために必要な要求分析や必要条件などについても扱う。その際，実習を通して体験的に理解できるようにする。

（指導項目）

---

　(3)　ネットワークシステムの開発
　　ア　ネットワークシステムを活用したサービス
　　イ　ネットワークサーバの構築
　　ウ　ネットワークアプリケーションの開発

（内容の範囲や程度）

　ウ　〔指導項目〕の(3)のイについては，生徒や地域の実態，学科の特色等に応じて，実機若しくはインターネット上のサーバ又はその両方を扱うこと。また，公開を前提としたサーバのアクセス制御，暗号化などのセキュリティ対策について扱うこと。ウについては，ネットワークアプリケーションを取り上げ，ネットワークシステム開発の概念について扱うこと。

---

(3) ネットワークシステムの開発

　ここでは，科目の目標を踏まえ，ネットワークシステムを活用したサービスを構築する技術を基盤として，ネットワークシステムの開発に関する課題を発見し解決する力，ネットワークシステムの活用に主体的かつ協働的に取り組む態度を育成することをねらいとしている。

　このねらいを実現するため，次の①から③までの事項を身に付けることができるよう，〔指導項目〕を指導する。

①　ネットワークサーバの役割とネットワークアプリケーションの開発手順について理解するとともに，ネットワークシステムを活用したサービスを構築する技術を身に付けること。

② ネットワークシステムの開発に関する課題を発見し，ネットワークシステムの活用を通して合理的かつ創造的に解決すること。

③ ネットワークシステムの開発について自ら学び，ネットワークシステムの活用に主体的かつ協働的に取り組むこと。

ア　ネットワークシステムを活用したサービス

ここでは，ネットワークシステムで提供されているサービスについて取り上げ，これを支えるデータセンター，クラウドサービスなどについて扱う。また，ネットワークサーバを取り上げ，サーバの種類と役割，運用形態，サーバの構成，クラウド技術や仮想化技術，ネットワークサービスに関する役割などについて扱う。

イ　ネットワークサーバの構築

ここでは，ファイルサーバ，メールサーバ，Web サーバ，データベースサーバ，アプリケーションサーバなどの各種サーバを取り上げ，その構築や設定，公開を前提としたサーバのアクセス制御や暗号化などのセキュリティ対策などについて扱う。その際，生徒や地域の実態，学科の特色等に応じて，実機又はインターネット上で提供されるサービスもしくはその両方を選択し，実習を通して体験的に扱うことが大切である。

ウ　ネットワークアプリケーションの開発

ここでは，ネットワークアプリケーションを取り上げ，その構成と制作の手順，クライアントサイドのプログラム開発，サーバサイドのプログラム開発など，ネットワークアプリケーションを開発するための知識と技法を総合的に扱う。

〔指導項目〕

---

(4) ネットワークシステムの運用と保守

　ア　ネットワークシステムの運用管理

　イ　ネットワークシステムの保守

　ウ　ネットワークシステムのセキュリティ対策

（内容の範囲や程度）

エ　〔指導項目〕の(4)のア及びイについては，ネットワークシステムを安全かつ適切に活用するために必要な運用と保守の具体的な内容について扱うこと。ウについては，ネットワーク上の脅威に関する管理や防止対策などについて扱うこと。

---

(4) ネットワークシステムの運用と保守

ここでは，科目の目標を踏まえ，ネットワークシステムの運用と保守及びセキュリティ対策についての知識と技術を基盤として，ネットワークシステムの課題を発見し解決する力，これについて自ら学び，主体的かつ協働的に取り組む態度を養うことをねらいと

している。

このねらいを実現するため，次の①から③までの事項を身に付けることができるよう，〔指導項目〕を指導する。

① ネットワークシステムの運用と保守，セキュリティ対策についての目的や役割，必要性や重要性を理解するとともに，これらに必要な技術を身に付けること。

② ネットワークシステムの運用と保守，セキュリティ対策に関する課題を発見し，情報技術の活用を通して創造的に解決すること。

③ ネットワークシステムの運用と保守，セキュリティ対策について自ら学び，安全で安定したネットワークシステムの開発と維持及び管理に主体的かつ協働的に取り組むこと。

ア ネットワークシステムの運用管理

ここでは，ネットワークシステムの運用管理を取り上げ，ハードウェアやソフトウェアを的確に把握するための構成管理，操作の簡易化や自動化などの管理，インシデント管理，情報の収集と配布の際の暗号化やパスワード管理及びウィルス対策などのセキュリティ管理などについて扱う。その際，管理の具体的な方法を示すとともに，ネットワークに関する運用管理の必要性や重要性を扱うことが大切である。

イ ネットワークシステムの保守

ここでは，ネットワークシステムの保守を取り上げ，機器やデータの多重化，障害への対応と対策，定期点検，稼働状況管理，バックアップなどについて扱う。その際，保守の具体的方法を示すとともに，ネットワークシステムに関する保守の必要性や重要性を扱うことが大切である。

ウ ネットワークシステムのセキュリティ対策

ここでは，ネットワーク上の脅威として，マルウェア，不正アクセス，情報漏洩などに関わる具体的な事例を取り上げ，それらの仕組みや攻撃手法，管理や防止対策などについて扱う。その際，実習を通して体験的に学習することが大切である。

第8節　データベース

　この科目は，データベースに関する知識と技術を身に付け，データを扱う際の課題を発見し解決する力を養い，データベースの安全かつ適切な活用に取り組む態度を育成することを目的としている。

　今回の改訂では，データベースの応用技術に関する学習を充実するなどの改善を行った。

● 第1　目標

1　目　標

　情報に関する科学的な見方・考え方を働かせ，実践的・体験的な学習活動を行うことなどを通して，情報社会を支えるデータベースの活用に必要な資質・能力を次のとおり育成することを目指す。

(1) データベースについて体系的・系統的に理解するとともに，関連する技術を身に付けるようにする。

(2) データベースに関する課題を発見し，情報産業に携わる者として合理的かつ創造的に解決する力を養う。

(3) データの安全かつ効率的な活用を目指して自ら学び，データベースの利用，構築，運用及び保守などに主体的かつ協働的に取り組む態度を養う。

　この科目においては，情報産業に関する事象をデータベースの視点で捉え，情報社会の進展と関連付けて考察させるとともに，そのような学習を基盤としてデータベースの利用，構築，運用及び保守に関する知識と技術を身に付け，データベースの活用に必要な能力とデータベースの安全かつ効率的な活用に取り組む態度を養うことをねらいとしている。

　目標の(1)については，情報社会の進展とデータベースの関わりについて体系的・系統的に理解するとともに，データベース及びデータベース管理システムに関する知識と技術を身に付けることを意味している。

　目標の(2)については，情報手段などを活用した実習や，データベースを設計・構築するなど体験的な活動を通して，データを扱う際の課題を発見し，職業人に求められる倫理観をもって情報技術を活用し，創造的に解決する力を養うことを意味している。

　目標の(3)については，データベースを安全かつ適切に活用するために自ら学び，これに主体的かつ協働的に取り組む態度を養うことを意味している。

● 第2　内容とその取扱い

1　内容の構成及び取扱い

　この科目は，目標に示す資質・能力を身に付けることができるよう，(1)データベースと私たちの社会，(2)データベース管理システムとデータベースの設計，(3)データとデー

タベースの操作，(4)データベースの運用と保守の四つの指導項目で，2～6単位程度履修されることを想定して，内容を構成している。また，内容を取り扱う際の配慮事項は次のように示されている。

（内容を取り扱う際の配慮事項）

> ア　社会で利用されている具体的なデータベースを取り上げ，実習を通して，データベースの設計や操作，運用と保守などの視点から社会の中でデータベースが果たす役割を理解できるよう留意して指導すること。

　内容を取り扱う際には，社会で利用・活用されている具体的なデータベースを実際に扱ったり，その構造やシステムを調査・研究したりするなど，実習を通して体験的に学習することが大切である。その際，社会で利用・活用されているデータベースに関する具体的な課題を設定し，データベースの設計や操作，運用と保守，セキュリティなどと関連付けて考えるとともに，実際にデータベースの設計を行うことができる技術の習得に取り組む態度を身に付ける必要がある。

> イ　生徒や地域の実態，学科の特色等に応じて，適切なデータベース操作言語やデータベース管理システムを選択すること。

　内容を取り扱う際には，生徒や地域の実態，学科の特色等に応じて，適切なデータベース操作言語やデータベース管理システムを選択し，選択したデータベース言語などを使用してデータベースの操作について実際に確認する学習を行うことが重要である。その際，データベースに関する具体的な課題を設定し，データベースを設計し操作する学習活動を行うことで，データベースの機能や役割，仕組み，データベースの必要性や重要性，データベース管理システムの機能や役割などについて考察するよう留意して指導することが大切である。併せてデータベースの設計に当たり，主体的かつ協働的に取り組む態度を身に付けるよう指導することが大切である。

2　内容

> **2　内　容**
> 　1に示す資質・能力を身に付けることができるよう，次の〔指導項目〕を指導する。

〔指導項目〕

> (1) データベースと私たちの社会
> 　ア　データベースと社会との関わり

イ　データベースを支える情報技術
ウ　データベースの目的と機能
エ　データベースのデータモデル

（内容の範囲や程度）

ア　〔指導項目〕の(1)のアについては，データベースが私たちの生活や企業などで利用されていることを扱うこと。その際，データベースの機能や目的についても触れること。イについては，多くのデータベースがネットワークを介して様々なアプリケーションの下で動作していること及びデータベースの最新の技術動向について触れること。エについては，関係モデルを扱うこと。

(1) データベースと私たちの社会

　　ここでは，科目の目標を踏まえ，データベースと社会との関わり及びデータベースを支える最新の技術などを基盤として，データベースに関する課題を発見し解決する力と，データベースの設計・構築に向けて主体的かつ協働的に取り組む態度を育成することをねらいとしている。

　　このねらいを実現するため，次の①から③までの事項を身に付けることができるよう，〔指導項目〕を指導する。

① 　データベースと社会との関わり及びデータベースの目的と機能，データベースの社会的な活用，データベース構築のためのデータモデル，データベースを支える最新の技術などについて理解すること。

② 　情報社会の中で使われている様々なデータベースに関する課題を発見し，データベースの最新の技術などを活用して創造的に解決すること。

③ 　データベースについて自ら学び，データベースの活用及び設計・構築に向けて主体的かつ協働的に取り組むこと。

ア　データベースと社会との関わり

　　ここでは，社会で活用されているインターネット通信販売，コンビニエンスストアなどの POS，顧客管理，販売管理，電子カルテ，図書管理，在庫管理などのシステムを取り上げ，データベースの必要性や仕組み，情報産業や情報社会におけるデータベースの活用の状況，データベースが社会に果たしている役割などについて扱う。

　　また，情報社会の中でデータベースを基にデータを加工し，企業などの経営活動に活用する例として，インターネットの利用などによって得られた多様かつ大量のデータの解析結果の業務への活用や，業務において発生した様々な情報を時系列に保管したデータベース，データの中から価値のある情報を容易に引き出せるようにしたデータベース，目的別に蓄積されたデータベースなど，データベースの利用形態についても触れる。

イ データベースを支える情報技術

ここでは，データベースの活用に必要なネットワークや Web，コンテンツを一元管理するシステムなどを取り上げ，これらの技術がデータベースに果たす役割や，必要性などについて扱う。

また，様々な視点で開発・登場してきているデータベースを取り上げ，情報技術の進展や時代とともに変化するデータベースの最新の技術についても扱う。例えば，構造化されたデータを扱うリレーショナルデータベースとともに，非構造的なデータを扱うデータベースなどについても触れる。

ウ データベースの目的と機能

ここでは，ファイルによるデータの管理方法を取り上げ，データがプログラムに依存すること，プログラムごとに同一内容のデータを定義しなければならないこと，それに伴うデータ処理効率の影響があることなどを扱う。また，データベースの機能を取り上げ，データがプログラムに依存せず独立性が保たれること，データの一元管理ができること，データの正規化を行うことでデータの重複をなくすことができることなどを扱う。その際，データベースの目的は，これらの機能を生かしてデータの扱いを効率的に行うことであることを理解するようにする。

エ データベースのデータモデル

ここでは，データベースを実現するためのデータモデルについて，階層型データモデル，ネットワーク型データモデル，リレーショナル型データモデルなどを取り上げ，それぞれのデータモデルの特徴やデータ構造などを扱う。

また，データベース構築の視点から，コンピュータ上で容易かつ簡潔に実現できるデータ構造，高速に検索を可能とするデータ構造，データとデータとの関係性を適切に表現できるデータ構造などを扱う。

なお以降の内容では，リレーショナル型データモデルを採用したリレーショナル型データベースを扱う。

〔指導項目〕

---

(2) データベース管理システムとデータベースの設計
　ア　データベース管理システムの働き
　イ　データの分析とモデル化
　ウ　データベースの正規化

（内容の範囲や程度）

イ　〔指導項目〕の(2)のアについては，データベースの機能と役割について扱うこと。イについては，E-Rモデルを扱うこと。ウについては，第一正規形から第三正規形までを取り上げ，正規化の内容や必要性について扱うこと。

---

(2) データベース管理システムとデータベースの設計

　ここでは，科目の目標を踏まえ，データベース管理システムの働きとデータベースを設計する知識や技術を基盤として，データベースの設計に関する課題を発見し解決する力と，データベースの設計に主体的かつ協働的に取り組む態度を育成することをねらいとしている。

　このねらいを実現するため，次の①から③までの事項を身に付けることができるよう，〔指導項目〕を指導する。

① 　データベース管理システムの働きとデータベースの設計の工程について理解するとともに，データベースを設計する技術を身に付けること。

② 　データベースの設計に関する課題を発見し，データベース管理システムの機能の活用を通じて創造的に解決すること。

③データベース管理システム及びデータベースの設計について自ら学び，データベースの設計に主体的かつ協働的に取り組むこと。

ア　データベース管理システムの働き

　ここでは，データベース管理システムが提供する機能として，データベースの定義，データベースの操作，整合性管理，セキュリティ管理，データベースに対して行われる一連の作業を全体として一つの処理として管理するトランザクション管理などを取り上げ，それぞれの機能と役割について扱う。トランザクション管理では，例えば，金融機関のコンピュータシステムにおける入出金処理などを取り上げ，処理の原子性，一貫性，独立性，耐久性などの特性や同時実行制御及びロックなどを扱う。

イ　データの分析とモデル化

　ここでは，目的に応じた適切なデータベースの設計を取り上げ，収集・蓄積したデータの分析が重要であること，リレーショナル型データベースモデルを設計するために必要な表現として，取り扱うデータ間の関係を表現するモデルであるE-R（Entity-Relationship）図などを扱う。

ウ　データベースの正規化

　ここでは，データベースの正規化を取り上げ，データベースを設計する上において表の整合性を保ったまま，データの重複や冗長性を排除して，データを効率的に扱えるようにするための技法であること，正規化の必要性や重要性などについて扱う。その際，具体的な例題や実習を通して第一正規形から第三正規形までを扱う。

〔指導項目〕

---

(3) データとデータベースの操作

　ア　データの操作

　イ　データベースの定義

　ウ　データベースの操作

（内容の範囲や程度）

> ウ 〔指導項目〕の(3)のアについては，関係演算を扱うこと。イについては，データ定義言語を取り上げ，データベースの作成，表の作成や削除などを扱うこと。ウについては，データベース操作言語を取り上げ，表の問い合わせや結合，ビューの作成などを扱うこと。

(3) データとデータベースの操作

ここでは，科目の目標を踏まえ，データの操作やデータベースを定義する知識や技術を基盤として，データとデータベースの取扱いに関する課題を発見し解決する力と，データベースの活用に主体的かつ協働的に取り組む態度を育成することをねらいとしている。

このねらいを実現するため，次の①から③までの事項を身に付けることができるよう，〔指導項目〕を指導する。

① データの操作やデータベースの定義の概念について理解するとともに，データベースの操作言語を活用してデータの操作とデータベースを定義する技術を身に付けること。

② データの操作やデータベースの定義に関する課題を発見し，データベースの操作言語の活用を通じて創造的に解決すること。

③ データの操作やデータベースの定義，データベースの操作言語について自ら学び，データベースの活用に主体的かつ協働的に取り組むこと。

ア データの操作

ここでは，集合演算や関係演算を取り上げ，和集合，差集合，共通集合，選択，射影，結合など，データの操作の基礎的な知識と技術を扱う。その際，具体的な例題や実習を通してデータの操作ができるようにする。

イ データベースの定義

ここでは，データベースを定義し，表を作成するための言語としてデータ定義言語を取り上げ，データベースの作成，表の作成，表の削除などのデータベースを定義するための基礎的な知識と技術を扱う。その際，具体的な例題や実習を通してデータベースの定義言語を扱うことができるようにする。

ウ データベースの操作

ここでは，データベースを操作する言語としてデータ操作言語を取り上げ，表の問い合わせ，結合，副問い合わせ，ビューの作成，挿入，更新，削除などのデータベースを操作するために必要な知識と技術を扱う。その際，具体的な例題や実習を通してデータベースの操作言語を扱うことができるようにする。

〔指導項目〕

(4) データベースの運用と保守
　ア　データベースの運用管理
　イ　データベースの保守

（内容の範囲や程度）

エ　〔指導項目〕の(4)のアについては，データベースの運用管理のための組織体制，データベースの動作管理，セキュリティ管理及びバックアップなどについて扱うこと。イについては，運用に伴う障害管理やリカバリなどの保守について扱うこと。

(4) データベースの運用と保守

　ここでは，科目の目標を踏まえ，データベースの運用と保守について必要な知識や技術を基盤として，データベースの運用と保守に関する課題を発見し解決する力と，データベースの運用と保守に主体的かつ協働的に取り組む態度を養うことをねらいとしている。このねらいを実現するため，次の①から③までの事項を身に付けることができるよう，〔指導項目〕を指導する。

① データベースの運用と保守について，目的や役割及び必要性や重要性を理解するとともに，これらに必要な技術を身に付けること。

② データベースの運用と保守に関する課題を発見し，情報技術の活用を通じて合理的かつ創造的に解決すること。

③ データベースの運用と保守について自ら学び，データベースの活用に主体的かつ協働的に取り組むこと。

ア　データベースの運用管理

　ここでは，データベースを円滑かつ適切に運用するための組織体制，リスク管理，セキュリティ管理を取り上げ，運用管理の目的や役割及び必要性などを扱う。組織体制では，データベースを管理するメンバーと役割，問題発生時の連絡手順などの運用体制を扱う。リスク管理では，日々のデータベースの動作管理，自然災害や不慮の事故発生等への備えとしてのバックアップ，ログ管理などを扱う。セキュリティ管理ではユーザ認証やアクセス管理などの技術的セキュリティ，人による誤り，盗難，不正行為のリスクなどに対する人的セキュリティ，施錠管理，入退室管理などの物理的セキュリティなどを扱う。その際，具体的な例題を通して体験的に扱うようにする。

イ　データベースの保守

　ここでは，データベースを運用する過程において発生するデータベースの不具合や予測できない問題の発生への対処を取り上げ，障害の発生に対してバックアップファイルやログファイルなどを使用してデータベースを最新の状態にするリカバリ（復旧処理），性能改善を図るための方策，データベースの配置の乱れを直し適正化するデー

タベースの再編成，データベースの保守の必要性などを扱う。その際，具体的な例題
を通して体験的に扱うようにする。

第9節　情報デザイン

　この科目は，情報デザインに関する知識と技術を身に付け，情報デザインに関する課題を発見し解決する力，情報デザインの構築に取り組む態度を養うことを目的としている。

　今回の改訂では，情報デザインを考えるための情報収集や情報メディアの特性を生かしたデザインなど，情報メディアと情報デザインに関する知識の一体的な習得を行うなどの改善を行った。

● 第1　目標

1　目　標

　情報に関する科学的な見方・考え方を働かせ，実践的・体験的な学習活動を行うことなどを通して，情報デザインの構築に必要な資質・能力を次のとおり育成することを目指す。

(1) 情報伝達やコミュニケーションと情報デザインとの関係について体系的・系統的に理解するとともに，関連する技術を身に付けるようにする。

(2) 情報デザインの手法，構成，活用に関する課題を発見し，情報産業に携わる者として合理的かつ創造的に解決する力を養う。

(3) 情報デザインによる効果的な情報伝達やコミュニケーションの実現を目指して自ら学び，コンテンツやユーザインタフェースのデザインなどの構築に主体的かつ協働的に取り組む態度を養う。

　この科目においては，適切な情報伝達やコミュニケーションの実現に必要な，情報デザインの知識と技術を身に付け，情報産業に携わる者として，情報伝達やコミュニケーションについての課題を発見し，情報デザインの知識と技術を使って創造的に解決する力，情報デザインの構築に取り組む態度を養うことを目指すことをねらいとしている。

　目標の(1)については，適切な情報伝達やコミュニケーションを実現するため，情報デザインについての知識を理解し，適切な表現手法を用いてデザインするための技術を身に付けることを意味している。

　目標の(2)については，情報伝達やコミュニケーションの場面における情報デザインの手法，構成，活用についての課題を発見し，情報産業に携わる者として，情報の科学的な理解に基づき，情報デザインの知識と技術を適切かつ効果的に活用して解決する力を養うことを意味している。

　目標の(3)については，情報デザインによる効果的な情報伝達やコミュニケーションの実現を目指して，外見的なデザインだけでなく，製品やサービスが利用される環境を含めたデザインについて自ら学び，コンテンツやユーザインタフェースなどのデザインに主体的かつ協働的に取り組む態度を養うことを意味している。

● 第2　内容とその取扱い

1　内容の構成及び取扱い

　この科目は，目標に示す資質・能力を身に付けることができるよう，(1)情報デザインの役割と対象，(2)情報デザインの要素と構成，(3)情報デザインの構築，(4)情報デザインの活用の四つの指導項目で，2〜6単位程度履修されることを想定して内容を構成している。また，内容を取り扱う際の配慮事項は次のように示されている。

（内容を取り扱う際の配慮事項）

> ア　情報デザインに関する具体的な事例を取り上げ，情報伝達やコミュニケーションと関連付けて考察するよう留意して指導すること。

　内容を取り扱う際には，情報デザインの具体的な事例について，情報伝達やコミュニケーションと関連付けて，体験的に学習することが重要である。その際，グループワークなどにより多様な意見に触れることで，情報デザインの対象への多面的な見方に気付き，情報伝達やコミュニケーションの仕組みに目を向けて，利用者の視点を考慮した情報デザインについて考える態度を身に付ける必要がある。

> イ　実習を通して，情報の収集，整理，構造化，可視化などの学習活動を行わせるとともに，地域や社会における情報伝達やコミュニケーションに関する具体的な課題を設定し，解決の手段を作品として制作，評価及び改善する学習活動を取り入れること。

　内容を取り扱う際には，情報を収集，整理，構造化し，それを基に情報デザインを考え，作品という形で制作し，可視化するといった実習などを通じて，体験的に学習するようにすることが重要である。その際，生徒が地域や社会における情報伝達やコミュニケーションに関する具体的な課題を設定し，解決するためのデザインを考え，さらに作品を評価及び改善する活動を通して，新たな課題を設定し解決するなど，生徒が主体的に社会の課題と向き合い，解決に向けて継続的に取り組む態度を身に付けるようにする必要がある。

2　内容

> **2　内容**
> 　1に示す資質・能力を身に付けることができるよう，次の〔指導項目〕を指導する。

〔指導項目〕

> (1) 情報デザインの役割と対象
> 　ア　社会における情報デザインの役割
> 　イ　情報デザインの対象

（内容の範囲や程度）

> ア　〔指導項目〕の(1)のアについては，具体的な事例を取り上げ，社会において情報デザインが果たす役割について扱うこと。イについては，情報伝達やコミュニケーションの仕組みとそこで使われるコンテンツを扱うこと。

(1) 情報デザインの役割と対象

　ここでは，科目の目標を踏まえ，社会における情報デザインの役割と情報デザインの対象についての知識を基盤として，情報デザインの考え方を活用して情報伝達やコミュニケーションについての課題を発見し解決する力，情報デザインの考え方を情報伝達やコミュニケーションへ活用しようとする態度を養うことをねらいとしている。

　このねらいを実現するため，次の①から③までの事項を身に付けることができるよう，〔指導項目〕を指導する。

① 社会における情報デザインの役割と対象について理解するとともに，情報デザインの考え方を身に付けること。

② 社会における情報伝達やコミュニケーションについての課題を発見し，情報デザインの考え方を活用して創造的に解決すること。

③ 情報デザインについて自ら学び，情報デザインを情報伝達やコミュニケーションに活用することに主体的かつ協働的に取り組むこと。

ア　社会における情報デザインの役割

　ここでは，情報デザインの具体的な事例として，インフォグラフィックス，ピクトグラム，アプリケーションソフトウェアの画面のデザインなどを取り上げ，情報デザインには社会における情報伝達やコミュニケーションについての課題を合理的に解決するという役割があること，合目的性があることを扱う。その際，ISOで規定された人間中心設計のプロセスなどを取り上げ，情報デザインの作業の流れが，デザインを考えながら評価，改善を常に繰り返すことで，目的にかなうデザインに仕上げていくことを扱う。

　また，情報デザインの具体的な事例について，それが生み出された社会的な背景や課題について調べ，より効果的に課題を解決するための情報デザインについて考えることで，情報伝達やコミュニケーションと情報デザインの適切な対応について扱う学習活動が考えられる。

イ　情報デザインの対象

　ここでは，情報デザインの対象について，外見的なデザインだけでなく，利用者の環境を含めたデザインについても取り上げ，利用者の行動を誘導する，使いやすさを向上させるといったこともデザインの対象として含まれていることを扱う。その際，シャノンとウィーバーのコミュニケーションモデルなど，コミュニケーションについての基本的なモデルを取り上げ，情報デザインを考える際に必要な情報伝達やコミュニケーションの仕組みの捉え方について扱う。

　また，情報デザインの対象の具体的な事例として，インフォグラフィックスによる統計データの表現，標識などのデザインによる人の流れの誘導，Web ページやアプリケーションソフトウェアのメニュー構成や画面遷移の工夫による利用者の行動の誘導などを取り上げ，情報デザインにおいて，情報を整理，分類して提示したり，重要な情報を強調して提示したりするなど，効果的な情報伝達や利用者の使い心地の向上のために工夫している点について扱う。その際，ユニバーサルデザインについて取り上げ，利用者の特性に関わらず，適切な情報伝達やコミュニケーションを実現するための工夫について扱う。

〔指導項目〕

---

(2)　情報デザインの要素と構成
　ア　情報デザインにおける表現の要素
　イ　表現手法と心理に与える影響
　ウ　対象の観察と表現
　エ　情報伝達やコミュニケーションの演出

（内容の範囲や程度）

イ　〔指導項目〕の(2)のアについては，形態や色彩とその働きについて扱うこと。イについては，造形や色彩が人間の心理に与える影響と，情報デザインへの応用について扱うこと。ウについては，対象を観察する方法と，その結果を表現する技術について扱うこと。エについては，レイアウトや配色などを扱うとともに，意味や考えの演出についても触れること。

---

(2) 情報デザインの要素と構成

　ここでは，科目の目標を踏まえ，形態，色彩などの情報デザインにおける表現の要素や，造形や色彩が人間の心理に与える影響についての知識を基盤として，情報デザインの対象を観察して表現する力，適切な情報伝達やコミュニケーションの演出を行おうとする態度を育成することをねらいとしている。

　このねらいを実現するため，次の①から③までの事項を身に付けることができるよう，

〔指導項目〕を指導する。

① 形態や色彩の特性について理解するとともに，それらを情報デザインに活用するための技術を身に付けること。

② 利用者への情報の提示や行動の誘導における課題を発見し，形態や色彩が人間の心理に与える影響を利用して創造的に解決すること。

③ 情報伝達やコミュニケーションの演出について自ら学び，伝達する情報に応じた演出に主体的かつ協働的に取り組むこと。

ア　情報デザインにおける表現の要素

　ここでは，情報デザインにおける表現の要素として，形態，色彩などを取り上げ，それぞれの特性の情報伝達やコミュニケーションにおける効果的な活用について扱う。その際，形態については具象，抽象，点，線，面などを，色彩については，色の三属性，表色系，配色，混色などを扱う。

　また，形態や色彩などが情報デザインの要素として働く具体的な事例として，ピクトグラムや図解などを取り上げ，単純な形態と色彩の組み合わせにより，伝えるべき情報や物事の関係性が表現されていること，形態や色彩による表現により，情報伝達やコミュニケーションが実現していることを扱う。

イ　表現手法と心理に与える影響

　ここでは，造形や色彩を使った表現手法が人間の心理に与える影響について取り上げ，適切な情報伝達やコミュニケーションの実現のための造形と色彩の組み合わせについて扱う。その際，造形については，図と地の関係，錯視，ゲシュタルト要因，数理的造形，図形の反復と変化などを，色彩については，暖色，寒色，膨張色，収縮色，進出色，後退色などを扱う。

　また，造形や色彩が人間の心理に与える影響の具体的な事例として，商品パッケージや標識のデザインなどを取り上げ，これらの色彩や造形を変化させたときの印象の変化，人間の心理的影響を考えた情報デザインなどについて扱う。

ウ　対象の観察と表現

　ここでは，情報デザインにおいて，具体的な造形を考えていく上で必要な，対象を観察する方法，観察の結果を表現するときの考え方，造形するための手法を取り上げる。その際，観察の方法については，視点を転換した観察，時間の経過による変化の観察，対象の全体の観察，対象の部分の観察などの方法を，観察の結果を表現するときの考え方については，抽象的表現，具象的表現，全体の表現，部分の表現，隠喩による表現などを，造形の手法については，図形の移動，回転，反転，拡大，縮小，トリミングなどを扱う。

　また，観察の結果を情報デザインに反映する具体的な事例として，シンボルマークやキャラクターなどを取り上げ，観察の方法，表現するときの考え方，造形の手法の選択について考察すること，同じ対象を観察した上で別のデザインを考えることなど，対象の観察を基に情報デザインを考えることを扱う。

エ　情報伝達やコミュニケーションの演出

　ここでは，効果的な情報伝達やコミュニケーションの実現のために，レイアウトや配色，演出手法の選択などを取り上げ，レイアウトについては，グリッドシステム，要素のグループ化，ジャンプ率，対称，非対称などを，配色については，補色配色，分裂補色配色，3色配色，類似色相配色などを，演出手法については造形要素のデフォルメ，分割，繰り返し，要素の占有率による空間の使い方，造形による行動の誘導，フォントの使い分け，写真撮影における主題の強調のさせ方などを扱う。その際，情報伝達やコミュニケーションの演出と情報操作の違いについて扱う。

　また，情報伝達やコミュニケーションの演出についての具体的な事例として，ポスターやパンフレットなどのデザインを取り上げ，レイアウト，配色，演出手法の選択について，その意図を考察すること，他の手法による演出の可能性についても考察することを扱う。

〔指導項目〕

---

(3)　情報デザインの構築
　ア　情報の収集と検討
　イ　コンセプトの立案
　ウ　情報の構造化と表現

（内容の範囲や程度）

ウ　〔指導項目〕の(3)のイについては，目的を明確にしてコンセプトを決める方法を扱うこと。ウについては，コンセプトに沿った情報の構造化と表現を扱うこと。

---

(3)　情報デザインの構築

　ここでは，科目の目標を踏まえ，情報の収集とその取扱いについての知識を基盤として，情報を整理し，構造化して表現する力，情報を基にコンセプトを主体的かつ協働的に立案しようとする態度を養うことをねらいとしている。

　このねらいを実現するため，次の①から③までの事項を身に付けることができるよう，〔指導項目〕を指導する。

①　情報デザインを具体化する一連の手順について理解するとともに，情報の収集，整理，構造化の方法を身に付けること。

②　収集した情報から情報デザインによって解決すべき課題を発見し，目的を明確にして創造的にコンセプトを考え，情報デザインを構築すること。

③　情報の収集とコンセプトの立案について自ら学び，コンセプトに基づいて情報を構造化し，表現していくことに主体的かつ協働的に取り組むこと。

ア　情報の収集と検討

　ここでは，アンケート，インタビュー，観察，フィールドワークなどの情報収集の手法を取り上げ，それぞれの手法の長所と短所，収集できる情報の性質の違いについて扱う。その際，文字などの定性的な情報，数値などの定量的な情報についても扱い，情報デザインの対象や想定される情報伝達やコミュニケーションの場面によって，適切な処理や表現の手法を考えるようにする。

　また，地域や社会における情報伝達やコミュニケーションについての課題の解決に必要な情報を考え，情報収集の手段を選択し，実際に情報を収集する学習活動などにより，情報デザインの対象を客観的に捉えるために情報を収集することを扱う。さらに，できるだけ複数の情報収集の手法を併用するようにし，情報デザインの対象を多面的に捉えられるようにする。

イ　コンセプトの立案

　ここでは，発散的な思考でアイデアを引き出すための手法や，収束的な思考で情報を集約する手法について取り上げ，収集した情報を基にコンセプトを立案することを扱う。

　また，コンセプトをさらに具体化させるための手法として，ペルソナ手法やシナリオ手法などを取り上げ，目的を明確にしたコンセプトの決定について扱う。その際，これらの手法を用いた体験的な学習により，情報伝達やコミュニケーションの場面を想定するようにする。

ウ　情報の構造化と表現

　ここでは，情報を整理する観点として，物理的な位置を基準とした分類，五十音やアルファベットを基準とした分類，時間を基準とした分類，分野を基準とした分類，量的な大小関係や順位付けなどによる階層を基準とした分類を取り上げ，情報をこれらの観点で整理し，関係性を読み取り，組み合わせることで構造化できることを扱う。その際，情報の関係には並列，順序，分岐，因果，階層などがあり，情報の構造には直線構造，階層構造，ネットワーク構造などがあることを取り上げ，構造化された情報の表現について扱う。

　また，情報の構造化を考えるに当たっては，コンセプトと関連付けて検討し，造形や配色，レイアウトへの反映についても考えるようにする。

〔指導項目〕

---

(4) 情報デザインの活用
　ア　情報産業における情報デザインの役割
　イ　ビジュアルデザイン
　ウ　インタラクティブメディアのデザイン

(内容の範囲や程度)

エ 〔指導項目〕の(4)のアについては，製品やサービスの普及，操作性やセキュリティの確保において情報デザインが果たす役割について扱うこと。イについては，視覚情報の提供について考慮したデザインを扱うこと。ウについては，双方向性について考慮したデザインを扱うこと。

(4) 情報デザインの活用

ここでは，科目の目標を踏まえ，情報産業において情報デザインが果たす役割についての知識を基盤として，メディアの特性を生かした情報デザインを構築する力，情報デザインによって，情報伝達やコミュニケーションにおける課題を主体的かつ協働的に解決しようとする態度を育成することをねらいとしている。

このねらいを実現するため，次の①から③までの事項を身に付けることができるよう，〔指導項目〕を指導する。

① 情報産業における情報デザインの役割について理解するとともに，具体的な情報デザインを構築するための総合的な技術を身に付けること。

② 地域や社会における情報伝達やコミュニケーションの具体的な課題を発見し，情報デザインについての総合的な実践力を活用して創造的に解決すること。

③ メディアの特性を生かした情報デザインについて自ら学び，情報デザインを用いたコミュニケーションにおける課題の解決に主体的かつ協働的に取り組むこと。

ア 情報産業における情報デザインの役割

ここでは，情報デザインが利用者の使い心地を向上させ，他の製品やサービスとの差別化の手段となっている事例を取り上げ，情報産業が提供する製品やサービスの普及が情報デザインによって左右されることを扱う。その際，情報デザインは，製品やサービスにおけるデータの流れやプログラムの設計にも影響を与えることを扱う。

また，ユーザインタフェースの工夫によって人為的ミスが予防されている事例などを取り上げ，セキュリティに関する情報デザインの役割について扱う。

さらに，産業におけるデザインを取り上げ，著作権，商標権，意匠権などの知的財産権について，抵触するものがないかを確認する必要があること，使用に際しては所定の手続きを行うことなどを扱う。

イ ビジュアルデザイン

ここでは，雑誌，ポスター，インフォグラフィックス，Web ページなどのデザインを取り上げ，レイアウトや造形，配色を工夫し，適切な情報伝達やコミュニケーションが実現できることを扱う。その際，文字の大きさ，フォントの選択，色使い，画像に関する説明，テキストの挿入などを取り上げ，利用者の特性に関わらず，全ての人にとって，目的とする情報の取得のしやすさを向上させる工夫について扱う。

また，モノクロ化や拡大・縮小への対応など，様々なメディアへの展開を想定したデザインについても扱う。

さらに，ビジュアルデザインの新たな方向性として，立体物による情報デザインに

ついても触れる。

ウ　インタラクティブメディアのデザイン

　ここでは，アプリケーションソフトウェアや Web サイト全体などでのユーザインタフェースを取り上げ，画面の遷移，ボタン，メニューの構成などのデザインが情報の構造化と密接に関連していることを扱う。その際，ボタン，メニューなどの造形や表記が利用者の行動を誘導したり，音や動作などにより対話的な反応をさせたりすることで，操作性を向上させている事例を取り上げ，利用者が目的とする動作や情報が適切に得られるように，システム全体を見渡してインタラクティブメディアをデザインしていることを扱う。特に，仮想現実，拡張現実，複合現実などの技術を利用している場合，これらのデザインが製品やサービスの質に影響を与えていることを扱い，適切な開発ツールの活用について触れる。

　また，インタラクティブメディアが複数のメディアを統合して構成されていることから，利用者の特性により，特定のメディアの認識ができなくても，他のメディアで代替できることを取り上げ，インタラクティブメディアのデザインにおいて目的とする情報の取得のしやすさを向上させるための工夫について扱う。

　さらに，ユーザインタフェースの検討において，試作を行うときの手法やツールの活用について触れる。

9
情報デザイン

第10節 コンテンツの制作と発信

　この科目は，コンテンツの制作と発信に関する知識と技術を身に付け，適切かつ効果的なコンテンツを制作し発信する力，コンテンツの制作と発信に取り組む態度を養うことを目的としている。

　今回の改訂では，コンピュータグラフィックスなどのコンテンツの制作や，制作したコンテンツの発信に関する学習を充実するなどの改善を行った。

● 第1　目標

1 目 標

　情報に関する科学的な見方・考え方を働かせ，実践的・体験的な学習を行うことなどを通して，コンテンツの制作と発信に必要な資質・能力を次のとおり育成することを目指す。

(1) コンテンツの制作と発信について体系的・系統的に理解するとともに，関連する技術を身に付けるようにする。

(2) 情報社会におけるコンテンツの制作と発信に関する課題を発見し，情報産業に携わる者として合理的かつ創造的に解決する力を養う。

(3) 情報社会で必要とされるコンテンツの創造を目指して自ら学び，コンテンツの制作と発信に主体的かつ協働的に取り組む態度を養う。

　この科目においては，情報社会に関する事象をコンテンツの制作と発信の視点で捉え，実践的・体験的な学習活動を通して，コンテンツの制作と発信に必要な知識と技術を身に付け，適切かつ効果的なコンテンツを制作し発信する力，コンテンツの制作と発信に取り組む態度を養うことをねらいとしている。

　目標の(1)については，情報社会の進展とコンテンツの関わり及び知的財産権等の法規について理解するとともに，様々な種類のコンテンツを統合したり編集したりする方法を含むコンテンツの制作と発信に関する知識と技術を身に付けるようにすることを意味している。

　目標の(2)については，コンテンツの制作と発信に関する課題を発見し，情報産業に携わる者としてコンテンツの在り方や価値について考えるとともに，コンテンツに関わる知識と技術を活用して創造的に解決する力を養うことを意味している。

　目標の(3)については，情報社会で必要とされるコンテンツの創造を目指して自らコンテンツの制作と発信について学び，コンテンツが情報社会の中で果たしている役割や及ぼしている影響を踏まえ，コンテンツの制作と発信に主体的かつ協働的に取り組む態度を養うことを意味している。

第2　内容とその取扱い

1　内容の構成及び取扱い

　この科目は，(1)情報社会とコンテンツ，(2)静止画のコンテンツ，(3)動画のコンテンツ，(4)音・音声のコンテンツ，(5)コンテンツの発信の五つの指導項目で構成されており，2～6単位程度履修されることを想定して内容を構成している。また，内容を取り扱う際の配慮事項は次のように示されている。

（内容を取り扱う際の配慮事項）

> ア　生徒や地域の実態，学科の特色等に応じて，適切なアプリケーションソフトウェアを選択すること。その際，実習を効果的に取り入れるとともに，コンテンツの制作と発信について知的財産権に配慮すること。

　内容を取り扱う際には，情報社会におけるコンテンツの役割やその影響に着目するとともに，コンテンツの制作と発信に関する知識と技術について，アプリケーションソフトウェアを用いて主体的に作品を制作するなどの実習を通じて体験的に学習することが重要である。その際，生徒や地域の実態，学科の特色等に応じて適切なハードウェアやアプリケーションソフトウェアを選択するとともに，単に作品を制作するだけでなく，作品を相互に観賞し評価するなどの活動を通して，生徒の企画力，表現力などが向上するようにする。

　また，情報社会の中でのコンテンツの役割や影響などと関連付けて考えるとともに，変化し続ける情報社会において適切なコンテンツの制作・発信に取り組む態度を身に付ける必要がある。なお，実習において他人の著作物を利用することが想定されるので，情報産業としてのコンテンツ制作などと関連付けて考えるとともに，著作権などの知的財産権を適切に取り扱う方法を身に付け，知的財産を尊重する態度を養うようにする。

> イ　〔指導項目〕の(2)から(4)までについては，生徒や地域の実態，学科の特色等に応じて，いずれか一つ以上を選択して扱うことができること。

　内容を取り扱う際には，〔指導項目〕の(2)から(4)までについては，生徒の興味・関心，地域産業の実態，学科の特色などに応じて，全ての内容を取り扱うか，または(2)から(4)のいずれかの内容を選んで取り扱うかを選択することができる。なお，いずれの場合も，生徒自らが作品制作を通して，これまでに学習した専門的な知識と技術を深め，総合的な力を養うように留意することが大切である。

2 内容

> **2 内 容**
> 1に示す資質・能力を身に付けることができるよう，次の〔指導項目〕を指導する。

〔指導項目〕

> (1) 情報社会とコンテンツ
>   ア　コンテンツの役割と影響
>   イ　メディアの種類と特性
>   ウ　コンテンツの保護

（内容の範囲や程度）

> ア　〔指導項目〕の(1)については，具体的な事例を取り上げて扱うこと。また，コンテンツの制作や保護に必要な理論や方法についても触れること。

(1) 情報社会とコンテンツ

　ここでは，科目の目標を踏まえ，情報社会の中でコンテンツが果たす役割を理解し，様々な情報の表現形式を扱うための基本的な知識や技術を身に付けるとともに，情報産業に携わる者として，コンテンツが情報社会の中で果たす役割や及ぼす影響について考え，コンテンツの制作と発信に取り組む意識と意欲を高めることができるようにすることをねらいとしている。

　このねらいを実現するため，次の①から③までの事項を身に付けることができるよう，〔指導項目〕を指導する。

①　情報社会の中でコンテンツが果たす役割について理解するとともに，コンテンツを構成している様々な情報の表現形式を扱うための基本的な知識や技術を身に付けること。

②　コンテンツの保護に関することなど，情報社会の中でコンテンツに関する課題を発見し，知的財産権等の法規に関する知識や著作権保護のための技術などを活用して合理的かつ創造的に解決すること。

③　情報社会の中で必要とされるコンテンツの創造について自ら学び，コンテンツが情報社会の中で果たしている役割や及ぼしている影響を踏まえて，コンテンツの制作と発信に主体的かつ協働的に取り組むこと。

ア　コンテンツの役割と影響

　ここでは，具体的な事例を取り上げ，情報社会の中でコンテンツが果たしている役割や及ぼしている影響について扱う。また，コンテンツと情報産業との関わりについても扱うとともに，画像内の物体や人物，文字列の検出など，画像処理が問題解決の手法として用いられていることについても触れる。

イ　メディアの種類と特性

　ここでは，文字，静止画・図形，音・音声，動画などのメディアを取り上げ，コンテンツが様々な種類のメディアで構成されていることやそれらのメディアの特性について扱う。また，様々なメディアを統合してコンテンツを作成する方法やその際の注意点についても扱う。

ウ　コンテンツの保護

　ここでは，コンテンツの保護を取り上げ，著作権保護技術の必要性，静止画や動画，音・音声などにおける著作権保護技術について扱う。また，デジタル著作権管理の具体的な事例，情報産業との関わりについても扱う。

〔指導項目〕

---

(2) 静止画のコンテンツ
　ア　静止画による表現
　イ　静止画の編集
　ウ　静止画のコンテンツ制作

（内容の範囲や程度）

イ　〔指導項目〕の(2)のイ，(3)のイ，(4)のイについては，素材をコンピュータに取り込んで加工したり，素材そのものをコンピュータで作成したりするために必要な方法について扱うこと。

---

(2) 静止画のコンテンツ

　ここでは，科目の目標を踏まえ，静止画のコンテンツの表現や編集に関する知識と技術を身に付け，静止画のコンテンツに関する課題を発見，解決する力を養うとともに，静止画のコンテンツの制作に取り組む意識と意欲を高めることができるようにすることをねらいとしている。

　このねらいを実現するため，次の①から③までの事項を身に付けることができるよう，〔指導項目〕を指導する。

①　静止画のコンテンツの表現や編集に関する知識について理解するとともに，静止画のコンテンツの表現や編集に関する技術を身に付けること。

②　静止画のコンテンツに関する課題を発見し，静止画のコンテンツの表現や編集に関する知識と技術を活用して合理的かつ創造的に解決すること。

③　静止画のコンテンツの表現や編集に関する知識と技術について自ら学び，静止画のコンテンツの制作に主体的かつ協働的に取り組むこと。

ア　静止画による表現

　ここでは，静止画による表現を取り上げ，企画の立案，構図やカット割りなどの表

現技法，撮影技法，静止画の編集などの静止画による表現に関する知識と技術を扱う。また，プログラムなどを使ったグラフィックス出力による表現技法，複数の静止画をプログラムで動かすような表現方法，フェイストラッキングの技術を活用した表現方法などにも触れ，様々な方法による静止画の表現を学ぶようにする。

イ　静止画の編集

　ここでは，イラストレーションや写真，２次元のコンピュータグラフィックスを取り上げ，静止画を扱うソフトウェアの特徴，編集技法などの制作と編集に必要な知識と技術，デジタルカメラなどの関連機器を利用した静止画の撮影やスキャナなどの周辺機器を利用した素材の取り込みについて扱う。その際，実際に作品を制作したり，編集したりする活動などを通して，静止画の解像度，色相・彩度・明度，カラーモード，色調や露出などの補正，キズやごみ取りなどの修正，トリミング，レイヤー，合成，様々なファイル形式などについて扱い，静止画を連続的に再生するアニメーションについても触れる。

　また，３次元コンピュータグラフィックスを取り上げ，これを扱うソフトウェアの特徴や編集技法などの制作と編集に必要な知識と技術を扱う。その際，実際に作品を制作したり，編集したりする活動などを通して，照明やカメラなどの条件を設定して画像として視覚化する技法など，３次元空間上での物体の形状や質感を定義するために必要な知識と技術について扱う。また，３次元モデルの種類，モデリング，テクスチャ，マッピング，カラーリング，カメラワーク，ライティング，シェーディング，レンダリングなどについても扱うとともに，画質とファイルサイズにトレードオフの関係があること，静止画を発信する手段によって適切な形式を選択することの重要性についても触れる。

ウ　静止画のコンテンツ制作

　ここでは，具体的な作品制作の事例などを取り上げ，適切なアプリケーションソフトウェアを選択し，作品を制作することを扱う。その際，生徒の興味・関心等に応じた課題を設定し，主体的な学習ができる機会を作るようにするとともに，作品の内容を適切に表現する技術についても身に付けるようにする。また，制作した作品については，自己評価や相互評価を行うとともに，それらを基にした作品の改善についても扱う。

〔指導項目〕

---

(3) 動画のコンテンツ
　ア　動画による表現
　イ　動画の編集
　ウ　動画のコンテンツ制作

(内容の範囲や程度)

イ 〔指導項目〕の(2)のイ，(3)のイ，(4)のイについては，素材をコンピュータに取り込んで加工したり，素材そのものをコンピュータで作成したりするために必要な方法について扱うこと。

(3) 動画のコンテンツ

ここでは，科目の目標を踏まえ，動画のコンテンツの表現や編集に関する知識と技術を身に付け，動画のコンテンツに関する課題を発見，解決する力を養うとともに，動画のコンテンツの制作に取り組む意識と意欲を高めることができるようにすることをねらいとしている。

このねらいを実現するため，次の①から③までの事項を身に付けることができるよう，〔指導項目〕を指導する。

① 動画のコンテンツの表現や編集に関する知識について理解するとともに，動画のコンテンツの表現や編集に関する技術を身に付けること。

② 動画のコンテンツに関する課題を発見し，動画のコンテンツの表現や編集に関する知識と技術を活用して合理的かつ創造的に解決すること。

③ 動画のコンテンツの表現や編集に関する知識と技術について自ら学び，動画のコンテンツの制作を通じて主体的かつ協働的に取り組むこと。

ア 動画による表現

ここでは，動画による表現を取り上げ，企画の立案，シナリオ及び絵コンテの作成，構図やカット割りなどの表現技法，撮影技法，動画の編集などの動画による表現に関する知識と技術を扱う。その際，通常のビデオカメラによる撮影技法だけでなく，衣服などに装着できる様々な小型カメラなどを活用した幅広い撮影技法，モーションキャプチャなどの技術を利用した動画素材の制作技法についても扱うことが考えられる。

イ 動画の編集

ここでは，動画の編集を取り上げ，動画を扱うソフトウェアの特徴，編集技法などの動画の制作と編集に必要な知識と技術，デジタルカメラ，デジタルビデオカメラなどの関連機器を利用した動画の撮影やデータの取り込みについて扱う。その際，実際に作品を制作したり，編集したりする活動などを通して，タイムライン上でのカット編集，ビデオトランジション，ビデオエフェクト，テキストの挿入，音や音楽の挿入，キーフレーム操作，書き出し，様々なファイル形式などについて扱うとともに，画質とファイルサイズにトレードオフの関係があること，動画を発信する手段によって適切な形式を選択することの重要性についても触れる。

ウ 動画のコンテンツ制作

ここでは，具体的な作品制作の事例などを取り上げ，適切なアプリケーションソフトウェアを選択し，作品を制作することを扱う。その際，生徒の興味・関心等に応じた課題を設定し，主体的な学習ができる機会を作るよう配慮するとともに，作品の内

容を適切に表現する技術についても身に付けるように配慮する。また，制作した作品については，自己評価や相互評価を行うとともに，それらを基にした作品の改善についても扱う。

〔指導項目〕

(4) 音・音声のコンテンツ
ア　音・音声による表現
イ　音・音声の編集
ウ　音・音声のコンテンツ制作

（内容の範囲や程度）

イ　〔指導項目〕の(2)のイ，(3)のイ，(4)のイについては，素材をコンピュータに取り込んで加工したり，素材そのものをコンピュータで作成したりするために必要な方法について扱うこと。

(4) 音・音声のコンテンツ

　ここでは，科目の目標を踏まえ，音・音声のコンテンツの表現や編集に関する知識と技術を身に付け，音・音声のコンテンツに関する課題を発見，解決する力を養うとともに，音・音声のコンテンツの制作に取り組む意識と意欲を高めることができるようにすることをねらいとしている。

　このねらいを実現するため，次の①から③までの事項を身に付けることができるよう，〔指導項目〕を指導する。

① 　音・音声のコンテンツの表現や編集に関する知識について理解するとともに，音・音声のコンテンツの表現や編集に関する技術を身に付けること。

② 　音・音声のコンテンツに関する課題を発見し，音・音声のコンテンツの表現や編集に関する知識と技術を活用して合理的かつ創造的に解決すること。

③ 　音・音声のコンテンツの表現や編集に関する知識と技術について自ら学び，音・音声のコンテンツの制作を通じて主体的かつ協働的に取り組むこと。

ア　音・音声による表現

　ここでは，音・音声による表現を取り上げ，ナレーション，効果音，音楽などの他，静止画との組み合わせによる表現，動画作品における演出効果や同期効果などの音・音声による表現に関する知識と技術を扱う。その際，マイクロフォンの種類や特性，録音やミキシングの方法など，録音に関する知識と技術についても扱う。

イ　音・音声の編集

　ここでは，音・音声の編集を取り上げ，音・音声を扱うソフトウェアの特徴，編集技法などの制作と編集に関する知識と技術を扱う。その際，実際に作品を制作したり，

編集したりする活動などを通して，PCM（Pulse Code Modulation）音源やMIDI（Musical Instrument Digital Interface）音源とアプリケーションソフトウェアを利用した音や音楽の作成，録音機器などを利用した音・音声の録音・取り込み，波形編集ソフトウェアなどを利用した音・音声の編集，ミキシングなどについて扱う。また，音・音声の様々なファイル形式について扱うとともに，音声合成や歌声合成などについても触れる。

ウ　音・音声のコンテンツ制作

　　ここでは，具体的な作品制作の事例などを取り上げ，適切なアプリケーションソフトウェアを選択し，作品を制作することを扱う。その際，生徒の興味・関心等に応じた課題を設定し，主体的な学習ができる機会を作るようにするとともに，作品の内容を適切に表現する技術についても身に付けるようにする。また，制作した作品については，自己評価や相互評価を行うとともに，それらを基にした作品の改善についても扱う。

〔指導項目〕

---

(5) コンテンツの発信
　　ア　コンテンツ発信の手法
　　イ　コンテンツの統合と編集
　　ウ　コンテンツの発信と評価

（内容の範囲や程度）

ウ　〔指導項目〕の(5)のアについては，コンテンツを発信するための様々な手法について扱うこと。イについては，複数の種類のコンテンツの統合と編集について扱うこと。ウについては，様々な機器や環境における表示の互換性などについても扱うこと。

---

(5) コンテンツの発信

　　ここでは，科目の目標を踏まえ，コンテンツの発信に関する知識と技術を身に付け，コンテンツの発信に関する課題を発見，解決する力を養うとともに，コンテンツの発信に取り組む意識と意欲を高めることができるようにすることをねらいとしている。

　　このねらいを実現するため，次の①から③までの事項を身に付けることができるよう，〔指導項目〕を指導する。

①　コンテンツの発信に関する知識について理解するとともに，コンテンツの発信に関する技術を身に付けること。

②　コンテンツの発信に関する課題を発見し，コンテンツの発信に関する知識と技術を活用して創造的に解決すること。

③　コンテンツの発信に関する知識と技術について自ら学び，コンテンツの発信を通じて主体的かつ協働的に取り組むこと。

ア　コンテンツ発信の手法

　ここでは，印刷，出版や光ディスクなどのデジタル記録メディア，静止画・動画のWebページやソーシャルメディア（Social Media）などを通じた公開，情報端末のアプリケーションソフトウェアの素材としての使用などを取り上げ，様々な方法によるコンテンツの発信に関する知識と技術を扱う。その際，身近なコンテンツがどのような手法で発信されているかを調べたり整理したりする学習活動を通して，それぞれの方法の特徴について理解するとともに，利用者層などの違いを踏まえ，目的に応じた適切な発信手法を選択することの重要性について扱う。

イ　コンテンツの統合と編集

　ここでは，制作したコンテンツを効果的に組み合わせる方法などについて取り上げ，コンテンツを統合し，編集するために必要な知識と技術を扱う。その際，例としてWebページによるコンテンツの統合などを取り上げ，実際にコンテンツを統合したり，編集したりする活動を通して，Webページの編集や表現に関する知識と技術について扱うとともに，Webページへのグラフィックの描画，動画や音・音声の挿入などに関する知識と技術も扱う。また，様々な環境での表示の互換性，可用性，アクセシビリティ，ユーザビリティ，利用者の使い心地，Web技術の標準規格と必要性，Webページのセキュリティについても扱うとともに，Webサーバの仕組み，サーバやコンテンツの文字コード，サーバへのコンテンツの転送方法などに関する知識と技術についても触れる。

ウ　コンテンツの発信と評価・改善

　ここでは，コンテンツの発信に関する具体的な事例を取り上げ，コンテンツを積極的に発信する意欲や態度，課題を発見し主体的に改善していく力，生徒や地域の実態，学科の特色等に応じて適切な環境やアプリケーションソフトウェアを選択し，コンテンツの発信を行うことを扱う。その際，情報産業の現場の環境や利用方法に近い実習を行うようにし，発信したコンテンツの保護や，著作権・肖像権等に関して留意すべき点などについて扱うとともに，種類や設定の異なる機器での表示や動作の確認，表示にかかる時間や通信回線にかかる負担への配慮など，発信したコンテンツが利用者にとって見やすいか，扱いやすいかといったコンテンツの利用者の視点についても扱う。

　発信したコンテンツについては，自己評価や相互評価を行うとともに，それらを基にした改善についても扱う。その際，Webページなどでの発信では，アクセスログによる解析を行い，コンテンツの評価・改善に役立てることも考えられる。

第11節　メディアとサービス

　この科目は，インターネット，Webコンテンツ，情報処理サービス，ソフトウェアなどの人材養成の必要性に対応するために，メディア及びメディアを利用したサービスや関連する法規などについての知識や技術を身に付け，メディアを利用したサービスに関する課題を発見し解決する力，メディアを利用したサービスの設計や管理に取り組む態度を養う学習を一層充実するために今回の改訂で新設した。

● 第1　目標

1　目　標

　情報に関する科学的な見方・考え方を働かせ，実践的・体験的な学習活動行うことなどを通して，メディア及びメディアを利用したサービスの活用に必要な資質・能力を次のとおり育成することを目指す。

(1) メディア及びメディアを利用したサービスについて体系的・系統的に理解するとともに，関連する技術を身に付けるようにする。

(2) メディアを利用したサービスに関する課題を発見し，情報産業に携わる者として合理的かつ創造的に解決する力を養う。

(3) メディアを利用したサービスの安全かつ効果的な運用と管理を目指して自ら学び，メディアを利用したサービスの設計などに主体的かつ協働的に取り組む態度を養う。

　この科目においては，メディアを利用した様々なサービスや関連する法規などについての知識や技術及び既存のメディア及びメディアを利用したサービスを分析したり，新たなメディア及びメディアを利用したサービスを設計したりするために必要な知識と技術を身に付け，情報社会の進展と関連付けて健全な情報社会の構築・発展に必要なサービスを企画・提案し，運用・管理する力，これに主体的に取り組む態度を養うことをねらいとしている。

　目標の(1)については，メディア及びメディアを利用したサービスの仕組みや役割及び影響について理解し，メディア及びメディアを利用したサービスの仕組みの分析，設計，企画・提案，運用・管理などを行うために必要な知識と技術を体系的・系統的に身に付けることを意味している。

　目標の(2)については，メディア及びメディアを利用したサービスに関する課題を発見し，情報産業に携わる者として，情報と情報技術を適切かつ効果的に活用して創造的に解決する力を養うことを意味している。

　目標の(3)については，メディア及びメディアを利用したサービスについて自ら学び，メディア及びメディアを利用したサービスの分析や設計などに主体的かつ協働的に取り組

み，適切に企画・提案，運用・管理する態度を養うことを意味している。

● 第2 内容とその取扱い

1 内容の構成及び取扱い

　この科目は，目標に示す資質・能力を身に付けることができるよう，(1)メディアと情報社会，(2)メディアを利用したサービス，(3)メディアを利用したサービスの役割と影響の三つの指導項目で，2～4単位程度履修されることを想定して，内容を構成している。また，内容を取り扱う際の配慮事項は次のように示されている。

（内容を取り扱う際の配慮事項）

> ア　実習を効果的に取り入れ，メディアを利用してコンテンツを提供するサービスの全体像について考察するよう留意して指導すること。

　内容を取り扱う際には，メディアを利用してコンテンツを提供するサービスに関わる事柄として，既存のメディア及びメディアを利用したサービスについて，メディアの利用やコンテンツの設計，メディアを利用したサービスの分析，企画・提案及び運用・管理などについて，実習を通して体験的に学習することが重要である。その際，他者と協働しての作業や学習成果の共有や再利用などを行う。また，身近な活動とメディア及びメディアを利用したサービスとを関連付けて考えるとともに，メディア及びメディアを利用したサービスの新たな社会的価値の創造に取り組む態度を養う必要がある。

> イ　生徒や地域の実態，学科の特色等に応じて，適切なコンテンツ開発環境及びコンテンツ管理のための適切なシステムや運用サービスを選択すること。

　内容を取り扱う際には，生徒や地域の実態，学科の特色等に応じて，ハードウェアやソフトウェアを組み合わせたコンテンツの開発環境，及び学校の内部あるいは外部に設置されたコンテンツ管理のためのシステム，コンテンツの分析などを含む運用サービスは生徒や地域の実態，学科の特色等に応じて適切なものを選択する。

2 内容

> **2 内 容**
> 　1に示す資質・能力を身に付けることができるよう，次の〔指導内容〕を指導する。

（指導項目）

> (1) メディアと情報社会

ア　メディアの機能

イ　メディアの活用

（内容の範囲や程度）

ア　〔指導項目〕の(1)のアについては，多様なメディアの定義と特徴について扱うこと。イについては，メディアを活用している身近な事例を取り上げ，利用者の目的や状況に合わせたメディアの適切な選択について扱うこと。

(1) メディアと情報社会

　ここでは，科目の目標を踏まえ，メディアとコンテンツの扱いに関する知識と技術を基盤として，メディアの社会的価値を捉え，利用者の目的や状況に合わせてメディアを分析，選択，活用などする力，情報セキュリティなどの技術的安全性及びプライバシーや情報倫理などの社会的安全性を意識して，メディアを扱う態度を養うことをねらいとしている。

　このねらいを実現するため，次の①から③までの事項を身に付けることができるよう〔指導項目〕を指導する。

① メディアの種類と特性を理解するとともに，メディアを適切に分析し活用する技術を身に付けること。

② 利用者の目的や状況に合わせてメディアに関する課題を発見し，メディアを分析し，適切なメディアを選択し企画・提案することによって創造的に解決すること。

③ メディアの機能と活用について自ら学び，メディアの分析，選択，活用，運用・管理における課題の解決に主体的かつ協働的に取り組むこと。

ア　メディアの機能

　ここでは，社会で利用されている新聞，テレビ，電話，インターネットなどのメディアの機能，仕組み，処理の概要などの特性を取り上げ，メディアに関わる基礎的な知識と技術を扱う。また，コンテンツを伝えるためのメディアの具体例を取り上げ，メディアの必要性や重要性について考えること，情報産業や社会におけるメディアの活用状況や果たしている役割などについて扱う。

イ　メディアの活用

　ここでは，具体的な事例や実習を取り上げ，利用者の目的や状況に合わせたメディアの適切な選択，組合せ，既存のメディアの分析，新たな活用に関する企画・提案，情報セキュリティに配慮した運用・管理について扱う。その際，メディアに関連する外部組織の見学やヒアリングによる情報収集活動を行うことが考えられる。また，複数のメディアを統合したコンテンツ，多様なセンサからの入力と多様なデバイスへの出力を伴うインタラクティブなメディアの創造についても扱う。その際，メディアの分析や活用については，専用のツールを用いたり，プログラミングなどの手法を用いたりすることが考えられる。

〔指導項目〕

> (2) メディアを利用したサービス
>   ア　メディアを利用したサービスの機能
>   イ　メディアを利用したサービスの活用

(内容の範囲や程度)

> イ　〔指導項目〕の(2)のアについては，社会で用いられているメディアを利用したサービスの種類と特徴について扱うこと。イについては，メディアを利用したサービスを分析する実習や新たなサービスを企画し提案する実習を行うこと。また，センサなどと組み合わせたサービスについても触れること。

(2) メディアを利用したサービス

　ここでは，科目の目標を踏まえ，情報通信ネットワークやメディアを統合したコンテンツの扱いに関する知識と技術を基盤として，メディアを利用したサービスの社会的価値を捉え，利用者の目的や状況に合わせてメディアを利用したサービスの企画，選択，活用などをする力，情報セキュリティなどの技術的安全性及びプライバシーや情報倫理などの社会的安全性を意識して，メディアを利用したサービスを適切に扱う態度を養うことをねらいとしている。

　このねらいを実現するため，次の①から③までの事項を身に付けることができるよう，〔指導項目〕を指導する。

① メディアを利用したサービスの種類と特性を理解するとともに，メディアを利用したサービスを運用・管理するための技術を身に付けること。

② 利用者の目的や状況に合わせてメディアを利用したサービスに関する課題を発見し，サービスを適切に分析し，選択したり組み合わせたりすることで合理的かつ創造的に解決すること。

③ メディアを利用したサービスの機能と活用について自ら学び，サービスの分析，選択，活用，運用・管理における課題の解決に主体的かつ協働的に取り組むこと。

ア　メディアを利用したサービスの機能

　ここでは，メディアを利用して社会的な価値と意義を有するコンテンツを提供するサービスについて具体的な例を複数取り上げ，サービスの機能，仕組み，処理の概要や企画・設計及び運用・管理などの基礎的な知識と技術を扱う。ここで取り上げる分野には，出版，放送，広告，娯楽，文化，公共などが考えられる。また，メディアを利用したサービスの必要性や重要性について考えること，情報産業や社会におけるメディアを利用したサービスの活用や果たしている役割などについて扱う。例えば，メディアを利用したサービスによって収益を得る仕組みや，サービスを無料で提供することを実現する仕組みなどを扱うことが考えられる。

イ　メディアを利用したサービスの活用

　　ここでは，具体的な事例を取り上げ，メディアを利用者の目的や状況に合わせて適切に選択したり，組み合わせたりする実習や，利用者の目的や状況に合わせたサービスの企画・提案，設計や運用・管理などについて扱う。ここで扱う対象は，アで扱ったサービスの事例，アプリケーションや Web 上のツールやサービスなどが考えられる。実習に際しては，他者との協働活動を積極的に取り入れた学習，情報端末や各種センサなどを組み合わせたサービス形態について扱う。また，情報産業及び情報産業に関わりのある外部組織との連携による講義，実習，演習等を取り入れることも考えられる。

〔指導項目〕

---

　(3) メディアを利用したサービスの役割と影響
　ア　メディアを利用したサービスと情報社会との関わり
　イ　メディアを利用したサービスと情報産業との関わり

（内容の範囲や程度）

　ウ　〔指導項目〕の(3)のアについては，メディア及びメディアを利用したサービスの変遷と今後の展望について扱うこと。イについては，メディア及びメディアを利用したサービスが情報産業にとって成り立つための条件について扱うこと。

---

(3) メディアを利用したサービスの役割と影響

　　ここでは，科目の目標を踏まえ，メディア及びメディアを利用したサービスに関する知識と技術を基盤として，情報社会や情報産業における課題をメディア及びメディアを利用したサービスを適切かつ効果的に活用し解決する力，情報モラルや職業倫理を意識しつつ主体的かつ協働的に新たなメディアやメディアを利用した新たなサービスを創造しようとする態度を養うことをねらいとしている。

　　このねらいを実現するため，次の①から③までの事項を身に付けることができるよう，〔指導項目〕を指導する。

①　メディア及びメディアを利用したサービスについて，社会や情報産業に果たす役割や及ぼす影響，関連する法規などを理解すること。

②　メディア及びメディアを利用したサービスに関する情報社会や情報産業の課題を発見し，職業人に求められる倫理観をもってサービスを適切かつ効果的に活用することで合理的かつ創造的に解決すること。

③　メディア及びメディアを利用したサービスの情報社会や情報産業について果たす役割と及ぼす影響について自ら学び，新たなメディアやサービスの在り方を展望し，その創造に主体的かつ協働的に取り組むこと。

ア　メディアを利用したサービスと情報社会の関わり

　ここでは，メディア及びメディアを利用したサービスの発展の歴史を取り上げ，メディア及びメディアを利用したサービスが情報社会に及ぼす影響について扱う。その際，実在のサービスなどに関連するビジネスモデル，オープンソースやクリエイティブ・コモンズといったライセンス形態などの具体的な事例を通して，望ましい社会の発展にメディア及びメディアを利用したサービスが果たす役割や寄与の仕方を考えるようにする。

イ　メディアを利用したサービスと情報産業の関わり

　ここでは，メディア及びメディアを利用したサービスに関する国際競争が高まり，戦略的な取組によってメディア及びメディアを利用したサービスの価値が情報産業によって創造されることを扱う。また，情報産業におけるメディア及びメディアを利用したサービスが果たす役割，職業人として新たなメディア及びメディアを利用したサービスの在り方について考えること，情報セキュリティなどの技術的安全性及びプライバシーや情報倫理といった社会的安全性を意識したメディア及びメディアを利用したサービスの設計と，適切な運用・管理が必要であることも扱う。その際，情報産業，及び情報産業に関わる外部組織と連携し，社会でのメディア及びメディアを利用したサービスの実態についての講義や生徒による調査なども積極的に取り入れることが考えられる。

第12節　情報実習

　この科目は，専門教科情報科における「共通的分野」，「情報システム分野」，「コンテンツ分野」で学習した知識と技術の定着を図るとともに，情報社会に存在する多様な課題に対応する力，情報システムの開発やコンテンツの制作及び運用に取り組む態度を養うことを目的としている。

　今回の改訂では，課題解決の場面において，個人またはグループ活動を通して分野を越えて主体的かつ協働的に取り組む態度を育成するため，分野別の実習科目を統合した総合的な実習科目とした。

● 第1　目標

> **1　目　標**
>
> 　情報に関する科学的な見方・考え方を働かせ，実践的・体験的な学習活動を行うことなどを通して，情報産業を担う情報技術者として必要な資質・能力を次のとおり育成することを目指す。
>
> (1) 情報の各分野について総合的に捉え体系的・系統的に理解するとともに，関連する技術を身に付けるようにする。
>
> (2) 情報の各分野に関する課題を発見し，情報産業に携わる者として合理的かつ創造的に解決する力を養う。
>
> (3) 情報の各分野に関する課題を解決する力の向上を目指して自ら学び，情報システムの開発やコンテンツの制作及びこれらの運用などに主体的かつ協働的に取り組む態度を養う。

　この科目においては，専門教科情報科で学習した知識と技術を深めるとともに，学習した知識や技術を総合的に活用して情報社会に存在する多様な課題に対応する力，情報技術者として生涯学び続ける態度，情報システムの開発やコンテンツの制作及び運用に取り組む態度を養うことをねらいとしている。

　目標の(1)については，専門教科情報科で学習した知識と技術の定着を図り，情報システム分野やコンテンツ分野において個々の科目で学習した内容を基に，総合的な情報システムの開発やコンテンツの制作が出来る知識や技術を身に付けることを意味している。

　目標の(2)については，情報技術者の視点に立って社会における課題を発見し，情報システム分野やコンテンツ分野などの情報技術を用いて創造的に解決する力を養うことを意味している。

　目標の(3)については，進化し続ける情報技術を，常に学び続ける姿勢を身に付けるとともに，情報技術者間の連携を図り，より実用的な情報システムの開発や，コンテンツの制作などを通じて社会に貢献しようとする態度を養うことを意味している。

● 第2　内容とその取扱い

1　内容の構成及び取扱い

　この科目は，目標に示す資質・能力を身に付けることができるよう，(1)情報システムの開発のプロセス，(2)コンテンツの制作のプロセス，(3)実習の三つの指導項目で，4～8単位程度履修されることを想定して内容を構成している。また，内容を取り扱う際の配慮事項は次のように示されている。

（内容を取り扱う際の配慮事項）

> ア　課題解決に向けた計画の立案や実習を通して，情報システムの開発，コンテンツの制作などの一連の工程を理解できるよう留意して指導すること。その際，知的財産権の扱いにも配慮すること。

　内容を取り扱う際には，各分野における課題を発見し，解決するために個人またはグループ単位で実習に取り組み，一連の作業を総合的に理解するとともに，技術情報を交換することなどにより共通理解を図り，協働して取り組むためにコミュニケーションするなどの実践的な能力と態度を養うことが重要である。その際，知的財産権の活用については定められた利用許諾の手続きが必要なこと，引用などのルールに従う必要があることに配慮するとともに，商標の登録や特許の出願などによって自分の知的財産権を守ることなどを扱う。

> イ　生徒や地域の実態，学科の特色等に応じて，〔指導項目〕の(1)及び(2)から1項目以上を選択するとともに，(3)のアからウまでの中から1項目以上を選択し，実習を行わせること。その際，具体的な課題を設定し，開発又は制作した作品を実験的・実証的に確認する学習活動を取り入れること。

　内容を取り扱う際には，学習環境などの生徒や地域の実態，学科の特色等に応じて，情報システムの開発のプロセス，コンテンツの制作のプロセス，あるいはその両方について学び，情報システムの開発実習，コンテンツの制作実習，あるいはこれらを関連させた総合的な実習から1つ以上を選択して行う。その際，生徒自身が具体的な課題を設定するとともに，開発または制作した作品が要求仕様を満たしているかなどを実験的・実証的に確認する学習活動を取り入れることが大切である。

2　内容

> **2　内　容**
> 　1に示す資質・能力を身に付けることができるよう，次の〔指導項目〕を指導する。

〔指導項目〕

> (1) 情報システムの開発のプロセス
> 　ア　情報システムの開発の概要
> 　イ　情報システムの設計
> 　ウ　情報システムの開発と評価
> 　エ　情報システムの運用と保守

12
情報実習

（内容の範囲や程度）

> ア　〔指導項目〕の(1)のアについては，ウォーターフォールやプロトタイピングなどの開発モデルを取り上げるとともに，一連の工程や関連するシステム情報及びデータなどを記録する文書化について触れ，それぞれの工程の意義や目的について扱うこと。イ及びウについては，インターネットに接続された機器や情報セキュリティに関する技術を扱い，情報の取扱いの重要性に触れること。

(1) 情報システムの開発のプロセス

　ここでは，科目の目標を踏まえ，情報システム分野のそれぞれの科目で学習した知識と技術を基盤として，情報システムの開発に関わる一連のプロセスを学び，情報システムを企画，開発する力，社会における課題を発見し，情報システムの開発に関する情報技術を用いて解決する力，情報システムの開発や運用に主体的に取り組む態度を育成することをねらいとしている。

　このねらいを実現するため，次の①から③までの事項を身に付けることができるよう，〔指導項目〕を指導する。

① 　情報システムの開発に関わる技法や工程等について理解するとともに，関連する技術を身に付けること。

② 　情報システムの開発に関わる課題を発見し，情報技術やコンテンツを活用して創造的に解決すること。

③ 　情報システムの開発について，技術革新や社会の変化に対応するために自ら学び，社会の要求に対応した情報システムの開発や運用に主体的かつ協働的に取り組むこと。

ア　情報システムの開発の概要

　ここでは，身近に使われている情報システムの処理方式や接続形態，安定的に稼働する情報システムの構成等について取り上げ，そこで利用されている知識や技術を扱う。また，情報システムの開発について，ウォーターフォール，プロトタイピング，アジャイル，スパイラルなどの開発モデルを取り上げ，情報システムの開発の各工程における内容や特徴，作業手順及び情報システムのライフサイクルなどを扱う。また，システム化の技法を取り上げ，業務や工程のモデル化，情報システムの構成や分析及び設計に必要な知識と技術などを扱う。その際，分析や設計に利用される技法を取り

169

上げ，フローチャート，状態遷移図，データフロー図，E-R図，オブジェクト指向分析設計などを扱う。さらに，情報システムの技術や内容等に関する情報の文書化を取り上げ，管理，共有，活用する方法などについても扱う。

イ　情報システムの設計

ここでは，情報システムの設計に関わる一連の作業として要求定義，外部設計，内部設計，プログラム設計，プログラミング，各種テストなどを取り上げ，それぞれを適切に行うための知識と技術を扱う。また，設計に関する技術や内容等に関する情報の文書化を取り上げ，文書を作成，管理，共有，活用する方法などについて扱う。

ウ　情報システムの開発と評価

ここでは，情報システムの開発の工程について取り上げ，情報システムの開発に関する知識と技術を総合的に身に付けること，開発の工程と作品を評価すること，設計から開発の工程に関する改善点などを発見すること，情報システムの開発をより適切に行えるようにすることなどを扱う。また，マルウェアやサイバー攻撃などを取り上げ，外部からの脅威に対応するための知識と技術，安全性を高める情報セキュリティに関する知識と技術について扱う。

さらに，開発した情報システムを取り上げ，要求定義書と合致したものであるか，情報システム開発の各段階における成果物が要求仕様と一致しているか，コスト計算や進捗が円滑に行われたかなどについて評価することを扱う。

エ　情報システムの運用と保守

ここでは，情報システムの開発の過程を取り上げ，開発された情報システムを円滑に運用すること，常に正常に運用するために保守という重要な作業があることを扱う。また，具体的な例題や実習を取り上げ，運用と保守に関する知識と技術を身に付けること，実際の作業に従事できるようにすることなどを扱う。さらに，関連する技術情報の収集方法や，研修方法などについて扱う。

〔指導項目〕

---

(2) コンテンツの制作のプロセス

　ア　コンテンツの制作の概要

　イ　要求分析と企画

　ウ　コンテンツの設計と制作

　エ　コンテンツの運用と評価

(内容の範囲や程度)

イ　〔指導項目〕の(2)のアについては，コンテンツの制作工程について扱い，コンテンツ産業の現状や労働環境などについても触れること。また，イ及びウについては，面接法やブレーンストーミングなどを取り上げ，利用者の要求などについて調査し

分析する手法について扱うとともに，その結果を反映させた企画の提案方法についても扱うこと。エについては，コンテンツの発信方法の種類や特性についても扱うこと。

(2) コンテンツの制作のプロセス

ここでは，科目の目標を踏まえ，コンテンツ分野のそれぞれの科目で学習した知識と技術を基盤として，コンテンツの制作に関わる一連のプロセスを学び，企画，制作する力，社会における課題を発見し，コンテンツの制作に関する情報技術を用いて解決する力，コンテンツの制作や運用に主体的かつ協働的に取り組む態度を養うことをねらいとしている。

このねらいを実現するため，次の①から③までの事項を身に付けることができるよう，〔指導項目〕を指導する。

① コンテンツの設計，制作，運用，評価に関わる知識を理解するとともに，関連する技術を身に付けること。

② コンテンツの制作に関わる課題を発見し，情報技術や情報システムを活用して合理的かつ創造的に解決すること。

③ コンテンツの制作について自ら学び，社会の要求に対応したコンテンツの制作や運用に，主体的かつ協働的に取り組むこと。

ア コンテンツの制作の概要

開発工程として，要求分析，企画・提案，設計，制作，評価などの工程を取り上げ，それぞれの工程の意義，役割や重要性，情報産業におけるコンテンツの種類やメディアとの関係，コンテンツが果たしている役割や影響などについて扱う。また，開発工程を円滑かつ適切に行うために必要なコスト管理，進捗管理や人事管理などを取り上げ，その意義，役割，重要性などを扱う。その際，プロジェクトマネージャーの役割と工程管理表の活用などの管理手法について管理者の視点で理解するようにする。

イ 要求分析と企画

面接法やブレーンストーミングなどを取り上げ，要求分析の意義，役割，必要性，重要性，適切に要求分析を行うための知識と技術を扱う。また，コンテンツの利用者や開発依頼者の要求に応える企画の提案を取り上げ，市場が求めるデザインや機能，動向などの調査・分析，その結果を反映させた企画の提案，コンペティションやプレゼンテーションによる決定方法などについて扱う。

ウ コンテンツの設計と制作

コンテンツの設計に必要な，概要設計や詳細設計，工程管理表や詳細な仕様などを取り上げ，これを確定するために必要な知識と技術を扱う。その際，必要な概要設計や詳細設計，工程管理表などは，制作段階のみならず，運用管理や保守においても重要な役割を担っていること，コンテンツの制作段階に入った後の仕様などの変更は，開発工程の進捗や他の開発作業，コストに大きな影響を及ぼすことについても扱う。

コンテンツの制作段階を取り上げ，品質や動作に関する検証の実施，その結果を制

作にフィードバックすることにより全体的な品質の向上を図るようにすることなどを
扱う。なお，コンテンツの制作に当たっては，生徒や地域の実態，学科の特色等に応
じて，使用する制作ソフトウェア，ツール，プログラム言語などを選択するようにす
る。また，設計に関する技術情報や内容等に関する情報やデータを文書化することを
取り上げ，その管理と共有，活用方法等についても扱う。

エ　コンテンツの運用と評価

コンテンツの制作の過程を取り上げ，効果的な運用，内容の更新や修正など品質維
持のための保守などを扱う。その際，具体的な例題を取り上げ，運用と保守に関する
基礎的な知識と技術を身に付けること，作業を適切に行うための計画づくり，運用と
保守の組織化の必要性や重要性などを扱う。また，コンテンツの評価を取り上げ，利
用者や開発依頼者の目的や要求と合致しているか，開発のスケジュール管理が円滑に
行われたかなどについて分析・評価すること，その結果に基づいて改善策を提案する
ことについて扱う。

実際に企業などが運用する Web コンテンツなどを取り上げ，個人情報の取扱いに
関するプライバシーポリシー，情報セキュリティ対策など，情報の発信に関わる様々
な規範や技術の重要性について扱う。

〔指導項目〕

---

(3) 実習
　ア　情報システムの開発実習
　イ　コンテンツの制作実習
　ウ　情報システム分野とコンテンツ分野を関連させた総合的な実習

（内容の範囲や程度）

ウ　〔指導項目〕の(3)については，情報システム分野とコンテンツ分野の学習成果に
　基づいて，適切な課題を設定し，プログラミングなどの情報技術を活用した実習を
　行うこと。

---

(3) 実習

ここでは，科目の目標を踏まえ，(1)，(2)で学習した知識と技術を基盤として，情報
システムの開発や，コンテンツの制作に関わる一連のプロセスを活用して，企画，開発，
制作する力，社会における課題を発見し，情報システムの開発やコンテンツ制作に関す
る情報技術を用いて解決する力，社会の要求に対応した情報技術の活用に主体的かつ協
働的に取り組む態度を養うことをねらいとしている。

このねらいを実現するため，次の①から③までの事項を身に付けることができるよう，
〔指導項目〕を指導する。

① 情報システムの開発方法やコンテンツの制作方法などについて理解するとともに，これらを総合して社会で実践できる知識を理解し技術を身に付けること。
② 情報社会における諸課題や情報産業に関わる課題を発見し，情報技術や情報システム，コンテンツを活用して創造的に解決すること。
③ 情報システムの開発及びコンテンツの制作について，技術革新に伴う新技術や新機能など社会の変化に対応するために自ら学び，社会の要求に対応した情報技術の活用に，主体的かつ協働的に取り組むこと。

ア　情報システムの開発実習

情報システムの開発実習に取り組み，これまでに学んだプログラミングなどの情報システムの開発に関する知識と技術を総合的に身に付けること，一連の作業を総合的に理解すること，創造性，コミュニケーション能力などの実践的な能力と態度を身に付けることなどを扱う。その際，実習の過程と作品を評価することで実習の改善点などを発見し，今後の情報システムの開発をより適切に行えるようにする。

イ　コンテンツの制作実習

コンテンツの制作実習に取り組み，これまで学んだコンテンツの制作に関する知識と技術を総合的に身に付けること，一連の作業を総合的に理解すること，創造性，コミュニケーション能力などの実践的な能力と態度を養うことなどを扱う。その際，実習の過程と作品を評価することで，実習の改善点などを発見し，今後のコンテンツの制作をより適切に行えるようにする。

ウ　情報システム分野とコンテンツ分野を関連させた総合的な実習

専門教科情報科で学習した情報システム分野とコンテンツ分野を相互に関連させながら行う総合的な実習に取り組み，これまで学んだ情報システムの開発とコンテンツの制作に関する知識と技術を総合的に身に付けること，一連の作業を総合的に理解すること，創造性，コミュニケーション能力などの実践的な能力と態度を身に付けることなどを扱う。また，実習の過程と作品を評価することで，実習の改善点などを発見し，今後の総合的な実習をより適切に行えるようにする。

また，設計に関する技術情報や内容等に関する情報やデータの文書化を取り上げ，その管理，共有，活用の方法などについても扱う。

第3章 各科目にわたる指導計画の作成と内容の取扱い

第1節 指導計画の作成に当たっての配慮事項

● 1 主体的・対話的で深い学びの実現

> (1) 単元など内容や時間のまとまりを見通して，その中で育む資質・能力の育成に向けて，生徒の主体的・対話的で深い学びの実現を図るようにすること．その際，情報の科学的な見方・考え方を働かせ，社会の様々な事象を捉え，専門的な知識や技術などを基に情報産業に対する理解を深めるとともに，新たなシステムやコンテンツなどを地域や産業界と協働して創造するなどの実践的・体験的な学習活動の充実を図ること．

　この事項は，専門教科情報科の指導計画の作成に当たり，生徒の主体的・対話的で深い学びの実現を目指した授業改善を進めることとし，専門教科情報科の特質に応じて，効果的な学習が展開できるように配慮すべき内容を示したものである．

　選挙権年齢や成年年齢の引き下げなど，高校生にとって政治や社会が一層身近なものとなる中，学習内容を人生や社会の在り方と結び付けて深く理解し，これからの時代に求められる資質・能力を身に付け，生涯にわたって能動的に学び続けることができるようにするためには，これまでの優れた教育実践の蓄積も生かしながら，学習の質を一層高める授業改善の取組を推進していくことが求められている．

　指導に当たっては，(1)「知識及び技術」が習得されること，(2)「思考力，判断力，表現力等」を育成すること，(3)「学びに向かう力，人間性等」を涵養することが偏りなく実現されるよう，単元など内容や時間のまとまりを見通しながら，生徒の主体的・対話的で深い学びの実現に向けた授業改善を行うことが重要である．

　主体的・対話的で深い学びは，必ずしも1単位時間の授業の中で全てが実現されるものではない。単元など内容や時間のまとまりの中で，例えば，主体的に学習に取り組めるよう学習の見通しを立てたり学習したことを振り返ったりして自身の学びや変容を自覚できる場面をどこに設定するか，対話によって自分の考えなどを広げたり深めたりする場面をどこに設定するか，学びの深まりをつくりだすために，生徒が考える場面と教師が教える場面をどのように組み立てるか，といった観点で授業改善を進めることが求められる。また，生徒や学校の実態に応じ，多様な学習活動を組み合わせて授業を組み立てていくことが重要であり，単元など内容や時間のまとまりを見通した学習を行うに当たり基礎となる「知識及び技術」の習得に課題が見られる場合には，それを身に付けるために，生徒の主体性を引き出すなどの工夫を重ね，確実な習得を図ることが必要である．

　主体的・対話的で深い学びの実現に向けた授業改善を進めるに当たり，特に「深い学び」の視点に関して，各教科等の学びの深まりの鍵となるのが「見方・考え方」である．各教

科等の特質に応じた物事を捉える視点や考え方である「見方・考え方」を，習得・活用・探究という学びの過程の中で働かせることを通じて，より質の高い深い学びにつなげることが重要である。

専門教科情報科における「主体的な学び」とは，見通しをもって試行錯誤することを通して自らの情報活用を振り返り，評価・改善して，次の問題解決に取り組むことや，生徒に達成感を味わわせ学習に取り組む意欲を高めたり，個々の興味・関心や能力・適性に応じてより進んだ課題に取り組んだりすることなどであると考えられる。

「対話的な学び」とは，生徒が協働して問題の発見・解決に取り組んだり，互いに評価し合ったりして，情報技術のより効果的な活用を志向し探究したり，地域や産業界など実社会の人々と関わるなどして現実の問題解決に情報技術を活用することの有効性を，実感をもって理解したりすることなどであると考えられる。

「深い学び」とは，具体的な問題の発見・解決に取り組むことを通して，日常生活においてそうした問題の発見・解決を行っていることを認識し，その過程や方法を意識して考えるとともに，その過程における情報技術の適切かつ効果的な活用を探究していく中で「見方・考え方」を豊かで確かなものとすること，それとともに，情報技術を活用し，試行錯誤して目的を達成することにより，情報や情報技術等に関する概念化された知識，問題の発見・解決に情報技術を活用する力や情報社会との適切な関わりについて考え主体的に参画し寄与しようとする態度などといった資質・能力を獲得していくことであると考えられる。

このような学習の実現を図るためには，社会の様々な事象を情報技術を用いた問題解決の視点で捉え，情報の科学的理解に基づいた情報技術の適切かつ効果的な活用と関連付け，新たなシステムやコンテンツなどを地域や産業界と協働して創造するなどの実践的・体験的な学習活動が考えられる。

以上のような授業改善の視点を踏まえ，情報に関する各学科で育成を目指す資質・能力及びその評価の観点との関係も十分に考慮し，指導計画等を作成することが必要である。

● 2 原則履修科目

(2) 情報に関する各学科においては，「情報産業と社会」及び「課題研究」を原則として全ての生徒に履修させること。

情報に関する各学科において原則として全ての生徒に履修させる科目（原則履修科目）については，従前と同様「情報産業と社会」と「課題研究」の2科目とした。

「情報産業と社会」は，情報と社会との関わりや情報産業と職業についての基礎的な内容など，情報に関する専門的な学習への動機付けとなるような内容で構成している。また「課題研究」は，生徒が主体的に課題を発見し，知識と技術の深化・総合化を図る学習活動を通して，問題解決の能力や創造的な学習態度を育成することをねらいとしている。

なお，「情報産業と社会」はこの科目の性格やねらいからみて入学年次で，「課題研究」

は卒業年次で履修させることが望ましい。

● 3　各科目の履修に関する配慮事項

> (3) 情報に関する各学科においては，原則としてこの章に示す情報科に属する科目に
> 配当する総授業時数の 10 分の 5 以上を実験・実習に配当すること。

　情報に関する各学科においては，従前より実験・実習を主要な学習方法としてきたが，これからの技術革新の進展や新しい情報産業の形成などに対応するため，創造性や問題解決能力の育成及び望ましい勤労観や職業観の育成などを一層重視して，実験・実習を充実することがますます重要である。このことを踏まえ，情報に関する各学科においては，従前から情報に関する科目に配当時数の合計の 10 分の 5 以上を実験・実習に充てることとしており，引き続き時数の確保とともに内容の一層の充実に努めることが大切である。

　なお，ここでいう実験・実習は，実験，調査，設計や制作，見学，現場実習などの実際的，体験的な学習活動を指すものである。

● 4　地域や産業界，大学等との連携・交流

> (4) 地域や産業界，大学等との連携・交流を通じた実践的な学習活動や就業体験活動
> を積極的に取り入れるとともに，社会人講師を積極的に活用するなどの工夫に努め
> ること。

　情報に関する各学科における教育のより一層の改善・充実を図っていくためには，地域や産業界，大学等との連携・交流などの双方向の協力関係を確立していくことが極めて重要である。その際，単に地域や産業界，大学などの協力を仰ぐというだけでなく，各学校の教育力を地域に還元することにより，地域や産業界，大学等との協力関係を築くことが大切である。

　今回の改訂においては，「社会に開かれた教育課程」の実現が目指されており，現実の社会との関わりの中で子供たち一人一人の豊かな学びを実現していくことが課題となっている。

　地域や産業界，大学等との連携・交流を通じた実践的な学習活動や就業体験活動を取り入れるなど，地域産業や地域社会との連携や交流を促進することで，社会への適応能力などの育成を図るとともに地域産業や地域社会への理解と貢献の意識を深めることが考えられる。また，職業に関する各教科・科目については，就業体験活動をもって実習に替えることができることが示されている。したがって，情報に関する各学科においても，これまで以上により実践的な学習活動や就業体験活動を積極的に取り入れていくことが求められている。

　さらに，生徒が情報における各分野の最新の知識と技術を身に付けたり，望ましい勤労

観・職業観を養ったりするために，情報に関する各分野の第一線で活躍する学校内外の職業人や研究者などを学校に招請し，学校における教育活動に協力してもらうことは有意義なことである。各学校においては，社会人講師等を積極的に招請するなどの工夫が考えられる。さらに，大学などとの連携や交流を促進することで，最新の知識や技術に触れることができ，主体的に専門的知識を深めるきっかけになることが期待される。

また，地域や産業界，大学等との協力関係を確立するためには，学校の教育力を地域に還元する努力も重要であり，各学校の施設・設備などを地域に開放し，プログラミングやコンテンツ作成等の体験教室の実施などに取り組むなど，生徒が自らの学習の成果によって身に付けた専門性を生かした活動を行うことが考えられる。

● 5　障害のある生徒などへの指導上の配慮

> (5)　障害のある生徒などについては，学習活動を行う場合に生じる困難さに応じた指
>   導内容や指導方法の工夫を計画的，組織的に行うこと。

障害者の権利に関する条約に掲げられたインクルーシブ教育システムの構築を目指し，児童生徒の自立と社会参加を一層推進していくためには，通常の学級，通級による指導，小・中学校における特別支援学級，特別支援学校において，児童生徒の十分な学びを確保し，一人一人の児童生徒の障害の状態や発達の段階に応じた指導や支援を一層充実させていく必要がある。

高等学校の通常の学級においても，発達障害を含む障害のある生徒が在籍している可能性があることを前提に，全ての教科等において，一人一人の教育的ニーズに応じたきめ細かな指導や支援ができるよう，障害種別の指導の工夫のみならず，各教科等の学びの過程において考えられる困難さに対する指導の工夫の意図，手立てを明確にすることが重要である。

これを踏まえ，今回の改訂では，障害のある生徒などの指導に当たっては，個々の生徒によって，見えにくさ，聞こえにくさ，道具の操作の困難さ，移動上の制約，健康面や安全面での制約，発音のしにくさ，心理的な不安定，人間関係形成の困難さ，読み書きや計算等の困難さ，注意の集中を持続することが苦手であることなど，学習活動を行う場合に生じる困難さが異なることに留意し，個々の生徒の困難さに応じた指導内容や指導方法を工夫することを，各教科等において示している。

その際，専門教科情報科の目標や内容の趣旨，学習活動のねらいを踏まえ，学習内容の変更や学習活動の代替を安易に行うことがないよう留意するとともに，生徒の学習負担や心理面にも配慮する必要がある。

例えば，専門教科情報科における配慮として，次のようなものが考えられる。

・コンピュータ等の画面が見えにくい場合には，情報を的確に取得できるよう，生徒
　の見え方に応じて，フォントを適切に選択したり，拡大したり，文字と背景の色を
　調整したりするなどの配慮をする

177

・コンピュータ等の発する音が聞きとりにくい場合には，情報を的確に取得できるよう，音の代わりに光や振動，画面上の表示で伝えたり，スピーカーを適切な位置に設置したり，音量の調整やヘッドホンの使用などの配慮をする

・キーボードによる文字入力やマウス操作等の動作に困難がある場合には，コンピュータ等の操作が可能となるよう，レバー操作型のコントローラなどの入力手段を使えるようにするなどの配慮をする

・生徒が車椅子等を使用する場合には，車椅子の移動に支障をきたさないよう，机と机の間の距離，配線など床の突起物等についても配慮をする

・コンピュータ等の画面上の文字を目で追って読むことに困難がある場合には，どこを読んでいるのかが分かるよう，読んでいる箇所をハイライト表示や反転表示するなどの配慮をする

・コンピュータ等を扱いながら，指示を聞くことに困難がある場合には，同時に二つの作業が重なることがないよう，まずは手を止めるよう指示をしてから次の話をするなどの配慮をする

・集中して学習を継続することが難しい場合には，見通しをもって学習に取り組めるよう，学習活動の手順を視覚化して明示したり，スモールステップで学習を展開できるようにしたりするなどの配慮をする

・自ら問題解決の計画を立てたり設計したりすることが難しい場合には，生徒が学習に取り組みやすくなるよう，あらかじめ用意した計画や設計から生徒が選択したり，それらの一部を改良する課題に取り組めるようにしたりするなど，段階的な指導を行うなどの配慮をする

　なお，学校においては，こうした点を踏まえ，個別の指導計画を作成し，必要な配慮を記載し，他教科等の担任と共有したり，翌年度の担任等に引き継いだりすることが必要である。

第2節　内容の取扱いに当たっての配慮事項

● 1　言語活動の充実

（1）情報産業に関する課題の発見や解決の過程において，協働して分析，考察，討議するなど言語活動の充実を図ること。

　言語は，自分の考えをまとめたり発表したりするなどの知的活動の基盤であり，人と人をつなぐ意思の伝達機能，さらには，感性・情緒の基盤としての役割をもつ。

　今回の改訂においても，生徒の思考力，判断力，表現力等を育むために，レポートの作成や論述といった知識及び技術を活用する場面を設定するなど，言語の能力を高める学習活動を重視している。

　専門教科情報科においても，国語科で培った能力を基本に，知的活動の基盤という言語の役割の観点から，協働して分析，考察，討議するなどの場面を設定するといった言語活動を充実する必要がある。また，情報に関する各学科の特質を踏まえ，言葉だけでなく，フローチャートや状態遷移図などのアルゴリズムを表現するための図や記号，モデルを表現するための図や記号，プログラムを表現するための言語などを用いて考えたり，説明したりするなどの学習活動も充実する必要がある。その際，情報通信ネットワークの特性を生かして企業や大学等で活躍する社会人から指導を受けたり，別の高校の生徒と協働して作業を進めたりするなどの学習活動も考えられる。

● 2　個人情報や知的財産の保護と活用・情報モラルや職業人として求められる倫理観の育成

（2）個人情報や知的財産の保護と活用について扱うとともに，情報モラルや職業人として求められる倫理観の育成を図ること。

①　個人情報や知的財産の保護と活用

　個人情報や知的財産については，関連する法規を理解することに加えて，その法規の意義や実際の場面での適用について考える学習活動を行い，適切に扱うことができるようにする必要がある。

　個人情報については，不必要なものを業者に提供していないか，業者のプライバシーポリシーは適切かなど，自分の個人情報を守るために行うべきことや確認すべきことがあることを理解するとともに，個人情報が漏洩した際の対策についても考えるよう留意する。また，自分が提供する個人情報に応じたサービスが提供されたり，多数の人の移動データなどの匿名化された個人情報を解析することにより公共交通機関の運

行を最適化したりするなど，新たな価値が生み出されることにも触れる。

知的財産については，著作権だけでなく，意匠権，商標権，特許権，実用新案権などの産業財産権などについても理解し，音楽や動画などの電子的権利保護などの技術的対策についても触れる。知的財産を保護することにより，創作意欲が高まり，質の高い知的財産が生産されるような環境を維持することの重要性を理解するとともに，知的財産権に配慮した流通や利用の在り方についても触れる。

② 情報モラルや職業人としての倫理観の育成

情報モラルとは，「情報社会で適正な活動を行うための基になる考え方と態度」であり，具体的には他者への影響を考え，人権，知的財産権など自他の権利を尊重し情報社会での行動に責任をもつことや，犯罪被害を含む危険の回避など，情報を正しく安全に利用できること，コンピュータなどの情報機器の使用による健康との関わりを理解することなどである。また，大量の個人情報を扱ったり，公共性の高い情報通信ネットワークシステムを開発したり，維持・管理したりする情報産業に携わる職業人には，それに応じた職業人としての倫理観が必要である。

これらを育成するには，何々をしてはいけないというような対処的なルールを身に付けるだけではなく，それらのルールの意味を正しく理解し，新たな場面でも正しい行動がとれるような考え方と態度を身に付けることが必要である。これは，特定の内容において指導すれば済むことではなく，授業全体を通して育成を図らなければならない。そのためには，様々な場面において適切な行動がとれるよう，生徒自らが考え，討議し，発表し合う学習活動を多く取り入れるなどして，単なるルールの理解の指導にならないようにすることが大切である。

● 3 コンピュータや情報通信ネットワークなどの活用

> (3) コンピュータや情報通信ネットワークなどの活用を図り，学習の効果を高めるよう工夫すること。

情報手段の活用は，一つの学校の枠を越えて，様々な地域や産業界，大学等との情報の共有・交流を可能にし，学校がそれらとの連携の下に教育活動を展開することを可能にするものである。生徒たちに豊富な教材を提供する上で，また生徒たちの学習の対象を広げ，興味や関心を高める上での効果は極めて大きなものがある。例えば，産業界や大学等とネットワークを結ぶことによって，必要とする情報を迅速に入手できることや最新の情報に関する専門的な知識と技術を得ることが可能となり，生徒の学習に対する興味や関心を広く豊かにすることができるとともに，こうした学習を通して，生徒自らの情報発信能力を育成することにもつながる。

したがって，専門教科情報科に属する各科目については，情報手段を積極的に活用し，指導の充実を図っていくことが必要である。

第3節　実験・実習の実施に当たっての配慮事項

> 実験・実習を行うに当たっては，施設・設備の安全管理に配慮し，学習環境を整えるとともに，事故防止の指導を徹底し，安全と衛生に十分留意するものとする。

　実験・実習を行うに当たっては，施設・設備の安全管理に配慮し，学習環境を整えるとともに，事故防止の指導を徹底し，安全と衛生に十分留意することが大切である。特に，情報に関する実験・実習においては，先端的な施設・設備や新技術を活用した実験・実習等が実施されるようになることから，情報セキュリティ対策を含め，これらに関する安全と衛生に十分留意する必要がある。

　さらにコンピュータなどの情報関連機器を操作する際の姿勢，照度や操作時間など生徒の心身の健康に対する様々な影響などに十分配慮することが必要である。

第4節　総則関連事項

● 1　道徳教育との関連（第1章総則第1款2(2)の2段目）

> 学校における道徳教育は，人間としての在り方生き方に関する教育を学校の教育活動全体を通じて行うことによりその充実を図るものとし，各教科に属する科目（以下「各教科・科目」という。），総合的な探究の時間及び特別活動（以下「各教科・科目等」という。）のそれぞれの特質に応じて，適切な指導を行うこと。

　高等学校における道徳教育については，各教科・科目等の特質に応じ，学校の教育活動全体を通じて生徒が人間としての在り方生き方を主体的に探求し，豊かな自己形成ができるよう，適切な指導を行うことが求められている。

　このため，各教科・科目においても目標や内容，配慮事項の中に関連する記述があり，専門教科情報科との関連をみると，特に次のような点を指摘することができる。

　専門教科情報科においては，今回の改訂において，教科の目標に「情報産業に関する課題を発見し，職業人に求められる倫理観を踏まえ合理的かつ創造的に解決する力を養う。」，「職業人として必要な豊かな人間性を育み，よりよい社会の構築を目指して自ら学び，情報産業の創造と発展に主体的かつ協働的に取り組む態度を養う。」と示すなど，情報産業に従事する者としての規範意識や倫理観，豊かな人間性の育成を重視している。

　各学校においては，道徳教育の充実が今回の改訂においても重視されていることを踏まえ，校長の方針の下に，道徳教育推進教師を中心に，全教師の連携協力のもと，年間指導計画に基づき，教育活動全体を通じて人間としての在り方生き方に関する教育が一層具体的に展開されるよう努める必要がある。

● 2　専門教科・科目の標準単位数（第1章総則第2款3(1)ウ）

> 各学校においては，教育課程の編成に当たって，次の表に掲げる主として専門学科（専門教育を主とする学科をいう。以下同じ。）において開設される各教科・科目及び設置者の定めるそれぞれの標準単位数を踏まえ，生徒に履修させる各教科・科目及びその単位数について適切に定めるものとする。

　専門教科・科目については，従前から，地域の実態や学科の特色等に応じるため，その標準単位数の決定を設置者に委ねており，今回の改訂においても同様の扱いとしている。したがって，これらの各教科・科目について，設置者がその標準単位数を定め，その標準単位数を標準として各学校が具体的な単位数を定めることになる。各設置者においては，当該地域の実態や管内の学校の実態等に留意し，適切な標準単位数を定めることが必要で

ある。

専門教科情報科に属する科目については，設置者は，地域の実態や設置する学科の特色等に応じて，本解説第2章を参考にして標準単位数を定めることになる。各学校においては，設置者の定める標準単位数を踏まえ，学科の特色や生徒の実態などに応じて，適切に科目を選定し，履修単位数を定めることが必要である。

● 3　学校設定科目（第1章総則第2款3(1)エ）

> エ　学校においては，生徒や学校，地域の実態及び学科の特色等に応じ，特色ある教育課程の編成に資するよう，イ及びウの表に掲げる教科について，これらに属する科目以外の科目（以下「学校設定科目」という。）を設けることができる。この場合において，学校設定科目の名称，目標，内容，単位数等については，その科目の属する教科の目標に基づき，高等学校教育としてその水準の確保に十分配慮し，各学校の定めるところによるものとする。

学校設定科目の名称，目標，内容，単位数等は各学校において定めるものとされているが，その際には，「その科目の属する教科の目標に基づき」という要件が示されていること，及び科目の内容の構成については関係する各科目の内容との整合性を図ることに十分配慮する必要がある。

専門教科情報科においては，情報に関する各分野に対応して，通常履修される教育内容などを想定して，12科目が示されている。しかし，情報の各分野の多様な発展や地域の実態等に対応し，新しい分野の教育を積極的に展開する必要がある場合など，学校設定科目を設けることにより，特色ある教育課程を編成することができる。

● 4　専門学科における各教科・科目の履修（第1章総則第2款 3(2)イ）

(1) 専門教科・科目の最低必修単位数

> (ｱ) 専門学科においては，専門教科・科目（(1)のウの表に掲げる各教科・科目，同表に掲げる教科に属する学校設定科目及び専門教育に関する学校設定教科に関する科目をいう。以下同じ。）について，全ての生徒に履修させる単位数は，25単位を下らないこと。ただし，商業に関する学科においては，上記の単位数の中に外国語に属する科目の単位を5単位まで含めることができること。また，商業に関する学科以外の専門学科においては，各学科の目標を達成する上で，専門教科・科目以外の各教科・科目の履修により，専門教科・科目の履修と同様の成果が期待できる場合においては，その専門教科・科目以外の各教科・科目の単位を5単位まで上記の単位数の中に含めることができること。

専門学科における専門教科・科目の最低必修単位数は，従前と同様に25単位以上とし，生徒の多様な実態に応じた弾力的な教育課程の編成を可能にしている。なお，25単位を下らないこととしているので，専門教育の深化のため，あるいは職業資格の取得要件等を考慮して教育課程を編成する場合は，当然，最低必修単位数の25単位を超えて履修することができるよう配慮する必要がある。

学習指導要領では，従前と同様に，専門教科・科目について，第1章総則第2款3（1）ウの表に掲げる各教科・科目，同表の教科に属する学校設定科目及び専門教育に関する学校設定教科に関する科目であることを明確にしている。すなわち，学習指導要領に示されている専門教科・科目及びその教科に属する学校設定科目はもとより，専門教育の一環として設けられる学校設定教科及び当該教科に関する科目についても，専門教科・科目に含まれることとなる。

専門教科・科目以外の教科・科目の履修を専門教科・科目の履修とみなす措置については，従前と同様，専門教科・科目の履修単位数を確保する観点から特例として規定している。

情報に関する学科においては，学科の特色に従い，多様な職業教育の要求に応えるために，専門教科・科目と同様の成果が期待できる場合は，5単位を限度として，専門教科・科目以外の科目を専門教科・科目の履修として認めることができることに留意する必要がある。

（2）専門教科・科目による必履修教科・科目の代替

> （イ）専門教科・科目の履修によって，アの必履修教科・科目の履修と同様の成果が期待できる場合においては，その専門教科・科目の履修をもって，必履修教科・科目の履修の一部又は全部に替えることができること。

専門教科・科目を履修することによって，必履修教科・科目の履修と同様の成果が期待できる場合は，その専門教科・科目の履修をもって必履修教科・科目の履修の一部又は全部に替えることができる。

これは，各教科・科目間の指導内容の重複を避け，教育内容の精選を図ろうとするものであり，必履修教科・科目の単位数の一部を減じ，その分の単位数について専門教科・科目の履修で代替させる場合と，必履修教科・科目の単位数の全部について専門教科・科目の履修で代替させる場合とがある。

実施に当たっては，専門教科・科目と必履修教科・科目相互の目標や内容について，あるいは代替の範囲などについて十分な検討を行うことが必要である。この調整が適切に行われることにより，より効果的で弾力的な教育課程の編成に取り組むことができる。

情報に関する学科においては，例えば，「情報産業と社会」の履修により「情報I」の履修と同様の成果が期待できる場合は，代替することが可能である。なお，全部代替する場合，「情報産業と社会」の履修単位数は，2単位以上必要である。

なお，相互の代替が可能とされるのは，「同様の成果が期待できる場合」とされており，例えば，「課題研究等」の履修によって総合的な探究の時間の履修に代替するためには，「課題研究等」を履修した成果が総合的な探究の時間の目標等からみても満足できる成果を期待できることが必要であり，自動的に代替が認められるものでない。

(3) 職業学科における総合的な探究の時間の特例

(ウ) 職業教育を主とする専門学科においては，総合的な探究の時間の履修により，農業，工業，商業，水産，家庭若しくは情報の各教科の「課題研究」，看護の「看護臨地実習」又は福祉の「介護総合演習」（以下「課題研究等」という。）の履修と同様の成果が期待できる場合においては，総合的な探究の時間の履修をもって課題研究等の履修の一部又は全部に替えることができること。また，課題研究等の履修により，総合的な探究の時間の履修と同様の成果が期待できる場合においては，課題研究等の履修をもって総合的な探究の時間の履修の一部又は全部に替えることができること。

　情報に関する学科においては，「課題研究」が原則履修科目とされている。

　この科目では，情報の各分野に関する課題を発見し，主体的かつ協働的に取り組む学習活動を通して，専門的な知識，技術などの深化・総合化を図り，科学的な根拠に基づいて創造的にかつ倫理観をもって解決する力を養うこととしており，総合的な探究の時間の目標と「課題研究等」の目標が軌を一にする場合も想定される。そのため，総合的な探究の時間の履修により，「課題研究等」の履修と同様の成果が期待できる場合においては，総合的な探究の時間の履修をもって「課題研究等」の履修の一部又は全部に替えることができるとするとともに，「課題研究等」の履修により，総合的な探究の時間の履修と同様の成果が期待できる場合においては，「課題研究等」の履修をもって総合的な探究の時間の履修の一部又は全部に替えることができるとしている。

　なお，相互の代替が可能とされるのは，「同様の成果が期待できる場合」とされており，例えば，「課題研究等」の履修によって総合的な探究の時間の履修に代替するためには，「課題研究等」を履修した成果が総合的な探究の時間の目標等からみても満足できる成果を期待できることが必要であり，自動的に代替が認められるものでない。

● 5　職業教育を主とする専門学科における配慮事項（第1章総則第2款3(7)ウ）

(1) 実験・実習に配当する授業時数の確保

> (ｱ)　職業に関する各教科・科目については，実験・実習に配当する授業時数を十分確保するようにすること。

　(ｱ)は，職業に関する各教科・科目における実験・実習の重視について示したものである。また，商業を除く職業教育を主とする専門学科においては，各教科の各科目にわたる指導計画の作成について，原則として総授業時数の10分の5以上を実験・実習に配当することが明記されていることにも配慮すべきである。

　職業教育は，各教科・科目の履修を通して一般的教養を身に付けることにとどまらず，実験・実習という実際的・体験的な学習を一層重視し，実践力を体得することに特色があると言える。

　実験・実習には，体験を通して知識の習得に役立て，技能を習熟させるという側面がある。これまでの実験・実習では，基礎的・基本的事項の習得という立場から，このねらいを一貫して重視してきた。

　しかしながら，産業の各分野における急速な技術革新の進展や産業構造・就業構造の変化等に適切に対応するためには，基礎的・基本的事項を確実に習得することに加えて，実際に問題を解決する体験の機会をできる限り拡充していくことにより，よりよい社会の構築を目指して自ら学び，産業の振興や社会貢献に主体的かつ協働的に取り組む態度を養うことが必要である。このため，実験・実習のもう一つの側面である生徒の自発的・創造的な学習態度の育成を一層重視していく必要がある。特に，主体的に取り組む学習活動を通して，専門的な知識，技術などの深化・総合化を図ることは重要であり，実際的・体験的な学習である実験・実習の一層の充実が求められる。

　実験・実習の授業時数の確保に当たっては，いわゆる座学と実験・実習との調和と関連性，基礎的・基本的事項と発展的・応用的事項との関連，特に新技術等新たな内容の習得について配慮する必要がある。

(2) 生徒の実態に応じた配慮

> (ｲ)　生徒の実態を考慮し，職業に関する各教科・科目の履修を容易にするため特別な配慮が必要な場合には，各分野における基礎的又は中核的な科目を重点的に選択し，その内容については基礎的・基本的な事項が確実に身に付くように取り扱い，また，主として実験・実習によって指導するなどの工夫をこらすようにすること。

　(ｲ)に示されている，生徒の各教科・科目の履修を容易にするための配慮事項は，従前

と同じであり，①各分野における基礎的又は中核的な科目を重点的に選択すること，②その内容については基礎的・基本的な事項が確実に身に付くように取り扱うこと，③主として実験・実習によって指導するなどの工夫をこらすことが示されている。①は職業に関する各教科・科目の選択，②は職業に関する各教科・科目の内容の取扱い，③は指導方法の工夫についての配慮事項である。

今回の改訂では，専門教科情報科においては科目構成の見直しを図っているが，これらの科目を網羅的に履修させるのではなく，生徒の実態等に応じて適切に選択して履修させることが大切である。そのため，特に１～２単位程度の科目を多く履修させることは避けなければならない。また，内容や教材については一層精選し，十分時間をかけて理解させるようにしなければならない。更に，生徒の理解，習得を容易にするため，いわゆる座学による説明にとどめず，できるだけ実験・実習を通して体験的に学ばせる機会を多くすることに努める必要がある。

● 6　職業に関する各教科・科目についての配慮事項（第１章総則第２款３(7)エ）

(1) 就業体験活動による実習の代替

> (ア) 職業に関する各教科・科目については，就業体験活動をもって実習に替えることができること。この場合，就業体験活動は，その各教科・科目の内容に直接関係があり，かつ，その一部としてあらかじめ計画し，評価されるものであることを要すること。

就業体験活動を推進する観点から，特に，職業に関する各教科・科目については，現場実習を含め就業体験活動を積極的に取り入れることとし，就業体験活動をもって実習に替えることができることを示したものである。なお，この場合の就業体験活動は，関係する科目の指導計画に適切に位置付けて行う必要がある。

専門教科情報科に属する科目における就業体験活動は，生徒が実際の情報産業に触れることによる学習意欲の喚起，主体的な職業選択の能力や高い職業意識の育成，異世代とのコミュニケーション能力の向上など，その教育上の意義が大きいものである。

そのため，従来から「課題研究」や各科目の実習の一部として，産業現場等における実習が行われてきている。これらの実践等を踏まえ，社会人・職業人として自立していくためには，生徒一人一人の勤労観・職業観を育てるキャリア教育を充実することが重要であり，その一環として小学校での職場見学，中学校での職場体験活動，高等学校での就業体験活動等を通じた体系的な指導も必要である。また，就業体験活動を通じて実社会や職業と関わりをもち，高い職業意識，勤労観・職業観，規範意識，コミュニケーション能力等に根ざした実践力を高めるように配慮することが必要である。

（2）定時制及び通信制の課程における実務等による職業に関する各教科・科目の履修の一部代替

> （ｳ）定時制及び通信制の課程において，職業に関する各教科・科目を履修する生徒が，現にその各教科・科目と密接な関係を有する職業（家事を含む。）に従事している場合で，その職業における実務等が，その各教科・科目の一部を履修した場合と同様の成果があると認められるときは，その実務等をもってその各教科・科目の履修の一部に替えることができること。

この規定は，定時制及び通信制の課程において，職に就き現にその各教科・科目と密接な関係を有する生徒の実務等の体験を評価し，職業科目の履修の一部に代替できることを定めたものである。

生徒の校外における実務等を職業に関する各教科・科目の履修の一部として評価するためには，次のような要件が満たされる必要がある。

① 職業科目が教育課程に位置付けられていること

② 職業科目を履修する生徒が，現にその各教科・科目と密接な関係を有する職業に従事していること

③ 生徒の職業等における実務等が，その各教科・科目の一部を履修したと同様の成果があると認められること

代替の方法としては，生徒一人一人の職場における実務等の体験に応ずるよう，職業科目を網羅した教育課程を編成した上で，校外における実務等をそれらの各教科・科目の増加単位として評価すること，あるいは学校における履修の一部を免除することなどが考えられるが，全ての生徒の職業に対応した職業科目を網羅することは実際上困難な場合が多い。したがって，各学校において学校や生徒の実態に応じて教育課程の編成等が工夫されなければならないが，一般的には，生徒の職業に対応した共通的な職業科目をできるだけ設けて，実務等の評価を行う方法が考えられる。

生徒の職場における実務等と密接な関係を有する職業科目を履修している場合や，特定の企業等から比較的多数の生徒が通学し，職場における職種が一，二に限定され，実務等の経験が共通である場合などについては，生徒の職場における実務等を履修の一部に替えることが比較的容易である。

なお，実務の内容，執務の状況等の把握については，生徒からのレポート，その各教科・科目の担任による職場訪問，雇用主からの報告等によることになると考えられる。

付録

目次

- 付録1：学校教育法施行規則（抄）
- 付録2：高等学校学習指導要領　第1章　総則
- 付録3：高等学校学習指導要領　第2章　第10節　情報
- 付録4：高等学校学習指導要領　第3章　第7節　情報
- 付録5：中学校学習指導要領　第2章　第8節　技術・家庭
- 付録6：高等学校学習指導要領　第2章　第4節　数学
- 付録7：小・中学校における「道徳の内容」の学年段階・
  学校段階の一覧表

学校教育法施行規則（抄）

昭和二十二年五月二十三日文部省令第十一号
一部改正：平成三十年三月三十日文部科学省令第十三号
平成三十年八月二十七日文部科学省令第二十七号

第六章　高等学校

第一節　設備，編制，学科及び教育課程

第八十一条　二以上の学科を置く高等学校には，専門教育を主とする学科（以下「専門学科」という。）ごとに学科主任を置き，農業に関する専門学科を置く高等学校には，農場長を置くものとする。

2〜5　（略）

第八十三条　高等学校の教育課程は，別表第三に定める各教科に属する科目，総合的な探究の時間及び特別活動によつて編成するものとする。

第八十四条　高等学校の教育課程については，この章に定めるもののほか，教育課程の基準として文部科学大臣が別に公示する高等学校学習指導要領によるものとする。

第八十五条　高等学校の教育課程に関し，その改善に資する研究を行うため特に必要があり，かつ，生徒の教育上適切な配慮がなされていると文部科学大臣が認める場合においては，文部科学大臣が別に定めるところにより，前二条の規定によらないことができる。

第八十五条の二　文部科学大臣が，高等学校において，当該高等学校又は当該高等学校が設置されている地域の実態に照らし，より効果的な教育を実施するため，当該高等学校又は当該地域の特色を生かした特別の教育課程を編成して教育を実施する必要があり，かつ，当該特別の教育課程について，教育基本法及び学校教育法第五十一条の規定等に照らして適切であり，生徒の教育上適切な配慮がなされているものとして文部科学大臣が定める基準を満たしていると認める場合においては，文部科学大臣が別に定めるところにより，第八十三条又は第八十四条の規定の全部又は一部によらないことができる。

第八十六条　高等学校において，学校生活への適応が困難であるため，相当の期間高等学校を欠席し引き続き欠席すると認められる生徒，高等学校を退学し，その後高等学校に入学していないと認められる者若しくは学校教育法第五十七条に規定する高等学校の入学資格を有するが，高等学校に入学していないと認められる者又は疾病による療養のため若しくは障害のため，相当の期間高等学校を欠席すると認められる生徒，高等学校を退学し，その後高等学校に入学していないと認められる者若しくは学校教育法第五十七条に規定する高等学校の入学資格を有するが，高等学校に入学していないと認められる者を対象として，その実態に配慮した特別の教育課程を編成して教育を実施する必要があると文部科学大臣が認める場合においては，文部科学大臣が別に定めるところにより，第八十三条又は第八十四条の規定によらないことができる。

第八章　特別支援教育

第百三十四条の二　校長は，特別支援学校に在学する児童等について個別の教育支援計画（学校と医療，保健，福祉，労働等に関する業務を行う関係機関及び民間団体（次項において「関係機関等」という。）との連携の下に行う当該児童等に対する長期的な支援に関する計画をいう。）を作成しなければならない。

2　校長は，前項の規定により個別の教育支援計画を作成するに当たつては，当該児童等又はその保護者の意向を踏まえつつ，あらかじめ，関係機関等と当該児童等の支援に関する必要な情報の共有を図らなければならない。

第百四十条　小学校，中学校，義務教育学校，高等学校又は中等教育学校において，次の各号のいずれかに該当する児童又は生徒（特別支援学級の児童及び生徒を除く。）のうち当該障害に応じた特別の指導を行う必要があるものを教育する場合には，文部科学大臣が別に定めるところにより，第五十条第一項（第七十九条の六第一項において準用する場合を含む。），第五十一条，第五十二条（第七十九条の六第一項において準用する場合を含む。），第五十二条の三，第七十二条（第七十九条の六第二項及び第百八条第一項において準用する場合を含む。），第七十三条，第七十四条（第七十九条の六第二項及び第百八条第一項において準用する場合を含む。），第七十四条の三，第七十六条，第七十九条の五（第七十九条の十二において準用する場合を含む。），第八十三条及び第八十四条（第百八条第二項において準用する場合を含む。）並びに第百七条（第百十七条において準用する場合を含む。）の規定にかかわらず，特別の教育課程によることができる。

一　言語障害者

二　自閉症者

三　情緒障害者

四　弱視者

五　難聴者

六　学習障害者

七　注意欠陥多動性障害者

八　その他障害のある者で，この条の規定により特別の教育課程による教育を行うことが適当なもの

第百四十一条　前条の規定により特別の教育課程による場合においては，校長は，児童又は生徒が，当該小学校，中学校，義務教育学校，高等学校又は中等教育学校の設置者の定めるところにより他の小学校，中学校，義務教育学校，高等学校，中等教育学校又は特別支援学校の小学部，中学部若しくは高等部において受けた授業を，当該小学校，中学校，義務教育学校，高等学校又は中等教育学校において受けた当該特別の教育課程に係る授業とみなすことができる。

第百四十一条の二　第百三十四条の二の規定は，第百四十条の規定により特別の指導が行われている児童又は生徒について準用する。

付録1

附　則　（平成三十年三月三十日文部科学省令第十三号）

1　この省令は，平成三十四年四月一日から施行する。

2　改正後の学校教育法施行規則（以下この項及び次項において「新令」という。）別表第三の規定は，施行の日以降高等学校（中等教育学校の後期課程及び特別支援学校の高等部を含む。以下この項及び次項において同じ。）に入学した生徒（新令第九十一条（新令第百十三条第一項及び第百三十五条第五項で準用する場合を含む。）の規定により入学した生徒であって同日前に入学した生徒に係る教育課程により履修するものを除く。）に係る教育課程から適用する。

3　前項の規定により新令別表第三の規定が適用されるまでの高等学校の教育課程については，なお従前の例による。

別表第三（第八十三条，第百八条，第百二十八条関係）

（一）　各学科に共通する各教科

各 教 科	各教科に属する科目
国　　語	現代の国語，言語文化，論理国語，文学国語，国語表現，古典探究
地理歴史	地理総合，地理探究，歴史総合，日本史探究，世界史探究
公　　民	公共，倫理，政治・経済
数　　学	数学Ⅰ，数学Ⅱ，数学Ⅲ，数学A，数学B，数学C
理　　科	科学と人間生活，物理基礎，物理，化学基礎，化学，生物基礎，生物，地学基礎，地学
保健体育	体育，保健
芸　　術	音楽Ⅰ，音楽Ⅱ，音楽Ⅲ，美術Ⅰ，美術Ⅱ，美術Ⅲ，工芸Ⅰ，工芸Ⅱ，工芸Ⅲ，書道Ⅰ，書道Ⅱ，書道Ⅲ
外 国 語	英語コミュニケーションⅠ，英語コミュニケーションⅡ，英語コミュニケーションⅢ，論理・表現Ⅰ，論理・表現Ⅱ，論理・表現Ⅲ
家　　庭	家庭基礎，家庭総合
情　　報	情報Ⅰ，情報Ⅱ
理　　数	理数探究基礎，理数探究

付録1

(二) 主として専門学科において開設される各教科

各 教 科	各教科に属する科目
農　業	農業と環境，課題研究，総合実習，農業と情報，作物，野菜，果樹，草花，畜産，栽培と環境，飼育と環境，農業経営，農業機械，植物バイオテクノロジー，食品製造，食品化学，食品微生物，食品流通，森林科学，森林経営，林産物利用，農業土木設計，農業土木施工，水循環，造園計画，造園施工管理，造園植栽，測量，生物活用，地域資源活用
工　業	工業技術基礎，課題研究，実習，製図，工業情報数理，工業材料技術，工業技術英語，工業管理技術，工業環境技術，機械工作，機械設計，原動機，電子機械，生産技術，自動車工学，自動車整備，船舶工学，電気回路，電気機器，電力技術，電子技術，電子回路，電子計測制御，通信技術，プログラミング技術，ハードウェア技術，ソフトウェア技術，コンピュータシステム技術，建築構造，建築計画，建築構造設計，建築施工，建築法規，設備計画，空気調和設備，衛生・防災設備，測量，土木基盤力学，土木構造設計，土木施工，社会基盤工学，工業化学，化学工学，地球環境化学，材料製造技術，材料工学，材料加工，セラミック化学，セラミック技術，セラミック工業，繊維製品，繊維・染色技術，染織デザイン，インテリア計画，インテリア装備，インテリアエレメント生産，デザイン実践，デザイン材料，デザイン史
商　業	ビジネス基礎，課題研究，総合実践，ビジネス・コミュニケーション，マーケティング，商品開発と流通，観光ビジネス，ビジネス・マネジメント，グローバル経済，ビジネス法規，簿記，財務会計Ⅰ，財務会計Ⅱ，原価計算，管理会計，情報処理，ソフトウェア活用，プログラミング，ネットワーク活用，ネットワーク管理
水　産	水産海洋基礎，課題研究，総合実習，海洋情報技術，水産海洋科学，漁業，航海・計器，船舶運用，船用機関，機械設計工作，電気理論，移動体通信工学，海洋通信技術，資源増殖，海洋生物，海洋環境，小型船舶，食品製造，食品管理，水産流通，ダイビング，マリンスポーツ
家　庭	生活産業基礎，課題研究，生活産業情報，消費生活，保育基礎，保育実践，生活と福祉，住生活デザイン，服飾文化，ファッション造形基礎，ファッション造形，ファッションデザイン，服飾手芸，フードデザイン，食文化，調理，栄養，食品，食品衛生，公衆衛生，総合調理実習
看　護	基礎看護，人体の構造と機能，疾病の成り立ちと回復の促進，健康支援と社会保障制度，成人看護，老年看護，小児看護，母性看護，精神看護，在宅看護，看護の統合と実践，看護臨地実習，看護情報
情　報	情報産業と社会，課題研究，情報の表現と管理，情報テクノロジー，情報セキュリティ，情報システムのプログラミング，ネットワークシステム，データベース，情報デザイン，コンテンツの制作と発信，メディアとサービス，情報実習
福　祉	社会福祉基礎，介護福祉基礎，コミュニケーション技術，生活支援技術，介護過程，介護総合演習，介護実習，こころとからだの理解，福祉情報

付録1

理　数	理数数学Ⅰ，理数数学Ⅱ，理数数学特論，理数物理，理数化学，理数生物，理数地学
体　育	スポーツ概論，スポーツⅠ，スポーツⅡ，スポーツⅢ，スポーツⅣ，スポーツⅤ，スポーツⅥ，スポーツ総合演習
音　楽	音楽理論，音楽史，演奏研究，ソルフェージュ，声楽，器楽，作曲，鑑賞研究
美　術	美術概論，美術史，鑑賞研究，素描，構成，絵画，版画，彫刻，ビジュアルデザイン，クラフトデザイン，情報メディアデザイン，映像表現，環境造形
英　語	総合英語Ⅰ，総合英語Ⅱ，総合英語Ⅲ，ディベート・ディスカッションⅠ，ディベート・ディスカッションⅡ，エッセイライティングⅠ，エッセイライティングⅡ

付録1

備考

一　(一)及び(二)の表の上欄に掲げる各教科について，それぞれの表の下欄に掲げる各教科に属する科目以外の科目を設けることができる。

二　(一)及び(二)の表の上欄に掲げる各教科以外の教科及び当該教科に関する科目を設けることができる。

高等学校学習指導要領　第1章　総則

● 第1款　高等学校教育の基本と教育課程の役割

1　各学校においては，教育基本法及び学校教育法その他の法令並びにこの章以下に示すところに従い，生徒の人間として調和のとれた育成を目指し，生徒の心身の発達の段階や特性等，課程や学科の特色及び学校や地域の実態を十分考慮して，適切な教育課程を編成するものとし，これらに掲げる目標を達成するよう教育を行うものとする。

2　学校の教育活動を進めるに当たっては，各学校において，第3款の1に示す主体的・対話的で深い学びの実現に向けた授業改善を通して，創意工夫を生かした特色ある教育活動を展開する中で，次の(1)から(3)までに掲げる事項の実現を図り，生徒に生きる力を育むことを目指すものとする。

(1) 基礎的・基本的な知識及び技能を確実に習得させ，これらを活用して課題を解決するために必要な思考力，判断力，表現力等を育むとともに，主体的に学習に取り組む態度を養い，個性を生かし多様な人々との協働を促す教育の充実に努めること。その際，生徒の発達の段階を考慮して，生徒の言語活動など，学習の基盤をつくる活動を充実するとともに，家庭との連携を図りながら，生徒の学習習慣が確立するよう配慮すること。

(2) 道徳教育や体験活動，多様な表現や鑑賞の活動等を通して，豊かな心や創造性の涵養を目指した教育の充実に努めること。

　　学校における道徳教育は，人間としての在り方生き方に関する教育を学校の教育活動全体を通じて行うことによりその充実を図るものとし，各教科に属する科目（以下「各教科・科目」という。），総合的な探究の時間及び特別活動（以下「各教科・科目等」という。）のそれぞれの特質に応じて，適切な指導を行うこと。

　　道徳教育は，教育基本法及び学校教育法に定められた教育の根本精神に基づき，生徒が自己探求と自己実現に努め国家・社会の一員としての自覚に基づき行為しうる発達の段階にあることを考慮し，人間としての在り方生き方を考え，主体的な判断の下に行動し，自立した人間として他者と共によりよく生きるための基盤となる道徳性を養うことを目標とすること。

　　道徳教育を進めるに当たっては，人間尊重の精神と生命に対する畏敬の念を家庭，学校，その他社会における具体的な生活の中に生かし，豊かな心をもち，伝統と文化を尊重し，それらを育んできた我が国と郷土を愛し，個性豊かな文化の創造を図るとともに，平和で民主的な国家及び社会の形成者として，公共の精神を尊び，社会及び国家の発展に努め，他国を尊重し，国際社会の平和と発展や環境の保全に貢献し未来を拓く主体性のある日本人の育成に資することとなるよう特に留意すること。

(3) 学校における体育・健康に関する指導を，生徒の発達の段階を考慮して，学校の教育活動全体を通じて適切に行うことにより，健康で安全な生活と豊かなスポーツライ

フの実現を目指した教育の充実に努めること。特に，学校における食育の推進並びに体力の向上に関する指導，安全に関する指導及び心身の健康の保持増進に関する指導については，保健体育科，家庭科及び特別活動の時間はもとより，各教科・科目及び総合的な探究の時間などにおいてもそれぞれの特質に応じて適切に行うよう努めること。また，それらの指導を通して，家庭や地域社会との連携を図りながら，日常生活において適切な体育・健康に関する活動の実践を促し，生涯を通じて健康・安全で活力ある生活を送るための基礎が培われるよう配慮すること。

3　2の(1)から(3)までに掲げる事項の実現を図り，豊かな創造性を備え持続可能な社会の創り手となることが期待される生徒に，生きる力を育むことを目指すに当たっては，学校教育全体及び各教科・科目等の指導を通してどのような資質・能力の育成を目指すのかを明確にしながら，教育活動の充実を図るものとする。その際，生徒の発達の段階や特性等を踏まえつつ，次に掲げることが偏りなく実現できるようにするものとする。

(1) 知識及び技能が習得されるようにすること。

(2) 思考力，判断力，表現力等を育成すること。

(3) 学びに向かう力，人間性等を涵養すること。

4　学校においては，地域や学校の実態等に応じて，就業やボランティアに関わる体験的な学習の指導を適切に行うようにし，勤労の尊さや創造することの喜びを体得させ，望ましい勤労観，職業観の育成や社会奉仕の精神の涵養に資するものとする。

5　各学校においては，生徒や学校，地域の実態を適切に把握し，教育の目的や目標の実現に必要な教育の内容等を教科等横断的な視点で組み立てていくこと，教育課程の実施状況を評価してその改善を図っていくこと，教育課程の実施に必要な人的又は物的な体制を確保するとともにその改善を図っていくことなどを通して，教育課程に基づき組織的かつ計画的に各学校の教育活動の質の向上を図っていくこと（以下「カリキュラム・マネジメント」という。）に努めるものとする。

● 第2款　教育課程の編成

1　各学校の教育目標と教育課程の編成

　教育課程の編成に当たっては，学校教育全体や各教科・科目等における指導を通して育成を目指す資質・能力を踏まえつつ，各学校の教育目標を明確にするとともに，教育課程の編成についての基本的な方針が家庭や地域とも共有されるよう努めるものとする。その際，第4章の第2の1に基づき定められる目標との関連を図るものとする。

2　教科等横断的な視点に立った資質・能力の育成

(1) 各学校においては，生徒の発達の段階を考慮し，言語能力，情報活用能力（情報モラルを含む。），問題発見・解決能力等の学習の基盤となる資質・能力を育成していくことができるよう，各教科・科目等の特質を生かし，教科等横断的な視点から教育課程の編成を図るものとする。

(2) 各学校においては，生徒や学校，地域の実態及び生徒の発達の段階を考慮し，豊かな人生の実現や災害等を乗り越えて次代の社会を形成することに向けた現代的な諸課

題に対応して求められる資質・能力を，教科等横断的な視点で育成していくことができるよう，各学校の特色を生かした教育課程の編成を図るものとする。

3　教育課程の編成における共通的事項

(1) 各教科・科目及び単位数等

ア　卒業までに履修させる単位数等

　　各学校においては，卒業までに履修させるイからオまでに示す各教科・科目及びその単位数，総合的な探究の時間の単位数並びに特別活動及びその授業時数に関する事項を定めるものとする。この場合，各教科・科目及び総合的な探究の時間の単位数の計は，(2)のア，イ及びウの(ア)に掲げる各教科・科目の単位数並びに総合的な探究の時間の単位数を含めて74単位以上とする。

　　単位については，1単位時間を50分とし，35単位時間の授業を1単位として計算することを標準とする。ただし，通信制の課程においては，5に定めるところによるものとする。

イ　各学科に共通する各教科・科目及び総合的な探究の時間並びに標準単位数

　　各学校においては，教育課程の編成に当たって，次の表に掲げる各教科・科目及び総合的な探究の時間並びにそれぞれの標準単位数を踏まえ，生徒に履修させる各教科・科目及び総合的な探究の時間並びにそれらの単位数について適切に定めるものとする。ただし，生徒の実態等を考慮し，特に必要がある場合には，標準単位数の標準の限度を超えて単位数を増加して配当することができる。

付録2

教 科 等	科　　目	標準単位数	教 科 等	科　　目	標準単位数
国　　語	現 代 の 国 語	2	数　　学	数　　学　　Ⅰ	3
	言 語 文 化	2		数　　学　　Ⅱ	4
	論 理 国 語	4		数　　学　　Ⅲ	3
	文 学 国 語	4		数　　学　　A	2
	国 語 表 現	4		数　　学　　B	2
	古 典 探 究	4		数　　学　　C	2
地 理 歴 史	地 理 総 合	2	理　　科	科学と人間生活	2
	地 理 探 究	3		物 理 基 礎	2
	歴 史 総 合	2		物　　　　理	4
	日 本 史 探 究	3		化 学 基 礎	2
	世 界 史 探 究	3		化　　　　学	4
公　　民	公　　　共	2		生 物 基 礎	2
	倫　　　理	2		生　　　　物	4
	政 治・経 済	2		地 学 基 礎	2

197

教科等	科目	標準単位数	教科等	科目	標準単位数
理科	地学	4	外国語	英語コミュニケーションI	3
保健体育	体育	7〜8		英語コミュニケーションII	4
	保健	2		英語コミュニケーションIII	4
芸術	音楽I	2		論理・表現I	2
	音楽II	2		論理・表現II	2
	音楽III	2		論理・表現III	2
	美術I	2	家庭	家庭基礎	2
	美術II	2		家庭総合	4
	美術III	2	情報	情報I	2
	工芸I	2		情報II	2
	工芸II	2	理数	理数探究基礎	1
	工芸III	2		理数探究	2〜5
	書道I	2	総合的な探究の時間		3〜6
	書道II	2			
	書道III	2			

ウ 主として専門学科において開設される各教科・科目

　各学校においては，教育課程の編成に当たって，次の表に掲げる主として専門学科（専門教育を主とする学科をいう。以下同じ。）において開設される各教科・科目及び設置者の定めるそれぞれの標準単位数を踏まえ，生徒に履修させる各教科・科目及びその単位数について適切に定めるものとする。

教科	科目	教科	科目
農業	農業と環境，課題研究，総合実習，農業と情報，作物，野菜，果樹，草花，畜産，栽培と環境，飼育と環境，農業経営，農業機械，植物バイオテクノロジー，食品製造，食品化学，食品微生物，食品流通，森林科学，森林経営，林産物利用，農業土木設計，農業土木施工，水循環，造園計画，造園施工管理，造園植栽，測量，生物活用，地域資源活用		工業管理技術，工業環境技術，機械工作，機械設計，原動機，電子機械，生産技術，自動車工学，自動車整備，船舶工学，電気回路，電気機器，電力技術，電子技術，電子回路，電子計測制御，通信技術，プログラミング技術，ハードウェア技術，ソフトウェア技術，コンピュータシステム技術，建築構造，建築計画，建築構造設計，建築施工，建築法規，設備計画，空気調和設備，衛生・防災設備，測量，土木基盤力学，土木構造設計，
工業	工業技術基礎，課題研究，実習，製図，工業情報数理，工業材料技術，工業技術英語，		

教　科	科　目	教　科	科　目
工　業	土木施工，社会基盤工学，工業化学，化学工学，地球環境化学，材料製造技術，材料工学，材料加工，セラミック化学，セラミック技術，セラミック工業，繊維製品，繊維・染色技術，染織デザイン，インテリア計画，インテリア装備，インテリアエレメント生産，デザイン実践，デザイン材料，デザイン史	看　護	基礎看護，人体の構造と機能，疾病の成り立ちと回復の促進，健康支援と社会保障制度，成人看護，老年看護，小児看護，母性看護，精神看護，在宅看護，看護の統合と実践，看護臨地実習，看護情報
商　業	ビジネス基礎，課題研究，総合実践，ビジネス・コミュニケーション，マーケティング，商品開発と流通，観光ビジネス，ビジネス・マネジメント，グローバル経済，ビジネス法規，簿記，財務会計Ⅰ，財務会計Ⅱ，原価計算，管理会計，情報処理，ソフトウェア活用，プログラミング，ネットワーク活用，ネットワーク管理	情　報	情報産業と社会，課題研究，情報の表現と管理，情報テクノロジー，情報セキュリティ，情報システムのプログラミング，ネットワークシステム，データベース，情報デザイン，コンテンツの制作と発信，メディアとサービス，情報実習
水　産	水産海洋基礎，課題研究，総合実習，海洋情報技術，水産海洋科学，漁業，航海・計器，船舶運用，船用機関，機械設計工作，電気理論，移動体通信工学，海洋通信技術，資源増殖，海洋生物，海洋環境，小型船舶，食品製造，食品管理，水産流通，ダイビング，マリンスポーツ	福　祉	社会福祉基礎，介護福祉基礎，コミュニケーション技術，生活支援技術，介護過程，介護総合演習，介護実習，こころとからだの理解，福祉情報
		理　数	理数数学Ⅰ，理数数学Ⅱ，理数数学特論，理数物理，理数化学，理数生物，理数地学
		体　育	スポーツ概論，スポーツⅠ，スポーツⅡ，スポーツⅢ，スポーツⅣ，スポーツⅤ，スポーツⅥ，スポーツ総合演習
家　庭	生活産業基礎，課題研究，生活産業情報，消費生活，保育基礎，保育実践，生活と福祉，住生活デザイン，服飾文化，ファッション造形基礎，ファッション造形，ファッションデザイン，服飾手芸，フードデザイン，食文化，調理，栄養，食品，食品衛生，公衆衛生，総合調理実習	音　楽	音楽理論，音楽史，演奏研究，ソルフェージュ，声楽，器楽，作曲，鑑賞研究
		美　術	美術概論，美術史，鑑賞研究，素描，構成，絵画，版画，彫刻，ビジュアルデザイン，クラフトデザイン，情報メディアデザイン，映像表現，環境造形
		英　語	総合英語Ⅰ，総合英語Ⅱ，総合英語Ⅲ，ディベート・ディスカッションⅠ，ディベート・ディスカッションⅡ，エッセイライティングⅠ，エッセイライティングⅡ

付録2

エ　学校設定科目

　　学校においては，生徒や学校，地域の実態及び学科の特色等に応じ，特色ある教育課程の編成に資するよう，イ及びウの表に掲げる教科について，これらに属する科目以外の科目（以下「学校設定科目」という。）を設けることができる。この場合において，学校設定科目の名称，目標，内容，単位数等については，その科目の属する教科の目標に基づき，高等学校教育としての水準の確保に十分配慮し，各学校の定めるところによるものとする。

オ　学校設定教科

　(ｱ)　学校においては，生徒や学校，地域の実態及び学科の特色等に応じ，特色ある教育課程の編成に資するよう，イ及びウの表に掲げる教科以外の教科（以下「学校設定教科」という。）及び当該教科に関する科目を設けることができる。この場合において，学校設定教科及び当該教科に関する科目の名称，目標，内容，単位数等については，高等学校教育の目標に基づき，高等学校教育としての水準の確保に十分配慮し，各学校の定めるところによるものとする。

　(ｲ)　学校においては，学校設定教科に関する科目として「産業社会と人間」を設けることができる。この科目の目標，内容，単位数等を各学校において定めるに当たっては，産業社会における自己の在り方生き方について考えさせ，社会に積極的に寄与し，生涯にわたって学習に取り組む意欲や態度を養うとともに，生徒の主体的な各教科・科目の選択に資するよう，就業体験活動等の体験的な学習や調査・研究などを通して，次のような事項について指導することに配慮するものとする。

　　⑦　社会生活や職業生活に必要な基本的な能力や態度及び望ましい勤労観，職業観の育成

　　④　我が国の産業の発展とそれがもたらした社会の変化についての考察

　　⑨　自己の将来の生き方や進路についての考察及び各教科・科目の履修計画の作成

(2)　各教科・科目の履修等

ア　各学科に共通する必履修教科・科目及び総合的な探究の時間

　(ｱ)　全ての生徒に履修させる各教科・科目（以下「必履修教科・科目」という。）は次のとおりとし，その単位数は，(1)のイに標準単位数として示された単位数を下らないものとする。ただし，生徒の実態及び専門学科の特色等を考慮し，特に必要がある場合には，「数学Ⅰ」及び「英語コミュニケーションⅠ」については２単位とすることができ，その他の必履修教科・科目（標準単位数が２単位であるものを除く。）についてはその単位数の一部を減じることができる。

　　⑦　国語のうち「現代の国語」及び「言語文化」

　　④　地理歴史のうち「地理総合」及び「歴史総合」

　　⑨　公民のうち「公共」

　　⑤　数学のうち「数学Ⅰ」

(オ) 理科のうち「科学と人間生活」,「物理基礎」,「化学基礎」,「生物基礎」及び「地学基礎」のうちから2科目（うち1科目は「科学と人間生活」とする。）又は「物理基礎」,「化学基礎」,「生物基礎」及び「地学基礎」のうちから3科目

(カ) 保健体育のうち「体育」及び「保健」

(キ) 芸術のうち「音楽Ⅰ」,「美術Ⅰ」,「工芸Ⅰ」及び「書道Ⅰ」のうちから1科目

(ク) 外国語のうち「英語コミュニケーションⅠ」（英語以外の外国語を履修する場合は，学校設定科目として設ける1科目とし，その標準単位数は3単位とする。）

(ケ) 家庭のうち「家庭基礎」及び「家庭総合」のうちから1科目

(コ) 情報のうち「情報Ⅰ」

(イ) 総合的な探究の時間については，全ての生徒に履修させるものとし，その単位数は，(1)のイに標準単位数として示された単位数の下限を下らないものとする。ただし，特に必要がある場合には，その単位数を2単位とすることができる。

(ウ) 外国の高等学校に留学していた生徒について，外国の高等学校における履修により，必履修教科・科目又は総合的な探究の時間の履修と同様の成果が認められる場合においては，外国の高等学校における履修をもって相当する必履修教科・科目又は総合的な探究の時間の履修の一部又は全部に替えることができる。

イ　専門学科における各教科・科目の履修

専門学科における各教科・科目の履修については，アのほか次のとおりとする。

(ア) 専門学科においては，専門教科・科目（(1)のウの表に掲げる各教科・科目，同表に掲げる教科に属する学校設定科目及び専門教育に関する学校設定教科に関する科目をいう。以下同じ。）について，全ての生徒に履修させる単位数は，25単位を下らないこと。ただし，商業に関する学科においては，上記の単位数の中に外国語に属する科目の単位を5単位まで含めることができること。また，商業に関する学科以外の専門学科においては，各学科の目標を達成する上で，専門教科・科目以外の各教科・科目の履修により，専門教科・科目の履修と同様の成果が期待できる場合においては，その専門教科・科目以外の各教科・科目の単位を5単位まで上記の単位数の中に含めることができること。

(イ) 専門教科・科目の履修によって，アの必履修教科・科目の履修と同様の成果が期待できる場合においては，その専門教科・科目の履修をもって，必履修教科・科目の履修の一部又は全部に替えることができること。

(ウ) 職業教育を主とする専門学科においては，総合的な探究の時間の履修により，農業，工業，商業，水産，家庭若しくは情報の各教科の「課題研究」，看護の「看護臨地実習」又は福祉の「介護総合演習」（以下「課題研究等」という。）の履修と同様の成果が期待できる場合においては，総合的な探究の時間の履修をもって課題研究等の履修の一部又は全部に替えることができること。また，課題研究等の履修により，総合的な探究の時間の履修と同様の成果が期待できる場合におい

ては，課題研究等の履修をもって総合的な探究の時間の履修の一部又は全部に替えることができること。

ウ　総合学科における各教科・科目の履修等

　　総合学科における各教科・科目の履修等については，アのほか次のとおりとする。

(ア)　総合学科においては，(1)のオの(イ)に掲げる「産業社会と人間」を全ての生徒に原則として入学年次に履修させるものとし，標準単位数は2〜4単位とすること。

(イ)　総合学科においては，学年による教育課程の区分を設けない課程（以下「単位制による課程」という。）とすることを原則とするとともに，「産業社会と人間」及び専門教科・科目を合わせて25単位以上設け，生徒が多様な各教科・科目から主体的に選択履修できるようにすること。その際，生徒が選択履修するに当たっての指針となるよう，体系性や専門性等において相互に関連する各教科・科目によって構成される科目群を複数設けるとともに，必要に応じ，それら以外の各教科・科目を設け，生徒が自由に選択履修できるようにすること。

(3)　各教科・科目等の授業時数等

ア　全日制の課程における各教科・科目及びホームルーム活動の授業は，年間35週行うことを標準とし，必要がある場合には，各教科・科目の授業を特定の学期又は特定の期間（夏季,冬季,学年末等の休業日の期間に授業日を設定する場合を含む。）に行うことができる。

イ　全日制の課程における週当たりの授業時数は,30単位時間を標準とする。ただし，必要がある場合には，これを増加することができる。

ウ　定時制の課程における授業日数の季節的配分又は週若しくは1日当たりの授業時数については，生徒の勤労状況と地域の諸事情等を考慮して，適切に定めるものとする。

エ　ホームルーム活動の授業時数については，原則として，年間35単位時間以上とするものとする。

オ　生徒会活動及び学校行事については，学校の実態に応じて，それぞれ適切な授業時数を充てるものとする。

カ　定時制の課程において，特別の事情がある場合には，ホームルーム活動の授業時数の一部を減じ，又はホームルーム活動及び生徒会活動の内容の一部を行わないものとすることができる。

キ　各教科・科目等のそれぞれの授業の1単位時間は，各学校において，各教科・科目等の授業時数を確保しつつ，生徒の実態及び各教科・科目等の特質を考慮して適切に定めるものとする。

ク　各教科・科目等の特質に応じ，10分から15分程度の短い時間を活用して特定の各教科・科目等の指導を行う場合において，当該各教科・科目等を担当する教師が単元や題材など内容や時間のまとまりを見通した中で，その指導内容の決定や指導の成果の把握と活用等を責任をもって行う体制が整備されているときは，その時間

を当該各教科・科目等の授業時数に含めることができる。

ケ　総合的な探究の時間における学習活動により，特別活動の学校行事に掲げる各行事の実施と同様の成果が期待できる場合においては，総合的な探究の時間における学習活動をもって相当する特別活動の学校行事に掲げる各行事の実施に替えることができる。

コ　理数の「理数探究基礎」又は「理数探究」の履修により，総合的な探究の時間の履修と同様の成果が期待できる場合においては，「理数探究基礎」又は「理数探究」の履修をもって総合的な探究の時間の履修の一部又は全部に替えることができる。

(4) 選択履修の趣旨を生かした適切な教育課程の編成

　　教育課程の編成に当たっては，生徒の特性，進路等に応じた適切な各教科・科目の履修ができるようにし，このため，多様な各教科・科目を設け生徒が自由に選択履修することのできるよう配慮するものとする。また，教育課程の類型を設け，そのいずれかの類型を選択して履修させる場合においても，その類型において履修させることになっている各教科・科目以外の各教科・科目を履修させたり，生徒が自由に選択履修することのできる各教科・科目を設けたりするものとする。

(5) 各教科・科目等の内容等の取扱い

ア　学校においては，第2章以下に示していない事項を加えて指導することができる。また，第2章以下に示す内容の取扱いのうち内容の範囲や程度等を示す事項は，当該科目を履修する全ての生徒に対して指導するものとする内容の範囲や程度等を示したものであり，学校において必要がある場合には，この事項にかかわらず指導することができる。ただし，これらの場合には，第2章以下に示す教科，科目及び特別活動の目標や内容の趣旨を逸脱したり，生徒の負担が過重となったりすることのないようにするものとする。

イ　第2章以下に示す各教科・科目及び特別活動の内容に掲げる事項の順序は，特に示す場合を除き，指導の順序を示すものではないので，学校においては，その取扱いについて適切な工夫を加えるものとする。

ウ　学校においては，あらかじめ計画して，各教科・科目の内容及び総合的な探究の時間における学習活動を学期の区分に応じて単位ごとに分割して指導することができる。

エ　学校においては，特に必要がある場合には，第2章及び第3章に示す教科及び科目の目標の趣旨を損なわない範囲内で，各教科・科目の内容に関する事項について，基礎的・基本的な事項に重点を置くなどその内容を適切に選択して指導することができる。

(6) 指導計画の作成に当たっての配慮事項

　　各学校においては，次の事項に配慮しながら，学校の創意工夫を生かし，全体として，調和のとれた具体的な指導計画を作成するものとする。

ア　各教科・科目等の指導内容については，単元や題材など内容や時間のまとまりを見通しながら，そのまとめ方や重点の置き方に適切な工夫を加え，第3款の1に示

す主体的・対話的で深い学びの実現に向けた授業改善を通して資質・能力を育む効果的な指導ができるようにすること。

イ　各教科・科目等について相互の関連を図り，系統的，発展的な指導ができるようにすること。

(7) キャリア教育及び職業教育に関する配慮事項

ア　学校においては，第5款の1に示すキャリア教育及び職業教育を推進するために，生徒の特性や進路，学校や地域の実態等を考慮し，地域や産業界等との連携を図り，産業現場等における長期間の実習を取り入れるなどの就業体験活動の機会を積極的に設けるとともに，地域や産業界等の人々の協力を積極的に得るよう配慮するものとする。

イ　普通科においては，生徒の特性や進路，学校や地域の実態等を考慮し，必要に応じて，適切な職業に関する各教科・科目の履修の機会の確保について配慮するものとする。

ウ　職業教育を主とする専門学科においては，次の事項に配慮するものとする。

(ｱ) 職業に関する各教科・科目については，実験・実習に配当する授業時数を十分確保するようにすること。

(ｲ) 生徒の実態を考慮し，職業に関する各教科・科目の履修を容易にするため特別な配慮が必要な場合には，各分野における基礎的又は中核的な科目を重点的に選択し，その内容については基礎的・基本的な事項が確実に身に付くように取り扱い，また，主として実験・実習によって指導するなどの工夫をこらすようにすること。

エ　職業に関する各教科・科目については，次の事項に配慮するものとする。

(ｱ) 職業に関する各教科・科目については，就業体験活動をもって実習に替えることができること。この場合，就業体験活動は，その各教科・科目の内容に直接関係があり，かつ，その一部としてあらかじめ計画し，評価されるものであることを要すること。

(ｲ) 農業，水産及び家庭に関する各教科・科目の指導に当たっては，ホームプロジェクト並びに学校家庭クラブ及び学校農業クラブなどの活動を活用して，学習の効果を上げるよう留意すること。この場合，ホームプロジェクトについては，その各教科・科目の授業時数の10分の2以内をこれに充てることができること。

(ｳ) 定時制及び通信制の課程において，職業に関する各教科・科目を履修する生徒が，現にその各教科・科目と密接な関係を有する職業（家事を含む。）に従事している場合で，その職業における実務等が，その各教科・科目の一部を履修した場合と同様の成果があると認められるときは，その実務等をもってその各教科・科目の履修の一部に替えることができること。

4　学校段階等間の接続

教育課程の編成に当たっては，次の事項に配慮しながら，学校段階等間の接続を図るものとする。

付録2

(1) 現行の中学校学習指導要領を踏まえ，中学校教育までの学習の成果が高等学校教育に円滑に接続され，高等学校教育段階の終わりまでに育成することを目指す資質・能力を，生徒が確実に身に付けることができるよう工夫すること。特に，中等教育学校，連携型高等学校及び併設型高等学校においては，中等教育6年間を見通した計画的かつ継続的な教育課程を編成すること。

(2) 生徒や学校の実態等に応じ，必要がある場合には，例えば次のような工夫を行い，義務教育段階での学習内容の確実な定着を図るようにすること。

ア　各教科・科目の指導に当たり，義務教育段階での学習内容の確実な定着を図るための学習機会を設けること。

イ　義務教育段階での学習内容の確実な定着を図りながら，必履修教科・科目の内容を十分に習得させることができるよう，その単位数を標準単位数の標準の限度を超えて増加して配当すること。

ウ　義務教育段階での学習内容の確実な定着を図ることを目標とした学校設定科目等を履修させた後に，必履修教科・科目を履修させるようにすること。

(3) 大学や専門学校等における教育や社会的・職業的自立，生涯にわたる学習のために，高等学校卒業以降の教育や職業との円滑な接続が図られるよう，関連する教育機関や企業等との連携により，卒業後の進路に求められる資質・能力を着実に育成することができるよう工夫すること。

5　通信制の課程における教育課程の特例

通信制の課程における教育課程については，1から4まで（3の(3)，(4)並びに(7)のエの(ア)及び(イ)を除く。）並びに第1款及び第3款から第7款までに定めるところによるほか，次に定めるところによる。

(1) 各教科・科目の添削指導の回数及び面接指導の単位時間（1単位時間は，50分として計算するものとする。以下同じ。）数の標準は，1単位につき次の表のとおりとする。

各教科・科目	添削指導（回）	面接指導（単位時間）
国語，地理歴史，公民及び数学に属する科目	3	1
理科に属する科目	3	4
保健体育に属する科目のうち「体育」	1	5
保健体育に属する科目のうち「保健」	3	1
芸術及び外国語に属する科目	3	4
家庭及び情報に属する科目並びに専門教科・科目	各教科・科目の必要に応じて2～3	各教科・科目の必要に応じて2～8

(2) 学校設定教科に関する科目のうち専門教科・科目以外のものの添削指導の回数及び面接指導の単位時間数については，1単位につき，それぞれ1回以上及び1単位時間以上を確保した上で，各学校が適切に定めるものとする。

付録2

(3) 理数に属する科目及び総合的な探究の時間の添削指導の回数及び面接指導の単位時間数については，1単位につき，それぞれ1回以上及び1単位時間以上を確保した上で，各学校において，学習活動に応じ適切に定めるものとする。

(4) 各学校における面接指導の1回あたりの時間は，各学校において，(1)から(3)までの標準を踏まえ，各教科・科目及び総合的な探究の時間の面接指導の単位時間数を確保しつつ，生徒の実態並びに各教科・科目及び総合的な探究の時間の特質を考慮して適切に定めるものとする。

(5) 学校が，その指導計画に，各教科・科目又は特別活動について体系的に行われるラジオ放送，テレビ放送その他の多様なメディアを利用して行う学習を計画的かつ継続的に取り入れた場合で，生徒がこれらの方法により学習し，報告課題の作成等により，その成果が満足できると認められるときは，その生徒について，その各教科・科目の面接指導の時間数又は特別活動の時間数（以下「面接指導等時間数」という。）のうち，10分の6以内の時間数を免除することができる。また，生徒の実態等を考慮して特に必要がある場合は，面接指導等時間数のうち，複数のメディアを利用することにより，各メディアごとにそれぞれ10分の6以内の時間数を免除することができる。ただし，免除する時間数は，合わせて10分の8を超えることができない。

なお，生徒の面接指導等時間数を免除しようとする場合には，本来行われるべき学習の量と質を低下させることがないよう十分配慮しなければならない。

(6) 特別活動については，ホームルーム活動を含めて，各々の生徒の卒業までに30単位時間以上指導するものとする。なお，特別の事情がある場合には，ホームルーム活動及び生徒会活動の内容の一部を行わないものとすることができる。

● 第3款　教育課程の実施と学習評価

1　主体的・対話的で深い学びの実現に向けた授業改善
　各教科・科目等の指導に当たっては，次の事項に配慮するものとする。

(1) 第1款の3の(1)から(3)までに示すことが偏りなく実現されるよう，単元や題材など内容や時間のまとまりを見通しながら，生徒の主体的・対話的で深い学びの実現に向けた授業改善を行うこと。

特に，各教科・科目等において身に付けた知識及び技能を活用したり，思考力，判断力，表現力等や学びに向かう力，人間性等を発揮させたりして，学習の対象となる物事を捉え思考することにより，各教科・科目等の特質に応じた物事を捉える視点や考え方（以下「見方・考え方」という。）が鍛えられていくことに留意し，生徒が各教科・科目等の特質に応じた見方・考え方を働かせながら，知識を相互に関連付けてより深く理解したり，情報を精査して考えを形成したり，問題を見いだして解決策を考えたり，思いや考えを基に創造したりすることに向かう過程を重視した学習の充実を図ること。

(2) 第2款の2の(1)に示す言語能力の育成を図るため，各学校において必要な言語環境を整えるとともに，国語科を要としつつ各教科・科目等の特質に応じて，生徒の言

語活動を充実すること。あわせて，(6)に示すとおり読書活動を充実すること。

(3) 第2款の2の(1)に示す情報活用能力の育成を図るため，各学校において，コンピュータや情報通信ネットワークなどの情報手段を活用するために必要な環境を整え，これらを適切に活用した学習活動の充実を図ること。また，各種の統計資料や新聞，視聴覚教材や教育機器などの教材・教具の適切な活用を図ること。

(4) 生徒が学習の見通しを立てたり学習したことを振り返ったりする活動を，計画的に取り入れるように工夫すること。

(5) 生徒が生命の有限性や自然の大切さ，主体的に挑戦してみることや多様な他者と協働することの重要性などを実感しながら理解することができるよう，各教科・科目等の特質に応じた体験活動を重視し，家庭や地域社会と連携しつつ体系的・継続的に実施できるよう工夫すること。

(6) 学校図書館を計画的に利用しその機能の活用を図り，生徒の主体的・対話的で深い学びの実現に向けた授業改善に生かすとともに，生徒の自主的，自発的な学習活動や読書活動を充実すること。また，地域の図書館や博物館，美術館，劇場，音楽堂等の施設の活用を積極的に図り，資料を活用した情報の収集や鑑賞等の学習活動を充実すること。

2　学習評価の充実

学習評価の実施に当たっては，次の事項に配慮するものとする。

(1) 生徒のよい点や進歩の状況などを積極的に評価し，学習したことの意義や価値を実感できるようにすること。また，各教科・科目等の目標の実現に向けた学習状況を把握する観点から，単元や題材など内容や時間のまとまりを見通しながら評価の場面や方法を工夫して，学習の過程や成果を評価し，指導の改善や学習意欲の向上を図り，資質・能力の育成に生かすようにすること。

(2) 創意工夫の中で学習評価の妥当性や信頼性が高められるよう，組織的かつ計画的な取組を推進するとともに，学年や学校段階を越えて生徒の学習の成果が円滑に接続されるように工夫すること。

● 第4款　単位の修得及び卒業の認定

1　各教科・科目及び総合的な探究の時間の単位の修得の認定

(1) 学校においては，生徒が学校の定める指導計画に従って各教科・科目を履修し，その成果が教科及び科目の目標からみて満足できると認められる場合には，その各教科・科目について履修した単位を修得したことを認定しなければならない。

(2) 学校においては，生徒が学校の定める指導計画に従って総合的な探究の時間を履修し，その成果が第4章の第2の1に基づき定められる目標からみて満足できると認められる場合には，総合的な探究の時間について履修した単位を修得したことを認定しなければならない。

(3) 学校においては，生徒が1科目又は総合的な探究の時間を2以上の年次にわたって履修したときは，各年次ごとにその各教科・科目又は総合的な探究の時間について履

付録2

修した単位を修得したことを認定することを原則とする。また，単位の修得の認定を学期の区分ごとに行うことができる。

2 卒業までに修得させる単位数

学校においては，卒業までに修得させる単位数を定め，校長は，当該単位数を修得した者で，特別活動の成果がその目標からみて満足できると認められるものについて，高等学校の全課程の修了を認定するものとする。この場合，卒業までに修得させる単位数は，74単位以上とする。なお，普通科においては，卒業までに修得させる単位数に含めることができる学校設定科目及び学校設定教科に関する科目に係る修得単位数は，合わせて20単位を超えることができない。

3 各学年の課程の修了の認定

学校においては，各学年の課程の修了の認定については，単位制が併用されていることを踏まえ，弾力的に行うよう配慮するものとする。

● 第5款　生徒の発達の支援

1 生徒の発達を支える指導の充実

教育課程の編成及び実施に当たっては，次の事項に配慮するものとする。

(1) 学習や生活の基盤として，教師と生徒との信頼関係及び生徒相互のよりよい人間関係を育てるため，日頃からホームルーム経営の充実を図ること。また，主に集団の場面で必要な指導や援助を行うガイダンスと，個々の生徒の多様な実態を踏まえ，一人一人が抱える課題に個別に対応した指導を行うカウンセリングの双方により，生徒の発達を支援すること。

(2) 生徒が，自己の存在感を実感しながら，よりよい人間関係を形成し，有意義で充実した学校生活を送る中で，現在及び将来における自己実現を図っていくことができるよう，生徒理解を深め，学習指導と関連付けながら，生徒指導の充実を図ること。

(3) 生徒が，学ぶことと自己の将来とのつながりを見通しながら，社会的・職業的自立に向けて必要な基盤となる資質・能力を身に付けていくことができるよう，特別活動を要としつつ各教科・科目等の特質に応じて，キャリア教育の充実を図ること。その中で，生徒が自己の在り方生き方を考え主体的に進路を選択することができるよう，学校の教育活動全体を通じ，組織的かつ計画的な進路指導を行うこと。

(4) 学校の教育活動全体を通じて，個々の生徒の特性等の的確な把握に努め，その伸長を図ること。また，生徒が適切な各教科・科目や類型を選択し学校やホームルームでの生活によりよく適応するとともに，現在及び将来の生き方を考え行動する態度や能力を育成することができるようにすること。

(5) 生徒が，基礎的・基本的な知識及び技能の習得も含め，学習内容を確実に身に付けることができるよう，生徒や学校の実態に応じ，個別学習やグループ別学習，繰り返し学習，学習内容の習熟の程度に応じた学習，生徒の興味・関心等に応じた課題学習，補充的な学習や発展的な学習などの学習活動を取り入れることや，教師間の協力による指導体制を確保することなど，指導方法や指導体制の工夫改善により，個に応じた

指導の充実を図ること。その際，第3款の1の(3)に示す情報手段や教材・教具の活用を図ること。

(6) 学習の遅れがちな生徒などについては，各教科・科目等の選択，その内容の取扱いなどについて必要な配慮を行い，生徒の実態に応じ，例えば義務教育段階の学習内容の確実な定着を図るための指導を適宜取り入れるなど，指導内容や指導方法を工夫すること。

2 特別な配慮を必要とする生徒への指導

(1) 障害のある生徒などへの指導

ア 障害のある生徒などについては，特別支援学校等の助言又は援助を活用しつつ，個々の生徒の障害の状態等に応じた指導内容や指導方法の工夫を組織的かつ計画的に行うものとする。

イ 障害のある生徒に対して，学校教育法施行規則第140条の規定に基づき，特別の教育課程を編成し，障害に応じた特別の指導（以下「通級による指導」という。）を行う場合には，学校教育法施行規則第129条の規定により定める現行の特別支援学校高等部学習指導要領第6章に示す自立活動の内容を参考とし，具体的な目標や内容を定め，指導を行うものとする。その際，通級による指導が効果的に行われるよう，各教科・科目等と通級による指導との関連を図るなど，教師間の連携に努めるものとする。

なお，通級による指導における単位の修得の認定については，次のとおりとする。

(ア) 学校においては，生徒が学校の定める個別の指導計画に従って通級による指導を履修し，その成果が個別に設定された指導目標からみて満足できると認められる場合には，当該学校の単位を修得したことを認定しなければならない。

(イ) 学校においては，生徒が通級による指導を2以上の年次にわたって履修したときは，各年次ごとに当該学校の単位を修得したことを認定することを原則とする。ただし，年度途中から通級による指導を開始するなど，特定の年度における授業時数が，1単位として計算する標準の単位時間に満たない場合は，次年度以降に通級による指導の時間を設定し，2以上の年次にわたる授業時数を合算して単位の修得の認定を行うことができる。また，単位の修得の認定を学期の区分ごとに行うことができる。

ウ 障害のある生徒などについては，家庭，地域及び医療や福祉，保健，労働等の業務を行う関係機関との連携を図り，長期的な視点で生徒への教育的支援を行うために，個別の教育支援計画を作成し活用することに努めるとともに，各教科・科目等の指導に当たって，個々の生徒の実態を的確に把握し，個別の指導計画を作成し活用することに努めるものとする。特に，通級による指導を受ける生徒については，個々の生徒の障害の状態等の実態を的確に把握し，個別の教育支援計画や個別の指導計画を作成し，効果的に活用するものとする。

(2) 海外から帰国した生徒などの学校生活への適応や，日本語の習得に困難のある生徒に対する日本語指導

ア　海外から帰国した生徒などについては，学校生活への適応を図るとともに，外国
における生活経験を生かすなどの適切な指導を行うものとする。

イ　日本語の習得に困難のある生徒については，個々の生徒の実態に応じた指導内容
や指導方法の工夫を組織的かつ計画的に行うものとする。

(3) 不登校生徒への配慮

ア　不登校生徒については，保護者や関係機関と連携を図り，心理や福祉の専門家の
助言又は援助を得ながら，社会的自立を目指す観点から，個々の生徒の実態に応じ
た情報の提供その他の必要な支援を行うものとする。

イ　相当の期間高等学校を欠席し引き続き欠席すると認められる生徒等を対象とし
て，文部科学大臣が認める特別の教育課程を編成する場合には，生徒の実態に配慮
した教育課程を編成するとともに，個別学習やグループ別学習など指導方法や指導
体制の工夫改善に努めるものとする。

● 第6款　学校運営上の留意事項

付録2

1　教育課程の改善と学校評価，教育課程外の活動との連携等

ア　各学校においては，校長の方針の下に，校務分掌に基づき教職員が適切に役割を分
担しつつ，相互に連携しながら，各学校の特色を生かしたカリキュラム・マネジメン
トを行うよう努めるものとする。また，各学校が行う学校評価については，教育課程
の編成，実施，改善が教育活動や学校運営の中核となることを踏まえ，カリキュラム・
マネジメントと関連付けながら実施するよう留意するものとする。

イ　教育課程の編成及び実施に当たっては，学校保健計画，学校安全計画，食に関する
指導の全体計画，いじめの防止等のための対策に関する基本的な方針など，各分野に
おける学校の全体計画等と関連付けながら，効果的な指導が行われるように留意する
ものとする。

ウ　教育課程外の学校教育活動と教育課程の関連が図られるように留意するものとす
る。特に，生徒の自主的，自発的な参加により行われる部活動については，スポーツ
や文化，科学等に親しませ，学習意欲の向上や責任感，連帯感の涵養等，学校教育が
目指す資質・能力の育成に資するものであり，学校教育の一環として，教育課程との
関連が図られるよう留意すること。その際，学校や地域の実態に応じ，地域の人々の
協力，社会教育施設や社会教育関係団体等の各種団体との連携などの運営上の工夫を
行い，持続可能な運営体制が整えられるようにするものとする。

2　家庭や地域社会との連携及び協働と学校間の連携

教育課程の編成及び実施に当たっては，次の事項に配慮するものとする。

ア　学校がその目的を達成するため，学校や地域の実態等に応じ，教育活動の実施に必
要な人的又は物的な体制を家庭や地域の人々の協力を得ながら整えるなど，家庭や地
域社会との連携及び協働を深めること。また，高齢者や異年齢の子供など，地域にお
ける世代を越えた交流の機会を設けること。

イ　他の高等学校や，幼稚園，認定こども園，保育所，小学校，中学校，特別支援学校

及び大学などとの間の連携や交流を図るとともに，障害のある幼児児童生徒との交流及び共同学習の機会を設け，共に尊重し合いながら協働して生活していく態度を育むようにすること。

● 第7款　道徳教育に関する配慮事項

道徳教育を進めるに当たっては，道徳教育の特質を踏まえ，第6款までに示す事項に加え，次の事項に配慮するものとする。

1　各学校においては，第1款の2の(2)に示す道徳教育の目標を踏まえ，道徳教育の全体計画を作成し，校長の方針の下に，道徳教育の推進を主に担当する教師（「道徳教育推進教師」という。）を中心に，全教師が協力して道徳教育を展開すること。なお，道徳教育の全体計画の作成に当たっては，生徒や学校の実態に応じ，指導の方針や重点を明らかにして，各教科・科目等との関係を明らかにすること。その際，公民科の「公共」及び「倫理」並びに特別活動が，人間としての在り方生き方に関する中核的な指導の場面であることに配慮すること。

2　道徳教育を進めるに当たっては，中学校までの特別の教科である道徳の学習等を通じて深めた，主として自分自身，人との関わり，集団や社会との関わり，生命や自然，崇高なものとの関わりに関する道徳的諸価値についての理解を基にしながら，様々な体験や思索の機会等を通して，人間としての在り方生き方についての考えを深めるよう留意すること。また，自立心や自律性を高め，規律ある生活をすること，生命を尊重する心を育てること，社会連帯の自覚を高め，主体的に社会の形成に参画する意欲と態度を養うこと，義務を果たし責任を重んずる態度及び人権を尊重し差別のないよりよい社会を実現しようとする態度を養うこと，伝統と文化を尊重し，それらを育んできた我が国と郷土を愛するとともに，他国を尊重すること，国際社会に生きる日本人としての自覚を身に付けることに関する指導が適切に行われるよう配慮すること。

3　学校やホームルーム内の人間関係や環境を整えるとともに，就業体験活動やボランティア活動，自然体験活動，地域の行事への参加などの豊かな体験を充実すること。また，道徳教育の指導が，生徒の日常生活に生かされるようにすること。その際，いじめの防止や安全の確保等にも資することとなるように留意すること。

4　学校の道徳教育の全体計画や道徳教育に関する諸活動などの情報を積極的に公表したり，道徳教育の充実のために家庭や地域の人々の積極的な参加や協力を得たりするなど，家庭や地域社会との共通理解を深めること。

付録2

高等学校学習指導要領　第2章　第10節　情報

● 第1款　目　標

　情報に関する科学的な見方・考え方を働かせ，情報技術を活用して問題の発見・解決を行う学習活動を通して，問題の発見・解決に向けて情報と情報技術を適切かつ効果的に活用し，情報社会に主体的に参画するための資質・能力を次のとおり育成することを目指す。

(1) 情報と情報技術及びこれらを活用して問題を発見・解決する方法について理解を深め技能を習得するとともに，情報社会と人との関わりについての理解を深めるようにする。

(2) 様々な事象を情報とその結び付きとして捉え，問題の発見・解決に向けて情報と情報技術を適切かつ効果的に活用する力を養う。

(3) 情報と情報技術を適切に活用するとともに，情報社会に主体的に参画する態度を養う。

● 第2款　各　科　目

第1　情報Ⅰ

1　目　標

　情報に関する科学的な見方・考え方を働かせ，情報技術を活用して問題の発見・解決を行う学習活動を通して，問題の発見・解決に向けて情報と情報技術を適切かつ効果的に活用し，情報社会に主体的に参画するための資質・能力を次のとおり育成することを目指す。

(1) 効果的なコミュニケーションの実現，コンピュータやデータの活用について理解を深め技能を習得するとともに，情報社会と人との関わりについて理解を深めるようにする。

(2) 様々な事象を情報とその結び付きとして捉え，問題の発見・解決に向けて情報と情報技術を適切かつ効果的に活用する力を養う。

(3) 情報と情報技術を適切に活用するとともに，情報社会に主体的に参画する態度を養う。

2　内　容

(1) 情報社会の問題解決

　　情報と情報技術を活用した問題の発見・解決の方法に着目し，情報社会の問題を発見・解決する活動を通して，次の事項を身に付けることができるよう指導する。

　ア　次のような知識及び技能を身に付けること。

　　(ア) 情報やメディアの特性を踏まえ，情報と情報技術を活用して問題を発見・解決する方法を身に付けること。

　　(イ) 情報に関する法規や制度，情報セキュリティの重要性，情報社会における個

人の責任及び情報モラルについて理解すること。

(ウ) 情報技術が人や社会に果たす役割と及ぼす影響について理解すること。

イ　次のような思考力，判断力，表現力等を身に付けること。

(ア) 目的や状況に応じて，情報と情報技術を適切かつ効果的に活用して問題を発見・解決する方法について考えること。

(イ) 情報に関する法規や制度及びマナーの意義，情報社会において個人の果たす役割や責任，情報モラルなどについて，それらの背景を科学的に捉え，考察すること。

(ウ) 情報と情報技術の適切かつ効果的な活用と望ましい情報社会の構築について考察すること。

(2) コミュニケーションと情報デザイン

メディアとコミュニケーション手段及び情報デザインに着目し，目的や状況に応じて受け手に分かりやすく情報を伝える活動を通して，次の事項を身に付けることができるよう指導する。

ア　次のような知識及び技能を身に付けること。

(ア) メディアの特性とコミュニケーション手段の特徴について，その変遷も踏まえて科学的に理解すること。

(イ) 情報デザインが人や社会に果たしている役割を理解すること。

(ウ) 効果的なコミュニケーションを行うための情報デザインの考え方や方法を理解し表現する技能を身に付けること。

イ　次のような思考力，判断力，表現力等を身に付けること。

(ア) メディアとコミュニケーション手段の関係を科学的に捉え，それらを目的や状況に応じて適切に選択すること。

(イ) コミュニケーションの目的を明確にして，適切かつ効果的な情報デザインを考えること。

(ウ) 効果的なコミュニケーションを行うための情報デザインの考え方や方法に基づいて表現し，評価し改善すること。

(3) コンピュータとプログラミング

コンピュータで情報が処理される仕組みに着目し，プログラミングやシミュレーションによって問題を発見・解決する活動を通して，次の事項を身に付けることができるよう指導する。

ア　次のような知識及び技能を身に付けること。

(ア) コンピュータや外部装置の仕組みや特徴，コンピュータでの情報の内部表現と計算に関する限界について理解すること。

(イ) アルゴリズムを表現する手段，プログラミングによってコンピュータや情報通信ネットワークを活用する方法について理解し技能を身に付けること。

(ウ) 社会や自然などにおける事象をモデル化する方法，シミュレーションを通してモデルを評価し改善する方法について理解すること。

イ　次のような思考力，判断力，表現力等を身に付けること。

(ｱ) コンピュータで扱われる情報の特徴とコンピュータの能力との関係について考察すること。

(ｲ) 目的に応じたアルゴリズムを考え適切な方法で表現し，プログラミングによりコンピュータや情報通信ネットワークを活用するとともに，その過程を評価し改善すること。

(ｳ) 目的に応じたモデル化やシミュレーションを適切に行うとともに，その結果を踏まえて問題の適切な解決方法を考えること。

(4) 情報通信ネットワークとデータの活用

情報通信ネットワークを介して流通するデータに着目し，情報通信ネットワークや情報システムにより提供されるサービスを活用し，問題を発見・解決する活動を通して，次の事項を身に付けることができるよう指導する。

ア　次のような知識及び技能を身に付けること。

(ｱ) 情報通信ネットワークの仕組みや構成要素，プロトコルの役割及び情報セキュリティを確保するための方法や技術について理解すること。

(ｲ) データを蓄積，管理，提供する方法，情報通信ネットワークを介して情報システムがサービスを提供する仕組みと特徴について理解すること。

(ｳ) データを表現，蓄積するための表し方と，データを収集，整理，分析する方法について理解し技能を身に付けること。

イ　次のような思考力，判断力，表現力等を身に付けること。

(ｱ) 目的や状況に応じて，情報通信ネットワークにおける必要な構成要素を選択するとともに，情報セキュリティを確保する方法について考えること。

(ｲ) 情報システムが提供するサービスの効果的な活用について考えること。

(ｳ) データの収集，整理，分析及び結果の表現の方法を適切に選択し，実行し，評価し改善すること。

3　内容の取扱い

(1) 内容の(1)から(4)までについては，中学校までの情報と情報技術及び情報社会に関する学習，問題の発見・解決に関する学習並びにデータの活用に関する学習などとの関連に配慮するものとする。

(2) 内容の(1)については，この科目の導入として位置付け，(2)から(4)までとの関連に配慮するものとする。アの(ｲ)及び(ｳ)並びにイの(ｲ)及び(ｳ)については，生徒が情報社会の問題を主体的に発見し明確化し，解決策を考える活動を取り入れるものとする。

(3) 内容の(2)のアの(ｲ)については，身近で具体的な情報デザインの例を基に，コンピュータなどを簡単に操作できるようにする工夫，年齢や障害の有無，言語などに関係なく全ての人にとって利用しやすくする工夫などを取り上げるものとする。

(4) 内容の(3)のアの(ｲ)及びイの(ｲ)については，関数の定義・使用によりプログラムの構造を整理するとともに，性能を改善する工夫の必要性についても触れるもの

とする。アの(ウ)及びイの(ウ)については，コンピュータを使う場合と使わない場合の双方を体験させるとともに，モデルの違いによって結果に違いが出ることについても触れるものとする。

(5) 内容の(4)のアの(ア)及びイの(ア)については，小規模なネットワークを設計する活動を取り入れるものとする。アの(イ)及びイの(イ)については，自らの情報活用の評価・改善について発表し討議するなどの活動を取り入れるものとする。アの(ウ)及びイの(ウ)については，比較，関連，変化，分類などの目的に応じた分析方法があることも扱うものとする。

第2　情報Ⅱ

1　目　標

情報に関する科学的な見方・考え方を働かせ，情報技術を活用して問題の発見・解決を行う学習活動を通して，問題の発見・解決に向けて情報と情報技術を適切かつ効果的，創造的に活用し，情報社会に主体的に参画し，その発展に寄与するための資質・能力を次のとおり育成することを目指す。

(1) 多様なコミュニケーションの実現，情報システムや多様なデータの活用について理解を深め技能を習得するとともに，情報技術の発展と社会の変化について理解を深めるようにする。

(2) 様々な事象を情報とその結び付きとして捉え，問題の発見・解決に向けて情報と情報技術を適切かつ効果的，創造的に活用する力を養う。

(3) 情報と情報技術を適切に活用するとともに，新たな価値の創造を目指し，情報社会に主体的に参画し，その発展に寄与する態度を養う。

2　内　容

(1) 情報社会の進展と情報技術

情報技術の発展による人や社会への影響に着目し，情報社会の進展と情報技術との関係を歴史的に捉え，将来の情報技術を展望する活動を通して，次の事項を身に付けることができるよう指導する。

ア　次のような知識を身に付けること。

(ア) 情報技術の発展の歴史を踏まえ，情報社会の進展について理解すること。

(イ) 情報技術の発展によるコミュニケーションの多様化について理解すること。

(ウ) 情報技術の発展による人の知的活動への影響について理解すること。

イ　次のような思考力，判断力，表現力等を身に付けること。

(ア) 情報技術の発展や情報社会の進展を踏まえ，将来の情報技術と情報社会の在り方について考察すること。

(イ) コミュニケーションが多様化する社会におけるコンテンツの創造と活用の意義について考察すること。

(ウ) 人の知的活動が変化する社会における情報システムの創造やデータ活用の意義について考察すること。

(2) コミュニケーションとコンテンツ

多様なコミュニケーションの形態とメディアの特性に着目し，目的や状況に応じて情報デザインに配慮し，文字，音声，静止画，動画などを組み合わせたコンテンツを協働して制作し，様々な手段で発信する活動を通して，次の事項を身に付けることができるよう指導する。

ア　次のような知識及び技能を身に付けること。

(ア) 多様なコミュニケーションの形態とメディアの特性との関係について理解すること。

(イ) 文字，音声，静止画，動画などを組み合わせたコンテンツを制作する技能を身に付けること。

(ウ) コンテンツを様々な手段で適切かつ効果的に社会に発信する方法を理解すること。

イ　次のような思考力，判断力，表現力等を身に付けること。

(ア) 目的や状況に応じて，コミュニケーションの形態を考え，文字，音声，静止画，動画などを選択し，組合せを考えること。

(イ) 情報デザインに配慮してコンテンツを制作し，評価し改善すること。

(ウ) コンテンツを社会に発信したときの効果や影響を考え，発信の手段やコンテンツを評価し改善すること。

(3) 情報とデータサイエンス

多様かつ大量のデータを活用することの有用性に着目し，データサイエンスの手法によりデータを分析し，その結果を読み取り解釈する活動を通して，次の事項を身に付けることができるよう指導する。

ア　次のような知識及び技能を身に付けること。

(ア) 多様かつ大量のデータの存在やデータ活用の有用性，データサイエンスが社会に果たす役割について理解し，目的に応じた適切なデータの収集や整理，整形について理解し技能を身に付けること。

(イ) データに基づく現象のモデル化やデータの処理を行い解釈・表現する方法について理解し技能を身に付けること。

(ウ) データ処理の結果を基にモデルを評価することの意義とその方法について理解し技能を身に付けること。

イ　次のような思考力，判断力，表現力等を身に付けること。

(ア) 目的に応じて，適切なデータを収集し，整理し，整形すること。

(イ) 将来の現象を予測したり，複数の現象間の関連を明らかにしたりするために，適切なモデル化や処理，解釈・表現を行うこと。

(ウ) モデルやデータ処理の結果を評価し，モデル化や処理，解釈・表現の方法を改善すること。

(4) 情報システムとプログラミング

情報システムの在り方や社会生活に及ぼす影響，情報の流れや処理の仕組みに着

目し，情報システムを協働して開発する活動を通して，次の事項を身に付けること
ができるよう指導する。

ア　次のような知識及び技能を身に付けること。

(ア)　情報システムにおける，情報の流れや処理の仕組み，情報セキュリティを確
保する方法や技術について理解すること。

(イ)　情報システムの設計を表記する方法，設計，実装，テスト，運用等のソフト
ウェア開発のプロセスとプロジェクト・マネジメントについて理解すること。

(ウ)　情報システムを構成するプログラムを制作する方法について理解し技能を身
に付けること。

イ　次のような思考力，判断力，表現力等を身に付けること。

(ア)　情報システム及びそれによって提供されるサービスについて，その在り方や
社会に果たす役割と及ぼす影響について考察すること。

(イ)　情報システムをいくつかの機能単位に分割して制作し統合するなど，開発の
効率や運用の利便性などに配慮して設計すること。

(ウ)　情報システムを構成するプログラムを制作し，その過程を評価し改善するこ
と。

(5)　情報と情報技術を活用した問題発見・解決の探究

「情報Ⅰ」及び「情報Ⅱ」で身に付けた資質・能力を総合的に活用し，情報と情
報技術を活用して問題を発見・解決する活動を通して，新たな価値の創造を目指し，
情報と情報技術を適切かつ効果的に活用する資質・能力を高めることができるよう
指導する。

3　内容の取扱い

(1)　内容の(1)については，この科目の導入として位置付けるものとする。アの(ア)に
ついては，情報セキュリティ及び情報に関する法規や制度についても触れるものと
する。また，将来の情報技術と情報社会の在り方等について討議し発表し合うなど
の活動を取り入れるものとする。

(2)　内容の(2)のアの(ア)及びイの(ア)では，コンテンツに対する要求を整理する活動
も取り入れるものとする。アの(ウ)及びイの(ウ)では，発信者，受信者双方の視点か
らコンテンツを評価する活動を取り入れるものとする。

(3)　内容の(3)のアの(ア)については，データサイエンスによる人の生活の変化につい
ても扱うものとする。イの(イ)については現実のデータの活用に配慮するものとす
る。アの(ウ)及びイの(ウ)については，アの(イ)及びイの(イ)で行ったモデル化や処理，
解釈・表現の結果を受けて行うようにするものとする。

(4)　内容の(4)のアの(ア)及びイの(ア)については，社会の中で実際に稼働している情
報システムを取り上げ，それらの仕組みと関連させながら扱うものとする。

(5)　内容の(5)については，この科目のまとめとして位置付け，生徒の興味・関心や
学校の実態に応じて，コンピュータや情報システムの基本的な仕組みと活用，コミュ
ニケーションのための情報技術の活用，データを活用するための情報技術の活用，

情報社会と情報技術の中から一つ又は複数の項目に関わる課題を設定して問題の発見・解決に取り組ませるものとする。なお，学習上の必要があり，かつ効果的と認められる場合は，指導の時期を分割することもできるものとする。

● 第3款　各科目にわたる指導計画の作成と内容の取扱い

1　指導計画の作成に当たっては，次の事項に配慮するものとする。

(1) 単元など内容や時間のまとまりを見通して，その中で育む資質・能力の育成に向けて，生徒の主体的・対話的で深い学びの実現を図るようにすること。その際，情報に関する科学的な見方・考え方を働かせ，情報と情報技術を活用して問題を発見し主体的，協働的に制作や討論等を行うことを通して解決策を考えるなどの探究的な学習活動の充実を図ること。

(2) 学習の基盤となる情報活用能力が，中学校までの各教科等において，教科等横断的な視点から育成されてきたことを踏まえ，情報科の学習を通して生徒の情報活用能力を更に高めるようにすること。また，他の各教科・科目等の学習において情報活用能力を生かし高めることができるよう，他の各教科・科目等との連携を図ること。

(3) 各科目は，原則として同一年次で履修させること。また，「情報Ⅱ」については，「情報Ⅰ」を履修した後に履修させることを原則とすること。

(4) 公民科及び数学科などの内容との関連を図るとともに，教科の目標に即した調和のとれた指導が行われるよう留意すること。

(5) 障害のある生徒などについては，学習指導を行う場合に生じる困難さに応じた指導内容や指導方法の工夫を計画的，組織的に行うこと。

2　内容の取扱いに当たっては，次の事項に配慮するものとする。

(1) 各科目の指導においては，情報の信頼性や信憑性を見極めたり確保したりする能力の育成を図るとともに，知的財産や個人情報の保護と活用をはじめ，科学的な理解に基づく情報モラルの育成を図ること。

(2) 各科目の指導においては，思考力，判断力，表現力等を育成するため，情報と情報技術を活用した問題の発見・解決を行う過程において，自らの考察や解釈，概念等を論理的に説明したり記述したりするなどの言語活動の充実を図ること。

(3) 各科目の指導においては，問題を発見し，設計，制作，実行し，その過程を振り返って評価し改善するなどの一連の過程に取り組むことなどを通して，実践的な能力と態度の育成を図ること。

(4) 各科目の目標及び内容等に即して，コンピュータや情報通信ネットワークなどを活用した実習を積極的に取り入れること。その際，必要な情報機器やネットワーク環境を整えるとともに，内容のまとまりや学習活動，学校や生徒の実態に応じて，適切なソフトウェア，開発環境，プログラミング言語，外部装置などを選択すること。

(5) 情報機器を活用した学習を行うに当たっては，照明やコンピュータの使用時間などに留意するとともに，生徒が自らの健康に留意し望ましい習慣を身に付けることができるよう配慮すること。

(6) 授業で扱う具体例，教材・教具などについては，情報技術の進展に対応して適宜見直しを図ること。

付録3

高等学校学習指導要領　第3章　第7節　情報

● 第1款　目　標

　情報に関する科学的な見方・考え方を働かせ，実践的・体験的な学習活動を行うことなどを通して，情報産業を通じ，地域産業をはじめ情報社会の健全で持続的な発展を担う職業人として必要な資質・能力を次のとおり育成することを目指す。

(1) 情報の各分野について体系的・系統的に理解するとともに，関連する技術を身に付けるようにする。

(2) 情報産業に関する課題を発見し，職業人に求められる倫理観を踏まえ合理的かつ創造的に解決する力を養う。

(3) 職業人として必要な豊かな人間性を育み，よりよい社会の構築を目指して自ら学び，情報産業の創造と発展に主体的かつ協働的に取り組む態度を養う。

● 第2款　各　科　目

第1　情報産業と社会

1　目　標

　情報に関する科学的な見方・考え方を働かせ，実践的・体験的な学習活動を行うことなどを通して，情報産業を通じ，地域産業をはじめ情報社会の健全で持続的な発展を担う職業人として必要な基礎的な資質・能力を次のとおり育成することを目指す。

(1) 情報産業と社会について体系的・系統的に理解するとともに，関連する技術を身に付けるようにする。

(2) 情報産業と社会との関わりに関する課題を発見し，情報産業に携わる者として合理的かつ創造的に解決する力を養う。

(3) 情報技術者に必要とされる情報活用能力の習得を目指して自ら学び，情報社会に主体的かつ協働的に参画し寄与する態度を養う。

2　内　容

　1に示す資質・能力を身に付けることができるよう，次の〔指導項目〕を指導する。

〔指導項目〕

(1) 情報社会の進展と情報産業

　ア　情報社会の進展

　イ　情報社会における問題解決

　ウ　情報社会の将来と情報産業

(2) 情報とコミュニケーション

　ア　情報の表現

　イ　情報の管理

　ウ　情報技術を活用したコミュニケーション

付録4

220

(3) コンピュータとプログラミング

　ア　コンピュータの仕組み

　イ　アルゴリズムとプログラム

　ウ　情報通信ネットワークの活用

(4) 情報産業が果たす役割

　ア　情報セキュリティ

　イ　情報産業の役割

　ウ　情報技術者の責務

3　内容の取扱い

(1) 内容を取り扱う際には，次の事項に配慮するものとする。

　ア　情報産業が社会で果たしている役割を扱うとともに，社会の情報化について，情報技術者の業務内容と関連付けて考察するよう留意して指導すること。

　イ　社会の情報化が人々の生活に与えている影響について，身近にある具体的な事例を課題として取り上げ，情報社会の将来について主体的かつ協働的に考察させ，情報産業に携わる者に求められる倫理観を踏まえ合理的かつ創造的に課題を解決できるよう留意して指導すること。

(2) 内容の範囲や程度については，次の事項に配慮するものとする。

　ア　〔指導項目〕の(1)のアについては，人々の生活が情報を基盤として成り立っていることを踏まえて，これまでの社会の変遷についても扱うこと。イについては，情報社会の進展によって将来的に生じることが予想される問題についても扱うこと。ウについては，情報に関する最新の技術などについても扱うこと。

　イ　〔指導項目〕の(2)のアについては，コンテンツ及びメディアとサービスについても扱うこと。ウについては，コミュニケーションに関わるハードウェア及びソフトウェアを扱うこと。

　ウ　〔指導項目〕の(3)のアについては，周辺機器や規格の標準化についても扱うこと。イについては，データの型，データ構造，アルゴリズム，モデル化及びシミュレーションについて扱うこと。ウについては，社会を支えているネットワークシステムと関連付けながら，データベースの活用について扱うこと。

　エ　〔指導項目〕の(4)のアについては，情報セキュリティの重要性や情報セキュリティ対策に関する法規について扱うこと。ウについては，法令遵守をはじめとする情報技術者の使命と責任及びこれからの情報技術者に求められる資質・能力について扱うこと。また，社会や産業全体の課題及びその解決のために情報が果たしている役割，働くことの社会的意義や役割，情報産業に携わる者に求められる倫理観についても扱うこと。

第2　課題研究

1　目　標

情報に関する科学的な見方・考え方を働かせ，実践的・体験的な学習活動を行うこ

となどを通して，社会を支え情報産業の発展を担う職業人として必要な資質・能力を次のとおり育成することを目指す。

(1) 情報の各分野について体系的・系統的に理解するとともに，相互に関連付けられた技術を身に付けるようにする。

(2) 情報産業に関する課題を発見し，情報産業に携わる者として解決策を探究し，科学的な根拠に基づいて創造的に解決する力を養う。

(3) 情報産業に関する課題を解決する力の向上を目指して自ら学び，情報産業の創造と発展に主体的かつ協働的に取り組む態度を養う。

2 内 容

1に示す資質・能力を身に付けることができるよう，次の〔指導項目〕を指導する。

〔指導項目〕

(1) 調査，研究，実験

(2) 作品制作

(3) 産業現場等における実習

(4) 職業資格の取得

3 内容の取扱い

(1) 内容を取り扱う際には，次の事項に配慮するものとする。

ア 生徒の興味・関心，進路希望等に応じて，〔指導項目〕の(1)から(4)までの中から，個人又はグループで情報産業に関する適切な課題を設定し，主体的かつ協働的に取り組む学習活動を通して，専門的な知識，技術などの深化・総合化を図り，情報産業に関する課題の解決に取り組むことができるようにすること。なお，課題については，(1)から(4)までの2項目以上にまたがるものを設定することができること。

イ 課題研究の成果について発表する機会を設けるようにすること。

第3 情報の表現と管理

1 目 標

情報に関する科学的な見方・考え方を働かせ，実践的・体験的な学習活動を行うことなどを通して，情報産業の維持と発展を支える情報の表現と管理に必要な資質・能力を次のとおり育成することを目指す。

(1) 情報の表現と管理について体系的・系統的に理解するとともに，関連する技術を身に付けるようにする。

(2) 情報の表現と管理に関する課題を発見し，情報産業に携わる者として合理的かつ創造的に解決する力を養う。

(3) 適切な情報の表現と管理を目指して自ら学び，情報産業の維持と発展に必要な情報の表現と管理に主体的かつ協働的に取り組む態度を養う。

2 内 容

1に示す資質・能力を身に付けることができるよう，次の〔指導項目〕を指導する。

〔指導項目〕

(1) 情報の表現

　ア　情報社会と情報の表現

　イ　メディアの特性とその表現

　ウ　データサイエンスとデータの表現

　エ　情報の発信とコミュニケーション

(2) 情報の管理

　ア　情報の管理とドキュメンテーション

　イ　コンピュータによる情報の管理と活用

　ウ　情報の保護とセキュリティ

3　内容の取扱い

(1) 内容を取り扱う際には，次の事項に配慮するものとする。

　ア　実習を通して，情報通信機器や情報技術を積極的に活用して創造的に表現しようとする主体的かつ協働的な態度を養うことができるよう留意して指導すること。

　イ　生徒や地域の実態，学科の特色等に応じて，具体的な課題を設定し，グループ活動を行うことなどを通して，情報共有の有効性や情報管理の重要性，個人及び組織の責任などについて考察するよう留意して指導すること。

(2) 内容の範囲や程度については，次の事項に配慮するものとする。

　ア　〔指導項目〕の(1)のアについては，具体的な事例を取り上げ，情報の表現における多様な技術や技法について扱うこと。イについては，文字，音・音楽，静止画，動画などのメディアの特性と役割，効果的な表現について扱うこと。ウについては，データから有益な情報を見いだし，評価，検証及び可視化して表現するなどのデータサイエンスの手法について扱うこと。エについては，コンピュータや情報通信ネットワークを活用した情報の発信及び効果的なプレゼンテーションの方法について扱うこと。

　イ　〔指導項目〕の(2)のアについては，情報を有効に共有し活用するために必要な情報の整理や分類の重要性及び様々なドキュメントの作成方法について扱うこと。イについては，コンピュータを用いて，情報の階層化や構造化による整理や分類及び情報を活用するために必要な抽出や共有などを扱うこと。ウについては，情報の適切な保護と管理，安全かつ有効な共有と活用について扱うこと。

第4　情報テクノロジー

1　目　標

　情報に関する科学的な見方・考え方を働かせ，実践的・体験的な学習活動を行うことなどを通して，情報社会を支える情報テクノロジーの活用に必要な資質・能力を次のとおり育成することを目指す。

(1) 情報テクノロジーについて体系的・系統的に理解するとともに，関連する技術を

身に付けるようにする。

(2) 情報テクノロジーの利用，開発及び管理などに関する課題を発見し，情報産業に携わる者として合理的かつ創造的に解決する力を養う。

(3) 情報テクノロジーの安全かつ効率的な利用，開発及び管理を目指して自ら学び，情報システムの構築，運用及び保守などに主体的かつ協働的に取り組む態度を養う。

2 内容

1に示す資質・能力を身に付けることができるよう，次の〔指導項目〕を指導する。

〔指導項目〕

(1) 情報社会の進展と情報テクノロジーとの関わり

　ア　情報社会を支える情報テクノロジーと情報システム

　イ　これからの情報社会と情報テクノロジー

(2) ハードウェアの仕組みと活用

　ア　コンピュータの構造と内部処理

　イ　周辺機器とインタフェース

　ウ　ハードウェアによる情報セキュリティ技術

　エ　情報システムを構成するハードウェア

(3) ソフトウェアの仕組みと活用

　ア　オペレーティングシステムの仕組み

　イ　応用ソフトウェアの仕組み

　ウ　ソフトウェアによる情報セキュリティ技術

　エ　情報システムを構成するソフトウェア

3 内容の取扱い

(1) 内容を取り扱う際には，次の事項に配慮するものとする。

　ア　社会で利用されている具体的な情報システムや情報テクノロジーに着目させ，それぞれの適性や限界について理解できるよう留意して指導すること。

　イ　生徒や地域の実態，学科の特色等に応じて，適切な情報技術を選択し，実習を通して理解できるよう留意して指導すること。

(2) 内容の範囲や程度については，次の事項に配慮するものとする。

　ア　〔指導項目〕の(1)のアについては，情報テクノロジーが情報産業以外の他の産業とも深く結び付いていることを扱うこと。イについては，情報化による効率の向上が情報社会の様々な面に見られることを扱うこと。

　イ　〔指導項目〕の(2)のアについては，情報の流れに着目させ，組込型コンピュータが情報システムの一部として価値を生み出していることを扱うこと。

　ウ　〔指導項目〕の(3)のアについては，オペレーティングシステムの役割，ファイルシステムの種類や機能，ソフトウェアの不具合の修正や機能拡張，開発環境及びユーザインタフェースを取り上げ，それぞれの特徴について扱うこと。ウについては，携帯情報端末のセキュリティについても扱うこと。

第5 情報セキュリティ

1 目標

情報に関する科学的な見方・考え方を働かせ，実践的・体験的な学習活動を行うことなどを通して，健全な情報社会の構築と発展を支える情報セキュリティの確保に必要な資質・能力を次のとおり育成することを目指す。

(1) 情報セキュリティについて体系的・系統的に理解するとともに，関連する技術を身に付けるようにする。

(2) 情報セキュリティに関する課題を発見し，情報産業に携わる者として合理的かつ創造的に解決する力を養う。

(3) 情報セキュリティが保たれた情報社会の構築を目指して自ら学び，情報システムの運用と管理に主体的かつ協働的に取り組む態度を養う。

2 内容

1に示す資質・能力を身に付けることができるよう，次の〔指導項目〕を指導する。

〔指導項目〕

(1) 情報社会と情報セキュリティ

ア 情報セキュリティの現状

イ 情報セキュリティの必要性

(2) 情報セキュリティと法規

ア 情報セキュリティ関連法規

イ 情報セキュリティ関連ガイドライン

(3) 情報セキュリティ対策

ア 人的セキュリティ対策

イ 技術的セキュリティ対策

ウ 物理的セキュリティ対策

(4) 情報セキュリティマネジメント

ア 情報セキュリティポリシー

イ リスク管理

ウ 事業継続

3 内容の取扱い

(1) 内容を取り扱う際には，次の事項に配慮するものとする。

ア 生徒や地域の実態，学科の特色等に応じて，適切な情報セキュリティ技術を選択し，実習を効果的に取り入れるとともに，情報セキュリティ技術の必要性について考察するよう留意して指導すること。

イ 情報セキュリティに関する諸問題について，主体的に考察する学習活動を取り入れ，情報技術者が情報セキュリティにおいて果たすべき役割及び責務について理解できるよう留意して指導すること。

(2) 内容の範囲や程度については，次の事項に配慮するものとする。

ア 〔指導項目〕の(1)のアについては，情報セキュリティの三要素である機密性，

付録4

225

完全性，可用性に加えて，責任追跡性，真正性，信頼性についても扱うこと。イについては，情報技術者の役割についても扱うこと。

イ　〔指導項目〕の(2)のアについては，具体的な事例を取り上げ，情報セキュリティに関連する法規や個人情報保護に関連する法規，知的財産権に関連する法規などについて扱うこと。イについては，具体的な事例を取り上げ，情報セキュリティに関連するガイドラインについて扱うこと。

ウ　〔指導項目〕の(3)のアについては，情報セキュリティの啓発などを扱うこと。イについては，不正アクセス，不正プログラムなどを扱うこと。ウについては，情報を扱う場所の入退室管理などを扱うこと。

エ　〔指導項目〕の(4)のアについては，情報セキュリティを確保するための体制，運用規定，基本方針，対策基準などについて扱うこと。イについては，情報資産に対する脅威について実効性のある対策とその運用について扱うこと。ウについては，事業継続計画，監査及び第三者認証について扱うこと。

付録4

第6　情報システムのプログラミング

1　目　標

情報に関する科学的な見方・考え方を働かせ，実践的・体験的な学習活動を行うことなどを通して，情報システムのプログラミングに必要な資質・能力を次のとおり育成することを目指す。

(1) 情報システムのプログラミングについて体系的・系統的に理解するとともに，関連する技術を身に付けるようにする。

(2) 情報システムのプログラミングに関する課題を発見し，情報産業に携わる者として合理的かつ創造的に解決する力を養う。

(3) 情報システムの開発，運用及び保守を目指して自ら学び，情報社会の発展に向けた情報システムのプログラミングに主体的かつ協働的に取り組む態度を養う。

2　内　容

1に示す資質・能力を身に付けることができるよう，次の〔指導項目〕を指導する。

〔指導項目〕

(1) 情報システムの設計

ア　情報システムの要求分析と定義

イ　情報システムのモデル化

ウ　情報システムの分割

(2) データ構造とアルゴリズム

ア　データの型

イ　データ構造

ウ　アルゴリズム

(3) プログラミング

ア　プログラム言語の種類と特性

226

イ　プログラムの作成

ウ　プログラムの統合

(4) 情報システムの開発管理と運用・保守

ア　情報システムの開発工程の管理

イ　情報システムの運用と保守

ウ　情報システムのセキュリティ

3　内容の取扱い

(1) 内容を取り扱う際には，次の事項に配慮するものとする。

ア　社会で活用されている情報システムを取り上げ，情報システムの機能や構造を考察するよう留意して指導すること。

イ　情報システムのプログラミングに関する具体的な課題を設定し，解決する方法について考察するよう留意して指導すること。

(2) 内容の範囲や程度については，次の事項に配慮するものとする。

ア　〔指導項目〕の(1)のイについては，モデルを表記する適切な方法について扱うこと。ウの分割は，機能要素の単位で行うこと。

イ　〔指導項目〕の(2)のアについては，数値型，文字型，論理型などを扱うこと。イについては，配列，リスト，レコードなどを扱うこと。ウについては，具体的な事例を取り上げ，データ構造の選択と効率的なアルゴリズム及びその表記方法について扱うこと。

ウ　〔指導項目〕の(3)のアについては，目的に応じた適切なプログラミング言語の選択について扱うこと。イについては，関数の定義と使用によるプログラムの構造化についても扱うこと。ウについては，統合の前後でプログラムの動作を確認する実習を取り入れること。

エ　〔指導項目〕の(4)のアについては，プロジェクトマネジメントなどを扱うこと。イについては，情報システムの運用と保守に必要なドキュメントについても触れること。ウについては，情報システムのセキュリティを高める具体的な方法について扱うとともに，情報産業に携わる者に求められる倫理観にも触れること。

第7　ネットワークシステム

1　目　標

情報に関する科学的な見方・考え方を働かせ，実践的・体験的な学習活動を行うことなどを通して，ネットワークシステムの活用に必要な資質・能力を次のとおり育成することを目指す。

(1) ネットワークシステムについて体系的・系統的に理解するとともに，関連する技術を身に付けるようにする。

(2) ネットワークシステムに関する課題を発見し，情報産業に携わる者として合理的かつ創造的に解決する力を養う。

(3) ネットワークシステムの安全かつ効率的な活用を目指して自ら学び，ネットワー

クシステムの開発，運用及び保守などに主体的かつ協働的に取り組む態度を養う。

2 内 容

1に示す資質・能力を身に付けることができるよう，次の〔指導項目〕を指導する。

〔指導項目〕

(1) ネットワークの基礎

 ア　ネットワークシステムの役割

 イ　データ通信の仕組みと働き

 ウ　ネットワークの仮想化

(2) ネットワークの設計と構築

 ア　ネットワークの設計

 イ　ネットワークの構築

 ウ　ネットワークの分析と評価

(3) ネットワークシステムの開発

 ア　ネットワークシステムを活用したサービス

 イ　ネットワークサーバの構築

 ウ　ネットワークアプリケーションの開発

(4) ネットワークシステムの運用と保守

 ア　ネットワークシステムの運用管理

 イ　ネットワークシステムの保守

 ウ　ネットワークシステムのセキュリティ対策

3 内容の取扱い

(1) 内容を取り扱う際には，次の事項に配慮するものとする。

 ア　社会で利用されているネットワークシステムに着目させ，ネットワークシステムの開発，運用及び保守などと関連付けて考察するよう留意して指導すること。

 イ　ネットワークシステムに関する具体的な課題を設定し，解決する学習活動を取り入れること。

(2) 内容の範囲や程度については，次の事項に配慮するものとする。

 ア　〔指導項目〕の(1)のイについては，データ通信の基本構成について扱うこと。

 イ　〔指導項目〕の(2)のイについては，有線通信と無線通信の双方について扱うこと。

 ウ　〔指導項目〕の(3)のイについては，生徒や地域の実態，学科の特色等に応じて，実機若しくはインターネット上のサーバ又はその両方を扱うこと。また，公開を前提としたサーバのアクセス制御，暗号化などのセキュリティ対策について扱うこと。ウについては，ネットワークアプリケーションを取り上げ，ネットワークシステムの開発の概念について扱うこと。

 エ　〔指導項目〕の(4)のア及びイについては，ネットワークシステムを安全かつ適切に活用するために必要な運用と保守の具体的な内容について扱うこと。ウについては，具体的な事例を取り上げ，ネットワーク上の脅威に関する管理や防止

付録4

対策などについて扱うこと。

第8　データベース

1　目　標

　情報に関する科学的な見方・考え方を働かせ，実践的・体験的な学習活動を行うことなどを通して，情報社会を支えるデータベースの活用に必要な資質・能力を次のとおり育成することを目指す。

(1) データベースについて体系的・系統的に理解するとともに，関連する技術を身に付けるようにする。

(2) データベースに関する課題を発見し，情報産業に携わる者として合理的かつ創造的に解決する力を養う。

(3) データの安全かつ効率的な活用を目指して自ら学び，データベースの利用，構築，運用及び保守などに主体的かつ協働的に取り組む態度を養う。

2　内　容

　1に示す資質・能力を身に付けることができるよう，次の〔指導項目〕を指導する。

〔指導項目〕

(1) データベースと私たちの社会

　　ア　データベースと社会との関わり

　　イ　データベースを支える情報技術

　　ウ　データベースの目的と機能

　　エ　データベースのデータモデル

(2) データベース管理システムとデータベースの設計

　　ア　データベース管理システムの働き

　　イ　データの分析とモデル化

　　ウ　データベースの正規化

(3) データとデータベースの操作

　　ア　データの操作

　　イ　データベースの定義

　　ウ　データベースの操作

(4) データベースの運用と保守

　　ア　データベースの運用管理

　　イ　データベースの保守

3　内容の取扱い

(1) 内容を取り扱う際には，次の事項に配慮するものとする。

　　ア　社会で利用されている具体的なデータベースを取り上げ，実習を通して，データベースの設計や操作，運用と保守などの視点から社会の中でデータベースが果たす役割を理解できるよう留意して指導すること。

　　イ　生徒や地域の実態，学科の特色等に応じて，適切なデータベース操作言語やデー

付録4

タベース管理システムを選択すること。

(2) 内容の範囲や程度については，次の事項に配慮するものとする。

ア 〔指導項目〕の(1)のアについては，データベースが私たちの生活や企業など
で利用されていることを扱うこと。その際，データベースの機能や目的について
も触れること。イについては，多くのデータベースがネットワークを介して様々
なアプリケーションの下で動作していること及びデータベースの最新の技術動向
について触れること。エについては，関係モデルを扱うこと。

イ 〔指導項目〕の(2)のアについては，データベースの機能と役割について扱う
こと。イについては，E-R モデルを扱うこと。ウについては，第一正規形から第
三正規形までを取り上げ，正規化の内容や必要性について扱うこと。

ウ 〔指導項目〕の(3)のアについては，関係演算を扱うこと。イについては，デー
タ定義言語を取り上げ，データベースの作成，表の作成や削除などを扱うこと。
ウについては，データベース操作言語を取り上げ，表の問合わせや結合，ビュー
の作成などを扱うこと。

エ 〔指導項目〕の(4)のアについては，データベースの運用管理のための組織体
制，データベースの動作管理，セキュリティ管理及びバックアップなどについて
扱うこと。イについては，運用に伴う障害管理やリカバリなどの保守について扱
うこと。

第9 情報デザイン

1 目 標

情報に関する科学的な見方・考え方を働かせ，実践的・体験的な学習活動を行うこ
となどを通して，情報デザインの構築に必要な資質・能力を次のとおり育成すること
を目指す。

(1) 情報伝達やコミュニケーションと情報デザインとの関係について体系的・系統的
に理解するとともに，関連する技術を身に付けるようにする。

(2) 情報デザインの手法，構成，活用に関する課題を発見し，情報産業に携わる者と
して合理的かつ創造的に解決する力を養う。

(3) 情報デザインによる効果的な情報伝達やコミュニケーションの実現を目指して自
ら学び，コンテンツやユーザインタフェースのデザインなどの構築に主体的かつ協
働的に取り組む態度を養う。

2 内 容

1に示す資質・能力を身に付けることができるよう，次の〔指導項目〕を指導する。

〔指導項目〕

(1) 情報デザインの役割と対象

ア 社会における情報デザインの役割

イ 情報デザインの対象

(2) 情報デザインの要素と構成

ア　情報デザインにおける表現の要素

　　イ　表現手法と心理に与える影響

　　ウ　対象の観察と表現

　　エ　情報伝達やコミュニケーションの演出

　(3)　情報デザインの構築

　　ア　情報の収集と検討

　　イ　コンセプトの立案

　　ウ　情報の構造化と表現

　(4)　情報デザインの活用

　　ア　情報産業における情報デザインの役割

　　イ　ビジュアルデザイン

　　ウ　インタラクティブメディアのデザイン

3　内容の取扱い

　(1)　内容を取り扱う際には，次の事項に配慮するものとする。

　　ア　情報デザインに関する具体的な事例を取り上げ，情報伝達やコミュニケーションと関連付けて考察するよう留意して指導すること。

　　イ　実習を通して，情報の収集，整理，構造化，可視化などの学習活動を行わせるとともに，地域や社会における情報伝達やコミュニケーションに関する具体的な課題を設定し，解決の手段を作品として制作，評価及び改善する学習活動を取り入れること。

　(2)　内容の範囲や程度については，次の事項に配慮するものとする。

　　ア　〔指導項目〕の(1)のアについては，具体的な事例を取り上げ，社会において情報デザインが果たす役割について扱うこと。イについては，情報伝達やコミュニケーションの仕組みとそこで使われるコンテンツを扱うこと。

　　イ　〔指導項目〕の(2)のアについては，形態や色彩とその働きについて扱うこと。イについては，造形や色彩が人間の心理に与える影響と，情報デザインへの応用について扱うこと。ウについては，対象を観察する方法と，その結果を表現する技術について扱うこと。エについては，レイアウトや配色などを扱うとともに，意味や考えの演出についても触れること。

　　ウ　〔指導項目〕の(3)のイについては，目的を明確にしてコンセプトを決める方法を扱うこと。ウについては，コンセプトに沿った情報の構造化と表現を扱うこと。

　　エ　〔指導項目〕の(4)のアについては，製品やサービスの普及，操作性やセキュリティの確保において情報デザインが果たす役割について扱うこと。イについては，視覚情報の提供について考慮したデザインを扱うこと。ウについては，双方向性について考慮したデザインを扱うこと。

付録4

第10　コンテンツの制作と発信

1　目　標

　　情報に関する科学的な見方・考え方を働かせ，実践的・体験的な学習活動を行うことなどを通して，コンテンツの制作と発信に必要な資質・能力を次のとおり育成することを目指す。

(1) コンテンツの制作と発信について体系的・系統的に理解するとともに，関連する技術を身に付けるようにする。

(2) 情報社会におけるコンテンツの制作と発信に関する課題を発見し，情報産業に携わる者として合理的かつ創造的に解決する力を養う。

(3) 情報社会で必要とされるコンテンツの創造を目指して自ら学び，コンテンツの制作と発信に主体的かつ協働的に取り組む態度を養う。

2　内　容

　　1に示す資質・能力を身に付けることができるよう，次の〔指導項目〕を指導する。

〔指導項目〕

(1) 情報社会とコンテンツ

　　ア　コンテンツの役割と影響

　　イ　メディアの種類と特性

　　ウ　コンテンツの保護

(2) 静止画のコンテンツ

　　ア　静止画による表現

　　イ　静止画の編集

　　ウ　静止画のコンテンツ制作

(3) 動画のコンテンツ

　　ア　動画による表現

　　イ　動画の編集

　　ウ　動画のコンテンツ制作

(4) 音・音声のコンテンツ

　　ア　音・音声による表現

　　イ　音・音声の編集

　　ウ　音・音声のコンテンツ制作

(5) コンテンツの発信

　　ア　コンテンツ発信の手法

　　イ　コンテンツの統合と編集

　　ウ　コンテンツの発信と評価

3　内容の取扱い

(1) 内容を取り扱う際には，次の事項に配慮するものとする。

　　ア　生徒や地域の実態，学科の特色等に応じて，適切なアプリケーションソフトウェアを選択すること。その際，実習を効果的に取り入れるとともに，コンテンツの

付録4

制作と発信について知的財産権に配慮すること。

　　イ　〔指導項目〕の(2)から(4)までについては，生徒や地域の実態，学科の特色等に応じて，いずれか一つ以上を選択して扱うことができること。

(2) 内容の範囲や程度については，次の事項に配慮するものとする。

　　ア　〔指導項目〕の(1)については，具体的な事例を取り上げて扱うこと。また，コンテンツの制作や保護に必要な理論や方法についても触れること。

　　イ　〔指導項目〕の(2)のイ，(3)のイ，(4)のイについては，素材をコンピュータに取り込んで加工したり，素材そのものをコンピュータで作成したりするために必要な方法について扱うこと。

　　ウ　〔指導項目〕の(5)のアについては，コンテンツを発信するための様々な手法について扱うこと。イについては，複数の種類のコンテンツの統合と編集について扱うこと。ウについては，様々な機器や環境における表示の互換性などについても扱うこと。

第11　メディアとサービス

1　目　標

　情報に関する科学的な見方・考え方を働かせ，実践的・体験的な学習活動を行うことなどを通して，メディア及びメディアを利用したサービスの活用に必要な資質・能力を次のとおり育成することを目指す。

(1) メディア及びメディアを利用したサービスについて体系的・系統的に理解するとともに，関連する技術を身に付けるようにする。

(2) メディアを利用したサービスに関する課題を発見し，情報産業に携わる者として合理的かつ創造的に解決する力を養う。

(3) メディアを利用したサービスの安全かつ効果的な運用と管理を目指して自ら学び，メディアを利用したサービスの設計などに主体的かつ協働的に取り組む態度を養う。

2　内　容

　1に示す資質・能力を身に付けることができるよう，次の〔指導項目〕を指導する。

〔指導項目〕

(1) メディアと情報社会

　　ア　メディアの機能

　　イ　メディアの活用

(2) メディアを利用したサービス

　　ア　メディアを利用したサービスの機能

　　イ　メディアを利用したサービスの活用

(3) メディアを利用したサービスの役割と影響

　　ア　メディアを利用したサービスと情報社会との関わり

　　イ　メディアを利用したサービスと情報産業との関わり

3　内容の取扱い

(1) 内容を取り扱う際には，次の事項に配慮するものとする。

ア　実習を効果的に取り入れ，メディアを利用してコンテンツを提供するサービスの全体像について考察するよう留意して指導すること。

イ　生徒や地域の実態，学科の特色等に応じて，適切なコンテンツ開発環境及びコンテンツ管理のための適切なシステムや運用サービスを選択すること。

(2) 内容の範囲や程度については，次の事項に配慮するものとする。

ア　〔指導項目〕の(1)のアについては，多様なメディアの定義と特徴について扱うこと。イについては，メディアを活用している身近な事例を取り上げ，利用者の目的や状況に合わせたメディアの適切な選択について扱うこと。

イ　〔指導項目〕の(2)のアについては，社会で用いられているメディアを利用したサービスの種類と特徴について扱うこと。イについては，メディアを利用したサービスを分析する実習や新たなサービスを企画し提案する実習を行うこと。また，センサなどと組み合わせたサービスについても触れること。

ウ　〔指導項目〕の(3)のアについては，メディア及びメディアを利用したサービスの変遷と今後の展望について扱うこと。イについては，メディアを利用したサービスが情報産業として成り立つための条件について扱うこと。

第12　情報実習

1　目　標

情報に関する科学的な見方・考え方を働かせ，実践的・体験的な学習活動を行うことなどを通して，情報産業を担う情報技術者として必要な資質・能力を次のとおり育成することを目指す。

(1) 情報の各分野について総合的に捉え体系的・系統的に理解するとともに，関連する技術を身に付けるようにする。

(2) 情報の各分野に関する課題を発見し，情報産業に携わる者として合理的かつ創造的に解決する力を養う。

(3) 情報の各分野に関する課題を解決する力の向上を目指して自ら学び，情報システムの開発やコンテンツの制作及びこれらの運用などに主体的かつ協働的に取り組む態度を養う。

2　内　容

1に示す資質・能力を身に付けることができるよう，次の〔指導項目〕を指導する。

〔指導項目〕

(1) 情報システムの開発のプロセス

ア　情報システムの開発の概要

イ　情報システムの設計

ウ　情報システムの開発と評価

エ　情報システムの運用と保守

(2) コンテンツの制作のプロセス

　ア　コンテンツの制作の概要

　イ　要求分析と企画

　ウ　コンテンツの設計と制作

　エ　コンテンツの運用と評価

(3) 実習

　ア　情報システムの開発実習

　イ　コンテンツの制作実習

　ウ　情報システム分野とコンテンツ分野を関連させた総合的な実習

3　内容の取扱い

(1) 内容を取り扱う際には，次の事項に配慮するものとする。

　ア　課題解決に向けた計画の立案や実習を通して，情報システムの開発，コンテンツの制作などの一連の工程を理解できるよう留意して指導すること。その際，知的財産権の扱いにも配慮すること。

　イ　生徒や地域の実態，学科の特色等に応じて，〔指導項目〕の(1)及び(2)から1項目以上を選択するとともに，(3)のアからウまでの中から1項目以上を選択し，実習を行わせること。その際，具体的な課題を設定し，開発又は制作した作品を実験的・実証的に確認する学習活動を取り入れること。

(2) 内容の範囲や程度については，次の事項に配慮するものとする。

　ア　〔指導項目〕の(1)のアについては，ウォーターフォールやプロトタイピングなどの開発モデルを取り上げるとともに，一連の工程や関連するシステム情報及びデータなどを記録する文書化について触れ，それぞれの工程の意義や目的について扱うこと。イ及びウについては，インターネットに接続された機器や情報セキュリティに関する技術を扱い，情報の取扱いの重要性に触れること。

　イ　〔指導項目〕の(2)のアについては，コンテンツの制作工程について扱い，コンテンツ産業の現状や労働環境などについても触れること。また，イ及びウについては，面接法やブレーンストーミングなどを取り上げ，利用者の要求などについて調査し分析する手法について扱うとともに，その結果を反映させた企画の提案方法についても扱うこと。エについては，コンテンツの発信方法の種類や特性についても扱うこと。

　ウ　〔指導項目〕の(3)については，情報システム分野とコンテンツ分野の学習成果に基づいて，適切な課題を設定し，プログラミングなどの情報技術を活用した実習を行うこと。

● 第3款　各科目にわたる指導計画の作成と内容の取扱い

1　指導計画の作成に当たっては，次の事項に配慮するものとする。

(1) 単元など内容や時間のまとまりを見通して，その中で育む資質・能力の育成に向けて，生徒の主体的・対話的で深い学びの実現を図るようにすること。その際，情

付録4

報の科学的な見方・考え方を働かせ，社会の様々な事象を捉え，専門的な知識や技術などを基に情報産業に対する理解を深めるとともに，新たなシステムやコンテンツなどを地域や産業界等と協働して創造するなどの実践的・体験的な学習活動の充実を図ること。

(2) 情報に関する各学科においては，「情報産業と社会」及び「課題研究」を原則として全ての生徒に履修させること。

(3) 情報に関する各学科においては，原則としてこの章に示す情報科に属する科目に配当する総授業時数の10分の5以上を実験・実習に配当すること。

(4) 地域や産業界，大学等との連携・交流を通じた実践的な学習活動や就業体験活動を積極的に取り入れるとともに，社会人講師を積極的に活用するなどの工夫に努めること。

(5) 障害のある生徒などについては，学習活動を行う場合に生じる困難さに応じた指導内容や指導方法の工夫を計画的，組織的に行うこと。

2　内容の取扱いに当たっては，次の事項に配慮するものとする。

(1) 情報産業に関する課題の発見や解決の過程において，協働して分析，考察，討議するなど言語活動の充実を図ること。

(2) 個人情報や知的財産の保護と活用について扱うとともに，情報モラルや職業人として求められる倫理観の育成を図ること。

(3) コンピュータや情報通信ネットワークなどの活用を図り，学習の効果を高めるよう工夫すること。

3　実験・実習を行うに当たっては，施設・設備の安全管理に配慮し，学習環境を整えるとともに，事故防止の指導を徹底し，安全と衛生に十分留意するものとする。

中学校学習指導要領 第2章 第8節 技術・家庭

第1 目 標

　生活の営みに係る見方・考え方や技術の見方・考え方を働かせ，生活や技術に関する実践的・体験的な活動を通して，よりよい生活の実現や持続可能な社会の構築に向けて，生活を工夫し創造する資質・能力を次のとおり育成することを目指す。

(1) 生活と技術についての基礎的な理解を図るとともに，それらに係る技能を身に付けるようにする。

(2) 生活や社会の中から問題を見いだして課題を設定し，解決策を構想し，実践を評価・改善し，表現するなど，課題を解決する力を養う。

(3) よりよい生活の実現や持続可能な社会の構築に向けて，生活を工夫し創造しようとする実践的な態度を養う。

第2　各分野の目標及び内容

〔技術分野〕

1 目 標

　技術の見方・考え方を働かせ，ものづくりなどの技術に関する実践的・体験的な活動を通して，技術によってよりよい生活や持続可能な社会を構築する資質・能力を次のとおり育成することを目指す。

(1) 生活や社会で利用されている材料，加工，生物育成，エネルギー変換及び情報の技術についての基礎的な理解を図るとともに，それらに係る技能を身に付け，技術と生活や社会，環境との関わりについて理解を深める。

(2) 生活や社会の中から技術に関わる問題を見いだして課題を設定し，解決策を構想し，製作図等に表現し，試作等を通じて具体化し，実践を評価・改善するなど，課題を解決する力を養う。

(3) よりよい生活の実現や持続可能な社会の構築に向けて，適切かつ誠実に技術を工夫し創造しようとする実践的な態度を養う。

2 内 容

A　材料と加工の技術

(1) 生活や社会を支える材料と加工の技術について調べる活動などを通して，次の事項を身に付けることができるよう指導する。

　ア　材料や加工の特性等の原理・法則と，材料の製造・加工方法等の基礎的な技術の仕組みについて理解すること。

　イ　技術に込められた問題解決の工夫について考えること。

(2) 生活や社会における問題を，材料と加工の技術によって解決する活動を通して，次の事項を身に付けることができるよう指導する。

ア　製作に必要な図をかき，安全・適切な製作や検査・点検等ができること。

　　イ　問題を見いだして課題を設定し，材料の選択や成形の方法等を構想して設計を
　　　具体化するとともに，製作の過程や結果の評価，改善及び修正について考えるこ
　　　と。

　(3)　これからの社会の発展と材料と加工の技術の在り方を考える活動などを通して，
　　次の事項を身に付けることができるよう指導する。

　　ア　生活や社会，環境との関わりを踏まえて，技術の概念を理解すること。

　　イ　技術を評価し，適切な選択と管理・運用の在り方や，新たな発想に基づく改良
　　　と応用について考えること。

　B　生物育成の技術

　(1)　生活や社会を支える生物育成の技術について調べる活動などを通して，次の事項
　　を身に付けることができるよう指導する。

　　ア　育成する生物の成長，生態の特性等の原理・法則と，育成環境の調節方法等の
　　　基礎的な技術の仕組みについて理解すること。

　　イ　技術に込められた問題解決の工夫について考えること。

　(2)　生活や社会における問題を，生物育成の技術によって解決する活動を通して，次
　　の事項を身に付けることができるよう指導する。

　　ア　安全・適切な栽培又は飼育，検査等ができること。

　　イ　問題を見いだして課題を設定し，育成環境の調節方法を構想して育成計画を立
　　　てるとともに，栽培又は飼育の過程や結果の評価，改善及び修正について考える
　　　こと。

　(3)　これからの社会の発展と生物育成の技術の在り方を考える活動などを通して，次
　　の事項を身に付けることができるよう指導する。

　　ア　生活や社会，環境との関わりを踏まえて，技術の概念を理解すること。

　　イ　技術を評価し，適切な選択と管理・運用の在り方や，新たな発想に基づく改良
　　　と応用について考えること。

　C　エネルギー変換の技術

　(1)　生活や社会を支えるエネルギー変換の技術について調べる活動などを通して，次
　　の事項を身に付けることができるよう指導する。

　　ア　電気，運動，熱の特性等の原理・法則と，エネルギーの変換や伝達等に関わる
　　　基礎的な技術の仕組み及び保守点検の必要性について理解すること。

　　イ　技術に込められた問題解決の工夫について考えること。

　(2)　生活や社会における問題を，エネルギー変換の技術によって解決する活動を通し
　　て，次の事項を身に付けることができるよう指導する。

　　ア　安全・適切な製作，実装，点検及び調整等ができること。

　　イ　問題を見いだして課題を設定し，電気回路又は力学的な機構等を構想して設計
　　　を具体化するとともに，製作の過程や結果の評価，改善及び修正について考える
　　　こと。

(3) これからの社会の発展とエネルギー変換の技術の在り方を考える活動などを通して，次の事項を身に付けることができるよう指導する。

　ア　生活や社会，環境との関わりを踏まえて，技術の概念を理解すること。

　イ　技術を評価し，適切な選択と管理・運用の在り方や，新たな発想に基づく改良と応用について考えること。

D　情報の技術

(1) 生活や社会を支える情報の技術について調べる活動などを通して，次の事項を身に付けることができるよう指導する。

　ア　情報の表現，記録，計算，通信の特性等の原理・法則と，情報のデジタル化や処理の自動化，システム化，情報セキュリティ等に関わる基礎的な技術の仕組み及び情報モラルの必要性について理解すること。

　イ　技術に込められた問題解決の工夫について考えること。

(2) 生活や社会における問題を，ネットワークを利用した双方向性のあるコンテンツのプログラミングによって解決する活動を通して，次の事項を身に付けることができるよう指導する。

　ア　情報通信ネットワークの構成と，情報を利用するための基本的な仕組みを理解し，安全・適切なプログラムの制作，動作の確認及びデバッグ等ができること。

　イ　問題を見いだして課題を設定し，使用するメディアを複合する方法とその効果的な利用方法等を構想して情報処理の手順を具体化するとともに，制作の過程や結果の評価，改善及び修正について考えること。

(3) 生活や社会における問題を，計測・制御のプログラミングによって解決する活動を通して，次の事項を身に付けることができるよう指導する。

　ア　計測・制御システムの仕組みを理解し，安全・適切なプログラムの制作，動作の確認及びデバッグ等ができること。

　イ　問題を見いだして課題を設定し，入出力されるデータの流れを元に計測・制御システムを構想して情報処理の手順を具体化するとともに，制作の過程や結果の評価，改善及び修正について考えること。

(4) これからの社会の発展と情報の技術の在り方を考える活動などを通して，次の事項を身に付けることができるよう指導する。

　ア　生活や社会，環境との関わりを踏まえて，技術の概念を理解すること。

　イ　技術を評価し，適切な選択と管理・運用の在り方や，新たな発想に基づく改良と応用について考えること。

3　内容の取扱い

(1) 内容の「A材料と加工の技術」については，次のとおり取り扱うものとする。

　ア　(1)については，我が国の伝統的な技術についても扱い，緻密なものづくりの技などが我が国の伝統や文化を支えてきたことに気付かせること。

　イ　(2)の製作に必要な図については，主として等角図及び第三角法による図法を扱うこと。

(2) 内容の「B生物育成の技術」については，次のとおり取り扱うものとする。

ア　(1)については，作物の栽培，動物の飼育及び水産生物の栽培のいずれも扱うこと。

イ　(2)については，地域固有の生態系に影響を及ぼすことのないよう留意するとともに，薬品を使用する場合には，使用上の基準及び注意事項を遵守させること。

(3) 内容の「Cエネルギー変換の技術」の(1)については，電気機器や屋内配線等の生活の中で使用する製品やシステムの安全な使用についても扱うものとする。

(4) 内容の「D情報の技術」については，次のとおり取り扱うものとする。

ア　(1)については，情報のデジタル化の方法と情報の量，著作権を含めた知的財産権，発信した情報に対する責任，及び社会におけるサイバーセキュリティが重要であることについても扱うこと。

イ　(2)については，コンテンツに用いる各種メディアの基本的な特徴や，個人情報の保護の必要性についても扱うこと。

(5) 各内容における(1)については，次のとおり取り扱うものとする。

ア　アで取り上げる原理や法則に関しては，関係する教科との連携を図ること。

イ　イでは，社会からの要求，安全性，環境負荷や経済性などに着目し，技術が最適化されてきたことに気付かせること。

ウ　第1学年の最初に扱う内容では，3年間の技術分野の学習の見通しを立てさせるために，内容の「A材料と加工の技術」から「D情報の技術」までに示す技術について触れること。

(6) 各内容における(2)及び内容の「D情報の技術」の(3)については，次のとおり取り扱うものとする。

ア　イでは，各内容の(1)のイで気付かせた見方・考え方により問題を見いだして課題を設定し，自分なりの解決策を構想させること。

イ　知的財産を創造，保護及び活用しようとする態度，技術に関わる倫理観，並びに他者と協働して粘り強く物事を前に進める態度を養うことを目指すこと。

ウ　第3学年で取り上げる内容では，これまでの学習を踏まえた統合的な問題について扱うこと。

エ　製作・制作・育成場面で使用する工具・機器や材料等については，図画工作科等の学習経験を踏まえるとともに，安全や健康に十分に配慮して選択すること。

(7) 内容の「A材料と加工の技術」，「B生物育成の技術」，「Cエネルギー変換の技術」の(3)及び内容の「D情報の技術」の(4)については，技術が生活の向上や産業の継承と発展，資源やエネルギーの有効利用，自然環境の保全等に貢献していることについても扱うものとする。

〔家庭分野〕

1　目　標

生活の営みに係る見方・考え方を働かせ，衣食住などに関する実践的・体験的な活

動を通して，よりよい生活の実現に向けて，生活を工夫し創造する資質・能力を次の
とおり育成することを目指す。

(1) 家族・家庭の機能について理解を深め，家族・家庭，衣食住，消費や環境などに
ついて，生活の自立に必要な基礎的な理解を図るとともに，それらに係る技能を身
に付けるようにする。

(2) 家族・家庭や地域における生活の中から問題を見いだして課題を設定し，解決策
を構想し，実践を評価・改善し，考察したことを論理的に表現するなど，これから
の生活を展望して課題を解決する力を養う。

(3) 自分と家族，家庭生活と地域との関わりを考え，家族や地域の人々と協働し，よ
りよい生活の実現に向けて，生活を工夫し創造しようとする実践的な態度を養う。

2 内 容

A 家族・家庭生活

次の(1)から(4)までの項目について，課題をもって，家族や地域の人々と協力・協
働し，よりよい家庭生活に向けて考え，工夫する活動を通して，次の事項を身に付け
ることができるよう指導する。

(1) 自分の成長と家族・家庭生活

ア 自分の成長と家族や家庭生活との関わりが分かり，家族・家庭の基本的な機能
について理解するとともに，家族や地域の人々と協力・協働して家庭生活を営む
必要があることに気付くこと。

(2) 幼児の生活と家族

ア 次のような知識を身に付けること。

(ｱ) 幼児の発達と生活の特徴が分かり，子供が育つ環境としての家族の役割につ
いて理解すること。

(ｲ) 幼児にとっての遊びの意義や幼児との関わり方について理解すること。

イ 幼児とのよりよい関わり方について考え，工夫すること。

(3) 家族・家庭や地域との関わり

ア 次のような知識を身に付けること。

(ｱ) 家族の互いの立場や役割が分かり，協力することによって家族関係をよりよ
くできることについて理解すること。

(ｲ) 家庭生活は地域との相互の関わりで成り立っていることが分かり，高齢者な
ど地域の人々と協働する必要があることや介護など高齢者との関わり方につい
て理解すること。

イ 家族関係をよりよくする方法及び高齢者など地域の人々と関わり，協働する方
法について考え，工夫すること。

(4) 家族・家庭生活についての課題と実践

ア 家族，幼児の生活又は地域の生活の中から問題を見いだして課題を設定し，そ
の解決に向けてよりよい生活を考え，計画を立てて実践できること。

B 衣食住の生活

付録5

241

次の(1)から(7)までの項目について，課題をもって，健康・快適・安全で豊かな食生活，衣生活，住生活に向けて考え，工夫する活動を通して，次の事項を身に付けることができるよう指導する。

(1) 食事の役割と中学生の栄養の特徴

ア　次のような知識を身に付けること。

(ｱ) 生活の中で食事が果たす役割について理解すること。

(ｲ) 中学生に必要な栄養の特徴が分かり，健康によい食習慣について理解すること。

イ　健康によい食習慣について考え，工夫すること。

(2) 中学生に必要な栄養を満たす食事

ア　次のような知識を身に付けること。

(ｱ) 栄養素の種類と働きが分かり，食品の栄養的な特質について理解すること。

(ｲ) 中学生の1日に必要な食品の種類と概量が分かり，1日分の献立作成の方法について理解すること。

イ　中学生の1日分の献立について考え，工夫すること。

(3) 日常食の調理と地域の食文化

ア　次のような知識及び技能を身に付けること。

(ｱ) 日常生活と関連付け，用途に応じた食品の選択について理解し，適切にできること。

(ｲ) 食品や調理用具等の安全と衛生に留意した管理について理解し，適切にできること。

(ｳ) 材料に適した加熱調理の仕方について理解し，基礎的な日常食の調理が適切にできること。

(ｴ) 地域の食文化について理解し，地域の食材を用いた和食の調理が適切にできること。

イ　日常の1食分の調理について，食品の選択や調理の仕方，調理計画を考え，工夫すること。

(4) 衣服の選択と手入れ

ア　次のような知識及び技能を身に付けること。

(ｱ) 衣服と社会生活との関わりが分かり，目的に応じた着用，個性を生かす着用及び衣服の適切な選択について理解すること。

(ｲ) 衣服の計画的な活用の必要性，衣服の材料や状態に応じた日常着の手入れについて理解し，適切にできること。

イ　衣服の選択，材料や状態に応じた日常着の手入れの仕方を考え，工夫すること。

(5) 生活を豊かにするための布を用いた製作

ア　製作する物に適した材料や縫い方について理解し，用具を安全に取り扱い，製作が適切にできること。

イ　資源や環境に配慮し，生活を豊かにするために布を用いた物の製作計画を考え，

付録5

242

製作を工夫すること。

(6) 住居の機能と安全な住まい方

ア　次のような知識を身に付けること。

(ｱ) 家族の生活と住空間との関わりが分かり，住居の基本的な機能について理解すること。

(ｲ) 家庭内の事故の防ぎ方など家族の安全を考えた住空間の整え方について理解すること。

イ　家族の安全を考えた住空間の整え方について考え，工夫すること。

(7) 衣食住の生活についての課題と実践

ア　食生活，衣生活，住生活の中から問題を見いだして課題を設定し，その解決に向けてよりよい生活を考え，計画を立てて実践できること。

C　消費生活・環境

次の(1)から(3)までの項目について，課題をもって，持続可能な社会の構築に向けて考え，工夫する活動を通して，次の事項を身に付けることができるよう指導する。

(1) 金銭の管理と購入

ア　次のような知識及び技能を身に付けること。

(ｱ) 購入方法や支払い方法の特徴が分かり，計画的な金銭管理の必要性について理解すること。

(ｲ) 売買契約の仕組み，消費者被害の背景とその対応について理解し，物資・サービスの選択に必要な情報の収集・整理が適切にできること。

イ　物資・サービスの選択に必要な情報を活用して購入について考え，工夫すること。

(2) 消費者の権利と責任

ア　消費者の基本的な権利と責任，自分や家族の消費生活が環境や社会に及ぼす影響について理解すること。

イ　身近な消費生活について，自立した消費者としての責任ある消費行動を考え，工夫すること。

(3) 消費生活・環境についての課題と実践

ア　自分や家族の消費生活の中から問題を見いだして課題を設定し，その解決に向けて環境に配慮した消費生活を考え，計画を立てて実践できること。

3　内容の取扱い

(1) 各内容については，生活の科学的な理解を深めるための実践的・体験的な活動を充実すること。

(2) 内容の「A家族・家庭生活」については，次のとおり取り扱うものとする。

ア　(1)のアについては，家族・家庭の基本的な機能がAからCまでの各内容に関わっていることや，家族・家庭や地域における様々な問題について，協力・協働，健康・快適・安全，生活文化の継承，持続可能な社会の構築等を視点として考え，解決に向けて工夫することが大切であることに気付かせるようにすること。

イ　(1)，(2)及び(3)については，相互に関連を図り，実習や観察，ロールプレイングなどの学習活動を中心とするよう留意すること。

ウ　(2)については，幼稚園，保育所，認定こども園などの幼児の観察や幼児との触れ合いができるよう留意すること。アの(ア)については，幼児期における周囲との基本的な信頼関係や生活習慣の形成の重要性についても扱うこと。

エ　(3)のアの(イ)については，高齢者の身体の特徴についても触れること。また，高齢者の介護の基礎に関する体験的な活動ができるよう留意すること。イについては，地域の活動や行事などを取り上げたり，他教科等における学習との関連を図ったりするよう配慮すること。

(3) 内容の「B衣食住の生活」については，次のとおり取り扱うものとする。

ア　日本の伝統的な生活についても扱い，生活文化を継承する大切さに気付くことができるよう配慮すること。

イ　(1)のアの(ア)については，食事を共にする意義や食文化を継承することについても扱うこと。

ウ　(2)のアの(ア)については，水の働きや食物繊維についても触れること。

エ　(3)のアの(ア)については，主として調理実習で用いる生鮮食品と加工食品の表示を扱うこと。(ウ)については，煮る，焼く，蒸す等を扱うこと。また，魚，肉，野菜を中心として扱い，基礎的な題材を取り上げること。(エ)については，だしを用いた煮物又は汁物を取り上げること。また，地域の伝統的な行事食や郷土料理を扱うこともできること。

オ　食に関する指導については，技術・家庭科の特質に応じて，食育の充実に資するよう配慮すること。

カ　(4)のアの(ア)については，日本の伝統的な衣服である和服について触れること。また，和服の基本的な着装を扱うこともできること。さらに，既製服の表示と選択に当たっての留意事項を扱うこと。(イ)については，日常着の手入れは主として洗濯と補修を扱うこと。

キ　(5)のアについては，衣服等の再利用の方法についても触れること。

ク　(6)のアについては，簡単な図などによる住空間の構想を扱うこと。また，ア及びイについては，内容の「A家族・家庭生活」の(2)及び(3)との関連を図ること。さらに，アの(イ)及びイについては，自然災害に備えた住空間の整え方についても扱うこと。

(4) 内容の「C消費生活・環境」については，次のとおり取り扱うものとする。

ア　(1)及び(2)については，内容の「A家族・家庭生活」又は「B衣食住の生活」の学習との関連を図り，実践的に学習できるようにすること。

イ　(1)については，中学生の身近な消費行動と関連を図った物資・サービスや消費者被害を扱うこと。アの(ア)については，クレジットなどの三者間契約についても扱うこと。

● 第3　指導計画の作成と内容の取扱い

1　指導計画の作成に当たっては，次の事項に配慮するものとする。

(1) 題材など内容や時間のまとまりを見通して，その中で育む資質・能力の育成に向けて，生徒の主体的・対話的で深い学びの実現を図るようにすること。その際，生活の営みに係る見方・考え方や技術の見方・考え方を働かせ，知識を相互に関連付けてより深く理解するとともに，生活や社会の中から問題を見いだして解決策を構想し，実践を評価・改善して，新たな課題の解決に向かう過程を重視した学習の充実を図ること。

(2) 技術分野及び家庭分野の授業時数については，3学年間を見通した全体的な指導計画に基づき，いずれかの分野に偏ることなく配当して履修させること。その際，各学年において，技術分野及び家庭分野のいずれも履修させること。

　家庭分野の内容の「A家族・家庭生活」の(4)，「B衣食住の生活」の(7)及び「C消費生活・環境」の(3)については，これら三項目のうち，一以上を選択し履修させること。その際，他の内容と関連を図り，実践的な活動を家庭や地域などで行うことができるよう配慮すること。

(3) 技術分野の内容の「A材料と加工の技術」から「D情報の技術」まで，及び家庭分野の内容の「A家族・家庭生活」から「C消費生活・環境」までの各項目に配当する授業時数及び各項目の履修学年については，生徒や学校，地域の実態等に応じて，各学校において適切に定めること。その際，家庭分野の内容の「A家族・家庭生活」の(1)については，小学校家庭科の学習を踏まえ，中学校における学習の見通しを立てさせるために，第1学年の最初に履修させること。

(4) 各項目及び各項目に示す事項については，相互に有機的な関連を図り，総合的に展開されるよう適切な題材を設定して計画を作成すること。その際，生徒や学校，地域の実態を的確に捉え，指導の効果を高めるようにすること。また，小学校における学習を踏まえるとともに，高等学校における学習を見据え，他教科等との関連を明確にして系統的・発展的に指導ができるようにすること。さらに，持続可能な開発のための教育を推進する視点から他教科等との連携も図ること。

(5) 障害のある生徒などについては，学習活動を行う場合に生じる困難さに応じた指導内容や指導方法の工夫を計画的，組織的に行うこと。

(6) 第1章総則の第1の2の(2)に示す道徳教育の目標に基づき，道徳科などとの関連を考慮しながら，第3章特別の教科道徳の第2に示す内容について，技術・家庭科の特質に応じて適切な指導をすること。

2　第2の内容の取扱いについては，次の事項に配慮するものとする。

(1) 指導に当たっては，衣食住やものづくりなどに関する実習等の結果を整理し考察する学習活動や，生活や社会における課題を解決するために言葉や図表，概念などを用いて考えたり，説明したりするなどの学習活動の充実を図ること。

(2) 指導に当たっては，コンピュータや情報通信ネットワークを積極的に活用して，

付録5

実習等における情報の収集・整理や，実践結果の発表などを行うことができるように工夫すること。

(3) 基礎的・基本的な知識及び技能を習得し，基本的な概念などの理解を深めるとともに，仕事の楽しさや完成の喜びを体得させるよう，実践的・体験的な活動を充実すること。また，生徒のキャリア発達を踏まえて学習内容と将来の職業の選択や生き方との関わりについても扱うこと。

(4) 資質・能力の育成を図り，一人一人の個性を生かし伸ばすよう，生徒の興味・関心を踏まえた学習課題の設定，技能の習得状況に応じた少人数指導や教材・教具の工夫など個に応じた指導の充実に努めること。

(5) 生徒が，学習した知識及び技能を生活に活用したり，生活や社会の変化に対応したりすることができるよう，生活や社会の中から問題を見いだして課題を設定し解決する学習活動を充実するとともに，家庭や地域社会，企業などとの連携を図るよう配慮すること。

3 実習の指導に当たっては，施設・設備の安全管理に配慮し，学習環境を整備するとともに，火気，用具，材料などの取扱いに注意して事故防止の指導を徹底し，安全と衛生に十分留意するものとする。

その際，技術分野においては，正しい機器の操作や作業環境の整備等について指導するとともに，適切な服装や防護眼鏡・防塵マスクの着用，作業後の手洗いの実施等による安全の確保に努めることとする。

家庭分野においては，幼児や高齢者と関わるなど校外での学習について，事故の防止策及び事故発生時の対応策等を綿密に計画するとともに，相手に対する配慮にも十分留意するものとする。また，調理実習については，食物アレルギーにも配慮するものとする。

高等学校学習指導要領　第2章　第4節　数学

● 第1款　目　標

　数学的な見方・考え方を働かせ，数学的活動を通して，数学的に考える資質・能力を次のとおり育成することを目指す。

(1) 数学における基本的な概念や原理・法則を体系的に理解するとともに，事象を数学化したり，数学的に解釈したり，数学的に表現・処理したりする技能を身に付けるようにする。

(2) 数学を活用して事象を論理的に考察する力，事象の本質や他の事象との関係を認識し統合的・発展的に考察する力，数学的な表現を用いて事象を簡潔・明瞭・的確に表現する力を養う。

(3) 数学のよさを認識し積極的に数学を活用しようとする態度，粘り強く考え数学的論拠に基づいて判断しようとする態度，問題解決の過程を振り返って考察を深めたり，評価・改善したりしようとする態度や創造性の基礎を養う。

● 第2款　各　科　目

第1　数学 I

1　目　標

　数学的な見方・考え方を働かせ，数学的活動を通して，数学的に考える資質・能力を次のとおり育成することを目指す。

(1) 数と式，図形と計量，二次関数及びデータの分析についての基本的な概念や原理・法則を体系的に理解するとともに，事象を数学化したり，数学的に解釈したり，数学的に表現・処理したりする技能を身に付けるようにする。

(2) 命題の条件や結論に着目し，数や式を多面的にみたり目的に応じて適切に変形したりする力，図形の構成要素間の関係に着目し，図形の性質や計量について論理的に考察し表現する力，関数関係に着目し，事象を的確に表現してその特徴を表，式，グラフを相互に関連付けて考察する力，社会の事象などから設定した問題について，データの散らばりや変量間の関係などに着目し，適切な手法を選択して分析を行い，問題を解決したり，解決の過程や結果を批判的に考察し判断したりする力を養う。

(3) 数学のよさを認識し数学を活用しようとする態度，粘り強く考え数学的論拠に基づいて判断しようとする態度，問題解決の過程を振り返って考察を深めたり，評価・改善したりしようとする態度や創造性の基礎を養う。

2　内　容

(1) 数と式

　　数と式について，数学的活動を通して，次の事項を身に付けることができるよう指導する。

付録6

ア　次のような知識及び技能を身に付けること。

(ア) 数を実数まで拡張する意義を理解し，簡単な無理数の四則計算をすること。

(イ) 集合と命題に関する基本的な概念を理解すること。

(ウ) 二次の乗法公式及び因数分解の公式の理解を深めること。

(エ) 不等式の解の意味や不等式の性質について理解し，一次不等式の解を求めること。

イ　次のような思考力，判断力，表現力等を身に付けること。

(ア) 集合の考えを用いて論理的に考察し，簡単な命題を証明すること。

(イ) 問題を解決する際に，既に学習した計算の方法と関連付けて，式を多面的に捉えたり目的に応じて適切に変形したりすること。

(ウ) 不等式の性質を基に一次不等式を解く方法を考察すること。

(エ) 日常の事象や社会の事象などを数学的に捉え，一次不等式を問題解決に活用すること。

(2) 図形と計量

図形と計量について，数学的活動を通して，その有用性を認識するとともに，次の事項を身に付けることができるよう指導する。

ア　次のような知識及び技能を身に付けること。

(ア) 鋭角の三角比の意味と相互関係について理解すること。

(イ) 三角比を鈍角まで拡張する意義を理解し，鋭角の三角比の値を用いて鈍角の三角比の値を求める方法を理解すること。

(ウ) 正弦定理や余弦定理について三角形の決定条件や三平方の定理と関連付けて理解し，三角形の辺の長さや角の大きさなどを求めること。

イ　次のような思考力，判断力，表現力等を身に付けること。

(ア) 図形の構成要素間の関係を三角比を用いて表現するとともに，定理や公式として導くこと。

(イ) 図形の構成要素間の関係に着目し，日常の事象や社会の事象などを数学的に捉え，問題を解決したり，解決の過程を振り返って事象の数学的な特徴や他の事象との関係を考察したりすること。

［用語・記号］　正弦，sin，余弦，cos，正接，tan

(3) 二次関数

二次関数について，数学的活動を通して，その有用性を認識するとともに，次の事項を身に付けることができるよう指導する。

ア　次のような知識及び技能を身に付けること。

(ア) 二次関数の値の変化やグラフの特徴について理解すること。

(イ) 二次関数の最大値や最小値を求めること。

(ウ) 二次方程式の解と二次関数のグラフとの関係について理解すること。また，二次不等式の解と二次関数のグラフとの関係について理解し，二次関数のグラフを用いて二次不等式の解を求めること。

イ　次のような思考力，判断力，表現力等を身に付けること。

(ｱ)　二次関数の式とグラフとの関係について，コンピュータなどの情報機器を用いてグラフをかくなどして多面的に考察すること。

(ｲ)　二つの数量の関係に着目し，日常の事象や社会の事象などを数学的に捉え，問題を解決したり，解決の過程を振り返って事象の数学的な特徴や他の事象との関係を考察したりすること。

(4)　データの分析

データの分析について，数学的活動を通して，その有用性を認識するとともに，次の事項を身に付けることができるよう指導する。

ア　次のような知識及び技能を身に付けること。

(ｱ)　分散，標準偏差，散布図及び相関係数の意味やその用い方を理解すること。

(ｲ)　コンピュータなどの情報機器を用いるなどして，データを表やグラフに整理したり，分散や標準偏差などの基本的な統計量を求めたりすること。

(ｳ)　具体的な事象において仮説検定の考え方を理解すること。

イ　次のような思考力，判断力，表現力等を身に付けること。

(ｱ)　データの散らばり具合や傾向を数値化する方法を考察すること。

(ｲ)　目的に応じて複数の種類のデータを収集し，適切な統計量やグラフ，手法などを選択して分析を行い，データの傾向を把握して事象の特徴を表現すること。

(ｳ)　不確実な事象の起こりやすさに着目し，主張の妥当性について，実験などを通して判断したり，批判的に考察したりすること。

〔用語・記号〕　外れ値

〔課題学習〕

(1)から(4)までの内容又はそれらを相互に関連付けた内容を生活と関連付けたり発展させたりするなどした課題を設け，生徒の主体的な学習を促し，数学のよさを認識させ，学習意欲を含めた数学的に考える資質・能力を高めるようにする。

3　内容の取扱い

(1)　内容の(1)から(4)までについては，中学校数学科との関連を十分に考慮するものとする。

(2)　内容の(1)のアの(ｱ)については，分数が有限小数や循環小数で表される仕組みを扱うものとする。

(3)　内容の(2)のアの(ｲ)については，関連して $0°$，$90°$，$180°$ の三角比を扱うものとする。

(4)　課題学習については，それぞれの内容との関連を踏まえ，学習効果を高めるよう指導計画に適切に位置付けるものとする。

第2　数学Ⅱ

1　目　標

数学的な見方・考え方を働かせ，数学的活動を通して，数学的に考える資質・能力

を次のとおり育成することを目指す。

(1) いろいろな式，図形と方程式，指数関数・対数関数，三角関数及び微分・積分の考えについての基本的な概念や原理・法則を体系的に理解するとともに，事象を数学化したり，数学的に解釈したり，数学的に表現・処理したりする技能を身に付けるようにする。

(2) 数の範囲や式の性質に着目し，等式や不等式が成り立つことなどについて論理的に考察する力，座標平面上の図形について構成要素間の関係に着目し，方程式を用いて図形を簡潔・明瞭・的確に表現したり，図形の性質を論理的に考察したりする力，関数関係に着目し，事象を的確に表現してその特徴を数学的に考察する力，関数の局所的な変化に着目し，事象を数学的に考察したり，問題解決の過程や結果を振り返って統合的・発展的に考察したりする力を養う。

(3) 数学のよさを認識し数学を活用しようとする態度，粘り強く柔軟に考え数学的論拠に基づいて判断しようとする態度，問題解決の過程を振り返って考察を深めたり，評価・改善したりしようとする態度や創造性の基礎を養う。

2 内 容

(1) いろいろな式

いろいろな式について，数学的活動を通して，次の事項を身に付けることができるよう指導する。

ア 次のような知識及び技能を身に付けること。

(ｱ) 三次の乗法公式及び因数分解の公式を理解し，それらを用いて式の展開や因数分解をすること。

(ｲ) 多項式の除法や分数式の四則計算の方法について理解し，簡単な場合について計算をすること。

(ｳ) 数を複素数まで拡張する意義を理解し，複素数の四則計算をすること。

(ｴ) 二次方程式の解の種類の判別及び解と係数の関係について理解すること。

(ｵ) 因数定理について理解し，簡単な高次方程式について因数定理などを用いてその解を求めること。

イ 次のような思考力，判断力，表現力等を身に付けること。

(ｱ) 式の計算の方法を既に学習した数や式の計算と関連付け多面的に考察すること。

(ｲ) 実数の性質や等式の性質，不等式の性質などを基に，等式や不等式が成り立つことを論理的に考察し，証明すること。

(ｳ) 日常の事象や社会の事象などを数学的に捉え，方程式を問題解決に活用すること。

[用語・記号] 二項定理，虚数，i

(2) 図形と方程式

図形と方程式について，数学的活動を通して，その有用性を認識するとともに，次の事項を身に付けることができるよう指導する。

ア　次のような知識及び技能を身に付けること。

(ア) 座標を用いて，平面上の線分を内分する点，外分する点の位置や二点間の距離を表すこと。

(イ) 座標平面上の直線や円を方程式で表すこと。

(ウ) 軌跡について理解し，簡単な場合について軌跡を求めること。

(エ) 簡単な場合について，不等式の表す領域を求めたり領域を不等式で表したりすること。

イ　次のような思考力，判断力，表現力等を身に付けること。

(ア) 座標平面上の図形について構成要素間の関係に着目し，それを方程式を用いて表現し，図形の性質や位置関係について考察すること。

(イ) 数量と図形との関係などに着目し，日常の事象や社会の事象などを数学的に捉え，コンピュータなどの情報機器を用いて軌跡や不等式の表す領域を座標平面上に表すなどして，問題解決に活用したり，解決の過程を振り返って事象の数学的な特徴や他の事象との関係を考察したりすること。

(3) 指数関数・対数関数

指数関数及び対数関数について，数学的活動を通して，その有用性を認識するとともに，次の事項を身に付けることができるよう指導する。

ア　次のような知識及び技能を身に付けること。

(ア) 指数を正の整数から有理数へ拡張する意義を理解し，指数法則を用いて数や式の計算をすること。

(イ) 指数関数の値の変化やグラフの特徴について理解すること。

(ウ) 対数の意味とその基本的な性質について理解し，簡単な対数の計算をすること。

(エ) 対数関数の値の変化やグラフの特徴について理解すること。

イ　次のような思考力，判断力，表現力等を身に付けること。

(ア) 指数と対数を相互に関連付けて考察すること。

(イ) 指数関数及び対数関数の式とグラフの関係について，多面的に考察すること。

(ウ) 二つの数量の関係に着目し，日常の事象や社会の事象などを数学的に捉え，問題を解決したり，解決の過程を振り返って事象の数学的な特徴や他の事象との関係を考察したりすること。

［用語・記号］累乗根，$\log_a x$，常用対数

(4) 三角関数

三角関数について，数学的活動を通して，その有用性を認識するとともに，次の事項を身に付けることができるよう指導する。

ア　次のような知識及び技能を身に付けること。

(ア) 角の概念を一般角まで拡張する意義や弧度法による角度の表し方について理解すること。

(イ) 三角関数の値の変化やグラフの特徴について理解すること。

(ウ) 三角関数の相互関係などの基本的な性質を理解すること。

(エ) 三角関数の加法定理や2倍角の公式,三角関数の合成について理解すること。

イ　次のような思考力,判断力,表現力等を身に付けること。

(ア) 三角関数に関する様々な性質について考察するとともに,三角関数の加法定理から新たな性質を導くこと。

(イ) 三角関数の式とグラフの関係について多面的に考察すること。

(ウ) 二つの数量の関係に着目し,日常の事象や社会の事象などを数学的に捉え,問題を解決したり,解決の過程を振り返って事象の数学的な特徴や他の事象との関係を考察したりすること。

(5) 微分・積分の考え

微分と積分の考えについて,数学的活動を通して,その有用性を認識するとともに,次の事項を身に付けることができるよう指導する。

ア　次のような知識及び技能を身に付けること。

(ア) 微分係数や導関数の意味について理解し,関数の定数倍,和及び差の導関数を求めること。

(イ) 導関数を用いて関数の値の増減や極大・極小を調べ,グラフの概形をかく方法を理解すること。

(ウ) 不定積分及び定積分の意味について理解し,関数の定数倍,和及び差の不定積分や定積分の値を求めること。

イ　次のような思考力,判断力,表現力等を身に付けること。

(ア) 関数とその導関数との関係について考察すること。

(イ) 関数の局所的な変化に着目し,日常の事象や社会の事象などを数学的に捉え,問題を解決したり,解決の過程を振り返って事象の数学的な特徴や他の事象との関係を考察したりすること。

(ウ) 微分と積分の関係に着目し,積分の考えを用いて直線や関数のグラフで囲まれた図形の面積を求める方法について考察すること。

〔用語・記号〕極限値,lim

〔課題学習〕

(1)から(5)までの内容又はそれらを相互に関連付けた内容を生活と関連付けたり発展させたりするなどした課題を設け,生徒の主体的な学習を促し,数学のよさを認識させ,学習意欲を含めた数学的に考える資質・能力を高めるようにする。

3　内容の取扱い

(1) 内容の(5)のアの(ア)については,三次までの関数を中心に扱い,アの(ウ)については,二次までの関数を中心に扱うものとする。また,微分係数や導関数を求める際に必要となる極限については,直観的に理解させるよう扱うものとする。

(2) 課題学習については,それぞれの内容との関連を踏まえ,学習効果を高めるよう指導計画に適切に位置付けるものとする。

第3　数学Ⅲ

1　目　標

数学的な見方・考え方を働かせ，数学的活動を通して，数学的に考える資質・能力を次のとおり育成することを目指す。

(1) 極限，微分法及び積分法についての概念や原理・法則を体系的に理解するとともに，事象を数学化したり，数学的に解釈したり，数学的に表現・処理したりする技能を身に付けるようにする。

(2) 数列や関数の値の変化に着目し，極限について考察したり，関数関係をより深く捉えて事象を的確に表現し，数学的に考察したりする力，いろいろな関数の局所的な性質や大域的な性質に着目し，事象を数学的に考察したり，問題解決の過程や結果を振り返って統合的・発展的に考察したりする力を養う。

(3) 数学のよさを認識し積極的に数学を活用しようとする態度，粘り強く柔軟に考え数学的論拠に基づいて判断しようとする態度，問題解決の過程を振り返って考察を深めたり，評価・改善したりしようとする態度や創造性の基礎を養う。

2　内　容

(1) 極限

数列及び関数の値の極限について，数学的活動を通して，次の事項を身に付けることができるよう指導する。

ア　次のような知識及び技能を身に付けること。

(ア) 数列の極限について理解し，数列 $\{r^n\}$ の極限などを基に簡単な数列の極限を求めること。

(イ) 無限級数の収束，発散について理解し，無限等比級数などの簡単な無限級数の和を求めること。

(ウ) 簡単な分数関数と無理関数の値の変化やグラフの特徴について理解すること。

(エ) 合成関数や逆関数の意味を理解し，簡単な場合についてそれらを求めること。

(オ) 関数の値の極限について理解すること。

イ　次のような思考力，判断力，表現力等を身に付けること。

(ア) 式を多面的に捉えたり目的に応じて適切に変形したりして，極限を求める方法を考察すること。

(イ) 既に学習した関数の性質と関連付けて，簡単な分数関数と無理関数のグラフの特徴を多面的に考察すること。

(ウ) 数列や関数の値の極限に着目し，事象を数学的に捉え，コンピュータなどの情報機器を用いて極限を調べるなどして，問題を解決したり，解決の過程を振り返って事象の数学的な特徴や他の事象との関係を考察したりすること。

［用語・記号］∞

(2) 微分法

微分法について，数学的活動を通して，その有用性を認識するとともに，次の事

項を身に付けることができるよう指導する。

ア　次のような知識及び技能を身に付けること。

(ｱ)　微分可能性，関数の積及び商の導関数について理解し，関数の和，差，積及び商の導関数を求めること。

(ｲ)　合成関数の導関数について理解し，それを求めること。

(ｳ)　三角関数，指数関数及び対数関数の導関数について理解し，それらを求めること。

(ｴ)　導関数を用いて，いろいろな曲線の接線の方程式を求めたり，いろいろな関数の値の増減，極大・極小，グラフの凹凸などを調べグラフの概形をかいたりすること。

イ　次のような思考力，判断力，表現力等を身に付けること。

(ｱ)　導関数の定義に基づき，三角関数，指数関数及び対数関数の導関数を考察すること。

(ｲ)　関数の連続性と微分可能性，関数とその導関数や第二次導関数の関係について考察すること。

(ｳ)　関数の局所的な変化や大域的な変化に着目し，事象を数学的に捉え，問題を解決したり，解決の過程を振り返って事象の数学的な特徴や他の事象との関係を考察したりすること。

［用語・記号］自然対数, e, 変曲点

(3)　積分法

積分法について，数学的活動を通して，その有用性を認識するとともに，次の事項を身に付けることができるよう指導する。

ア　次のような知識及び技能を身に付けること。

(ｱ)　不定積分及び定積分の基本的な性質についての理解を深め，それらを用いて不定積分や定積分を求めること。

(ｲ)　置換積分法及び部分積分法について理解し，簡単な場合について，それらを用いて不定積分や定積分を求めること。

(ｳ)　定積分を利用して，いろいろな曲線で囲まれた図形の面積や立体の体積及び曲線の長さなどを求めること。

イ　次のような思考力，判断力，表現力等を身に付けること。

(ｱ)　関数の式を多面的にみたり目的に応じて適切に変形したりして，いろいろな関数の不定積分や定積分を求める方法について考察すること。

(ｲ)　極限や定積分の考えを基に，立体の体積や曲線の長さなどを求める方法について考察すること。

(ｳ)　微分と積分との関係に着目し，事象を数学的に捉え，問題を解決したり，解決の過程を振り返って事象の数学的な特徴や他の事象との関係を考察したりすること。

〔課題学習〕

(1)から(3)までの内容又はそれらを相互に関連付けた内容を生活と関連付けたり発展させたりするなどした課題を設け，生徒の主体的な学習を促し，数学のよさを認識させ，学習意欲を含めた数学的に考える資質・能力を高めるようにする。

3　内容の取扱い

(1) 内容の(2)のイの(ウ)については，関連して直線上の点の運動や平面上の点の運動の速度及び加速度を扱うものとする。

(2) 内容の(3)のアの(イ)については，置換積分法は $ax + b = t$, $\mathrm{x} = a\sin\theta$ と置き換えるものを中心に扱うものとする。また，部分積分法は，簡単な関数について1回の適用で結果が得られるものを中心に扱うものとする。

(3) 課題学習については，それぞれの内容との関連を踏まえ，学習効果を高めるよう指導計画に適切に位置付けるものとする。

第4　数学A

1　目　標

　数学的な見方・考え方を働かせ，数学的活動を通して，数学的に考える資質・能力を次のとおり育成することを目指す。

(1) 図形の性質，場合の数と確率についての基本的な概念や原理・法則を体系的に理解するとともに，数学と人間の活動の関係について認識を深め，事象を数学化したり，数学的に解釈したり，数学的に表現・処理したりする技能を身に付けるようにする。

(2) 図形の構成要素間の関係などに着目し，図形の性質を見いだし，論理的に考察する力，不確実な事象に着目し，確率の性質などに基づいて事象の起こりやすさを判断する力，数学と人間の活動との関わりに着目し，事象に数学の構造を見いだし，数理的に考察する力を養う。

(3) 数学のよさを認識し数学を活用しようとする態度，粘り強く考え数学的論拠に基づいて判断しようとする態度，問題解決の過程を振り返って考察を深めたり，評価・改善したりしようとする態度や創造性の基礎を養う。

2　内　容

(1) 図形の性質

　図形の性質について，数学的活動を通して，その有用性を認識するとともに，次の事項を身に付けることができるよう指導する。

ア　次のような知識及び技能を身に付けること。

　(ア) 三角形に関する基本的な性質について理解すること。

　(イ) 円に関する基本的な性質について理解すること。

　(ウ) 空間図形に関する基本的な性質について理解すること。

イ　次のような思考力，判断力，表現力等を身に付けること。

　(ア) 図形の構成要素間の関係や既に学習した図形の性質に着目し，図形の新たな性質を見いだし，その性質について論理的に考察したり説明したりすること。

255

(ｲ) コンピュータなどの情報機器を用いて図形を表すなどして，図形の性質や作図について統合的・発展的に考察すること。

(2) 場合の数と確率

場合の数と確率について，数学的活動を通して，その有用性を認識するとともに，次の事項を身に付けることができるよう指導する。

ア　次のような知識及び技能を身に付けること。

(ｱ) 集合の要素の個数に関する基本的な関係や和の法則，積の法則などの数え上げの原則について理解すること。

(ｲ) 具体的な事象を基に順列及び組合せの意味を理解し，順列の総数や組合せの総数を求めること。

(ｳ) 確率の意味や基本的な法則についての理解を深め，それらを用いて事象の確率や期待値を求めること。

(ｴ) 独立な試行の意味を理解し，独立な試行の確率を求めること。

(ｵ) 条件付き確率の意味を理解し，簡単な場合について条件付き確率を求めること。

イ　次のような思考力，判断力，表現力等を身に付けること。

(ｱ) 事象の構造などに着目し，場合の数を求める方法を多面的に考察すること。

(ｲ) 確率の性質や法則に着目し，確率を求める方法を多面的に考察すること。

(ｳ) 確率の性質などに基づいて事象の起こりやすさを判断したり，期待値を意思決定に活用したりすること。

[用語・記号]　$n\mathrm{P}r$, $n\mathrm{C}r$, 階乗, $n!$, 排反

(3) 数学と人間の活動

数学と人間の活動について，数学的活動を通して，それらを数理的に考察することの有用性を認識するとともに，次の事項を身に付けることができるよう指導する。

ア　次のような知識及び技能を身に付けること。

(ｱ) 数量や図形に関する概念などと人間の活動との関わりについて理解すること。

(ｲ) 数学史的な話題，数理的なゲームやパズルなどを通して，数学と文化との関わりについての理解を深めること。

イ　次のような思考力，判断力，表現力等を身に付けること。

(ｱ) 数量や図形に関する概念などを，関心に基づいて発展させ考察すること。

(ｲ) パズルなどに数学的な要素を見いだし，目的に応じて数学を活用して考察すること。

3　内容の取扱い

(1) この科目は，内容の(1)から(3)までの中から適宜選択させるものとする。

(2) 内容の(2)のアの(ｳ)及び(ｴ)並びにイの(ｲ)の確率については，論理的な確率及び頻度確率を扱うものとする。

(3) 内容の(3)の指導に当たっては，数学的活動を一層重視し，生徒の関心や多様な

考えを生かした学習が行われるよう配慮するものとする。

(4) 内容の(3)のアでは，整数の約数や倍数，ユークリッドの互除法や二進法，平面や空間において点の位置を表す座標の考え方などについても扱うものとする。

第5　数学B

1　目　標

数学的な見方・考え方を働かせ，数学的活動を通して，数学的に考える資質・能力を次のとおり育成することを目指す。

(1) 数列，統計的な推測についての基本的な概念や原理・法則を体系的に理解するとともに，数学と社会生活との関わりについて認識を深め，事象を数学化したり，数学的に解釈したり，数学的に表現・処理したりする技能を身に付けるようにする。

(2) 離散的な変化の規則性に着目し，事象を数学的に表現し考察する力，確率分布や標本分布の性質に着目し，母集団の傾向を推測し判断したり，標本調査の方法や結果を批判的に考察したりする力，日常の事象や社会の事象を数学化し，問題を解決したり，解決の過程や結果を振り返って考察したりする力を養う。

(3) 数学のよさを認識し数学を活用しようとする態度，粘り強く柔軟に考え数学的論拠に基づいて判断しようとする態度，問題解決の過程を振り返って考察を深めたり，評価・改善したりしようとする態度や創造性の基礎を養う。

2　内　容

(1) 数列

数列について，数学的活動を通して，その有用性を認識するとともに，次の事項を身に付けることができるよう指導する。

ア　次のような知識及び技能を身に付けること。

　(ア) 等差数列と等比数列について理解し，それらの一般項や和を求めること。

　(イ) いろいろな数列の一般項や和を求める方法について理解すること。

　(ウ) 漸化式について理解し，事象の変化を漸化式で表したり，簡単な漸化式で表された数列の一般項を求めたりすること。

　(エ) 数学的帰納法について理解すること。

イ　次のような思考力，判断力，表現力等を身に付けること。

　(ア) 事象から離散的な変化を見いだし，それらの変化の規則性を数学的に表現し考察すること。

　(イ) 事象の再帰的な関係に着目し，日常の事象や社会の事象などを数学的に捉え，数列の考えを問題解決に活用すること。

　(ウ) 自然数の性質などを見いだし，それらを数学的帰納法を用いて証明するとともに，他の証明方法と比較し多面的に考察すること。

［用語・記号］Σ

(2) 統計的な推測

統計的な推測について，数学的活動を通して，その有用性を認識するとともに，

次の事項を身に付けることができるよう指導する。

ア　次のような知識及び技能を身に付けること。

(ｱ)　標本調査の考え方について理解を深めること。

(ｲ)　確率変数と確率分布について理解すること。

(ｳ)　二項分布と正規分布の性質や特徴について理解すること。

(ｴ)　正規分布を用いた区間推定及び仮説検定の方法を理解すること。

イ　次のような思考力，判断力，表現力等を身に付けること。

(ｱ)　確率分布や標本分布の特徴を，確率変数の平均，分散，標準偏差などを用いて考察すること。

(ｲ)　目的に応じて標本調査を設計し，収集したデータを基にコンピュータなどの情報機器を用いて処理するなどして，母集団の特徴や傾向を推測し判断するとともに，標本調査の方法や結果を批判的に考察すること。

［用語・記号］信頼区間，有意水準

(3)　数学と社会生活

数学と社会生活について，数学的活動を通して，それらを数理的に考察することの有用性を認識するとともに，次の事項を身に付けることができるよう指導する。

ア　次のような知識及び技能を身に付けること。

(ｱ)　社会生活などにおける問題を，数学を活用して解決する意義について理解すること。

(ｲ)　日常の事象や社会の事象などを数学化し，数理的に問題を解決する方法を知ること。

イ　次のような思考力，判断力，表現力等を身に付けること。

(ｱ)　日常の事象や社会の事象において，数・量・形やそれらの関係に着目し，理想化したり単純化したりして，問題を数学的に表現すること。

(ｲ)　数学化した問題の特徴を見いだし，解決すること。

(ｳ)　問題解決の過程や結果の妥当性について批判的に考察すること。

(ｴ)　解決過程を振り返り，そこで用いた方法を一般化して，他の事象に活用すること。

3　内容の取扱い

(1)　この科目は，内容の(1)から(3)までの中から適宜選択させるものとする。

(2)　内容の(3)の指導に当たっては，数学的活動を一層重視し，生徒の関心や多様な考えを生かした学習が行われるよう配慮するものとする。

(3)　内容の(3)のアの(ｲ)については，散布図に表したデータを関数とみなして処理することも扱うものとする。

第6　数学C

1　目　標

数学的な見方・考え方を働かせ，数学的活動を通して，数学的に考える資質・能力

を次のとおり育成することを目指す。

(1) ベクトル，平面上の曲線と複素数平面についての基本的な概念や原理・法則を体系的に理解するとともに，数学的な表現の工夫について認識を深め，事象を数学化したり，数学的に解釈したり，数学的に表現・処理したりする技能を身に付けるようにする。

(2) 大きさと向きをもった量に着目し，演算法則やその図形的な意味を考察する力，図形や図形の構造に着目し，それらの性質を統合的・発展的に考察する力，数学的な表現を用いて事象を簡潔・明瞭・的確に表現する力を養う。

(3) 数学のよさを認識し数学を活用しようとする態度，粘り強く柔軟に考え数学的論拠に基づいて判断しようとする態度,問題解決の過程を振り返って考察を深めたり，評価・改善したりしようとする態度や創造性の基礎を養う。

2 内 容

(1) ベクトル

　　ベクトルについて，数学的活動を通して，その有用性を認識するとともに，次の事項を身に付けることができるよう指導する。

　ア　次のような知識及び技能を身に付けること。

　　(ア) 平面上のベクトルの意味，相等，和，差，実数倍，位置ベクトル，ベクトルの成分表示について理解すること。

　　(イ) ベクトルの内積及びその基本的な性質について理解すること。

　　(ウ) 座標及びベクトルの考えが平面から空間に拡張できることを理解すること。

　イ　次のような思考力，判断力，表現力等を身に付けること。

　　(ア) 実数などの演算の法則と関連付けて，ベクトルの演算法則を考察すること。

　　(イ) ベクトルやその内積の基本的な性質などを用いて，平面図形や空間図形の性質を見いだしたり，多面的に考察したりすること。

　　(ウ) 数量や図形及びそれらの関係に着目し，日常の事象や社会の事象などを数学的に捉え，ベクトルやその内積の考えを問題解決に活用すること。

(2) 平面上の曲線と複素数平面

　　平面上の曲線と複素数平面について，数学的活動を通して，その有用性を認識するとともに，次の事項を身に付けることができるよう指導する。

　ア　次のような知識及び技能を身に付けること。

　　(ア) 放物線，楕円，双曲線が二次式で表されること及びそれらの二次曲線の基本的な性質について理解すること。

　　(イ) 曲線の媒介変数表示について理解すること。

　　(ウ) 極座標の意味及び曲線が極方程式で表されることについて理解すること。

　　(エ) 複素数平面と複素数の極形式，複素数の実数倍，和，差，積及び商の図形的な意味を理解すること。

　　(オ) ド・モアブルの定理について理解すること。

　イ　次のような思考力，判断力，表現力等を身に付けること。

付録6

259

(ｱ) 放物線，楕円，双曲線を相互に関連付けて捉え，考察すること。

(ｲ) 複素数平面における図形の移動などと関連付けて，複素数の演算や累乗根などの意味を考察すること。

(ｳ) 日常の事象や社会の事象などを数学的に捉え，コンピュータなどの情報機器を用いて曲線を表すなどして，媒介変数や極座標及び複素数平面の考えを問題解決に活用したり，解決の過程を振り返って事象の数学的な特徴や他の事象との関係を考察したりすること。

［用語・記号］焦点，準線

(3) 数学的な表現の工夫

数学的な表現の工夫について，数学的活動を通して，その有用性を認識するとともに，次の事項を身に付けることができるよう指導する。

ア　次のような知識及び技能を身に付けること。

(ｱ) 日常の事象や社会の事象などを，図，表，統計グラフなどを用いて工夫して表現することの意義を理解すること。

(ｲ) 日常の事象や社会の事象などを，離散グラフや行列を用いて工夫して表現することの意義を理解すること。

イ　次のような思考力，判断力，表現力等を身に付けること。

(ｱ) 図，表，統計グラフ，離散グラフ及び行列などを用いて，日常の事象や社会の事象などを数学的に表現し，考察すること。

3　内容の取扱い

(1) この科目は，内容の(1)から(3)までの中から適宜選択させるものとする。

(2) 内容の(3)の指導に当たっては，数学的活動を一層重視し，生徒の関心や多様な考えを生かした学習が行われるよう配慮するものとする。

● 第3款　各科目にわたる指導計画の作成と内容の取扱い

1　指導計画の作成に当たっては，次の事項に配慮するものとする。

(1) 単元など内容や時間のまとまりを見通して，その中で育む資質・能力の育成に向けて，数学的活動を通して，生徒の主体的・対話的で深い学びの実現を図るようにすること。その際，数学的な見方・考え方を働かせながら，日常の事象や社会の事象を数理的に捉え，数学の問題を見いだし，問題を自立的，協働的に解決し，学習の過程を振り返り，概念を形成するなどの学習の充実を図ること。

(2) 「数学Ⅱ」，「数学Ⅲ」を履修させる場合は，「数学Ⅰ」，「数学Ⅱ」，「数学Ⅲ」の順に履修させることを原則とすること。

(3) 「数学A」については，「数学Ⅰ」と並行してあるいは「数学Ⅰ」を履修した後に履修させ，「数学B」及び「数学C」については，「数学Ⅰ」を履修した後に履修させることを原則とすること。

(4) 各科目を履修させるに当たっては，当該科目や数学科に属する他の科目の内容及び理科，家庭科，情報科，この章に示す理数科等の内容を踏まえ，相互の関連を図

るとともに，学習内容の系統性に留意すること。

（5）障害のある生徒などについては，学習活動を行う場合に生じる困難さに応じた指導内容や指導方法の工夫を計画的，組織的に行うこと。

2　内容の取扱いに当たっては，次の事項に配慮するものとする。

（1）各科目の指導に当たっては，思考力，判断力，表現力等を育成するため，数学的な表現を用いて簡潔・明瞭・的確に表現したり，数学的な表現を解釈したり，互いに自分の考えを表現し伝え合ったりするなどの機会を設けること。

（2）各科目の指導に当たっては，必要に応じて，コンピュータや情報通信ネットワークなどを適切に活用し，学習の効果を高めるようにすること。

（3）各科目の内容の［用語・記号］は，当該科目で扱う内容の程度や範囲を明確にするために示したものであり，内容と密接に関連させて扱うこと。

3　各科目の指導に当たっては，数学を学習する意義などを実感できるよう工夫するとともに，次のような数学的活動に取り組むものとする。

（1）日常の事象や社会の事象などを数理的に捉え，数学的に表現・処理して問題を解決し，解決の過程や結果を振り返って考察する活動。

（2）数学の事象から自ら問題を見いだし解決して，解決の過程や結果を振り返って統合的・発展的に考察する活動。

（3）自らの考えを数学的に表現して説明したり，議論したりする活動。

付録6

小・中学校における「道徳の内容」の学年段階・学校段階の一覧表

	小学校第1学年及び第2学年(19)	小学校第3学年及び第4学年(20)
A　主として自分自身に関すること		
善悪の判断, 自律,自由と責任	(1)　よいことと悪いこととの区別をし,よいと思うことを進んで行うこと。	(1)　正しいと判断したことは,自信をもって行うこと。
正直,誠実	(2)　うそをついたりごまかしをしたりしないで,素直に伸び伸びと生活すること。	(2)　過ちは素直に改め,正直に明るい心で生活すること。
節度,節制	(3)　健康や安全に気を付け,物や金銭を大切にし,身の回りを整え,わがままをしないで,規則正しい生活をすること。	(3)　自分でできることは自分でやり,安全に気を付け,よく考えて行動し,節度のある生活をすること。
個性の伸長	(4)　自分の特徴に気付くこと。	(4)　自分の特徴に気付き,長所を伸ばすこと。
希望と勇気, 努力と強い意志	(5)　自分のやるべき勉強や仕事をしっかりと行うこと。	(5)　自分でやろうと決めた目標に向かって,強い意志をもち,粘り強くやり抜くこと。
真理の探究		
B　主として人との関わりに関すること		
親切,思いやり	(6)　身近にいる人に温かい心で接し,親切にすること。	(6)　相手のことを思いやり,進んで親切にすること。
感謝	(7)　家族など日頃世話になっている人々に感謝すること。	(7)　家族など生活を支えてくれている人々や現在の生活を築いてくれた高齢者に,尊敬と感謝の気持ちをもって接すること。
礼儀	(8)　気持ちのよい挨拶,言葉遣い,動作などに心掛けて,明るく接すること。	(8)　礼儀の大切さを知り,誰に対しても真心をもって接すること。
友情,信頼	(9)　友達と仲よくし,助け合うこと。	(9)　友達と互いに理解し,信頼し,助け合うこと。
相互理解,寛容		(10)　自分の考えや意見を相手に伝えるとともに,相手のことを理解し,自分と異なる意見も大切にすること。
C　主として集団や社会との関わりに関すること		
規則の尊重	(10)　約束やきまりを守り,みんなが使う物を大切にすること。	(11)　約束や社会のきまりの意義を理解し,それらを守ること。
公正,公平,社会正義	(11)　自分の好き嫌いにとらわれないで接すること。	(12)　誰に対しても分け隔てをせず,公正,公平な態度で接すること。
勤労,公共の精神	(12)　働くことのよさを知り,みんなのために働くこと。	(13)　働くことの大切さを知り,進んでみんなのために働くこと。
家族愛, 家庭生活の充実	(13)　父母,祖父母を敬愛し,進んで家の手伝いなどをして,家族の役に立つこと。	(14)　父母,祖父母を敬愛し,家族みんなで協力し合って楽しい家庭をつくること。
よりよい学校生活, 集団生活の充実	(14)　先生を敬愛し,学校の人々に親しんで,学級や学校の生活を楽しくすること。	(15)　先生や学校の人々を敬愛し,みんなで協力し合って楽しい学級や学校をつくること。
伝統と文化の尊重, 国や郷土を愛する態度	(15)　我が国や郷土の文化と生活に親しみ,愛着をもつこと。	(16)　我が国や郷土の伝統と文化を大切にし,国や郷土を愛する心をもつこと。
国際理解, 国際親善	(16)　他国の人々や文化に親しむこと。	(17)　他国の人々や文化に親しみ,関心をもつこと。
D　主として生命や自然,崇高なものとの関わりに関すること		
生命の尊さ	(17)　生きることのすばらしさを知り,生命を大切にすること。	(18)　生命の尊さを知り,生命あるものを大切にすること。
自然愛護	(18)　身近な自然に親しみ,動植物に優しい心で接すること。	(19)　自然のすばらしさや不思議さを感じ取り,自然や動植物を大切にすること。
感動,畏敬の念	(19)　美しいものに触れ,すがすがしい心をもつこと。	(20)　美しいものや気高いものに感動する心をもつこと。
よりよく生きる喜び		

付録7

小学校第5学年及び第6学年 (22)	中学校 (22)	
(1) 自由を大切にし，自律的に判断し，責任のある行動をすること。 (2) 誠実に，明るい心で生活すること。	(1) 自律の精神を重んじ，自主的に考え，判断し，誠実に実行してその結果に責任をもつこと。	**自主，自律，自由と責任**
(3) 安全に気を付けることや，生活習慣の大切さについて理解し，自分の生活を見直し，節度を守り節制に心掛けること。	(2) 望ましい生活習慣を身に付け，心身の健康の増進を図り，節度を守り節制に心掛け，安全で調和のある生活をすること。	**節度，節制**
(4) 自分の特徴を知って，短所を改め長所を伸ばすこと。	(3) 自己を見つめ，自己の向上を図るとともに，個性を伸ばして充実した生き方を追求すること。	**向上心，個性の伸長**
(5) より高い目標を立て，希望と勇気をもち，困難があってもくじけずに努力して物事をやり抜くこと。	(4) より高い目標を設定し，その達成を目指し，希望と勇気をもち，困難や失敗を乗り越えて着実にやり遂げること。	**希望と勇気， 克己と強い意志**
(6) 真理を大切にし，物事を探究しようとする心をもつこと。	(5) 真実を大切にし，真理を探究して新しいものを生み出そうと努めること。	**真理の探究，創造**
(7) 誰に対しても思いやりの心をもち，相手の立場に立って親切にすること。 (8) 日々の生活が家族や過去からの多くの人々の支え合いや助け合いで成り立っていることに感謝し，それに応えること。	(6) 思いやりの心をもって人と接するとともに，家族などの支えや多くの人々の善意により日々の生活や現在の自分があることに感謝し，進んでそれに応え，人間愛の精神を深めること。	**思いやり，感謝**
(9) 時と場をわきまえて，礼儀正しく真心をもって接すること。	(7) 礼儀の意義を理解し，時と場に応じた適切な言動をとること。	**礼儀**
(10) 友達と互いに信頼し，学び合って友情を深め，異性についても理解しながら，人間関係を築いていくこと。	(8) 友情の尊さを理解して心から信頼できる友達をもち，互いに励まし合い，高め合うとともに，異性についての理解を深め，悩みや葛藤も経験しながら人間関係を深めていくこと。	**友情，信頼**
(11) 自分の考えや意見を相手に伝えるとともに，謙虚な心をもち，広い心で自分と異なる意見や立場を尊重すること。	(9) 自分の考えや意見を相手に伝えるとともに，それぞれの個性や立場を尊重し，いろいろなものの見方や考え方があることを理解し，寛容の心をもって謙虚に他に学び，自らを高めていくこと。	**相互理解，寛容**
(12) 法やきまりの意義を理解した上で進んでそれらを守り，自他の権利を大切にし，義務を果たすこと。	(10) 法やきまりの意義を理解し，それらを進んで守るとともに，そのよりよい在り方について考え，自他の権利を大切にし，義務を果たして，規律ある安定した社会の実現に努めること。	**遵法精神，公徳心**
(13) 誰に対しても差別をすることや偏見をもつことなく，公正，公平な態度で接し，正義の実現に努めること。	(11) 正義と公正さを重んじ，誰に対しても公平に接し，差別や偏見のない社会の実現に努めること。	**公正，公平，社会正義**
(14) 働くことや社会に奉仕することの充実感を味わうとともに，その意義を理解し，公共のために役に立つことをすること。	(12) 社会参画の意識と社会連帯の自覚を高め，公共の精神をもってよりよい社会の実現に努めること。	**社会参画，公共の精神**
	(13) 勤労の尊さや意義を理解し，将来の生き方について考えを深め，勤労を通じて社会に貢献すること。	**勤労**
(15) 父母，祖父母を敬愛し，家族の幸せを求めて，進んで役に立つことをすること。	(14) 父母，祖父母を敬愛し，家族の一員としての自覚をもって充実した家庭生活を築くこと。	**家族愛，家庭生活の充実**
(16) 先生や学校の人々を敬愛し，みんなで協力し合ってよりよい学級や学校をつくるとともに，様々な集団の中での自分の役割を自覚して集団生活の充実に努めること。	(15) 教師や学校の人々を敬愛し，学級や学校の一員としての自覚をもち，協力し合ってよりよい校風をつくるとともに，様々な集団の意義や集団の中での自分の役割と責任を自覚して集団生活の充実に努めること。	**よりよい学校生活， 集団生活の充実**
(17) 我が国や郷土の伝統と文化を大切にし，先人の努力を知り，国や郷土を愛する心をもつこと。	(16) 郷土の伝統と文化を大切にし，社会に尽くした先人や高齢者に尊敬の念を深め，地域社会の一員としての自覚をもって郷土を愛し，進んで郷土の発展に努めること。	**郷土の伝統と文化の 尊重，郷土を愛する態度**
	(17) 優れた伝統の継承と新しい文化の創造に貢献するとともに，日本人としての自覚をもって国を愛し，国家及び社会の形成者として，その発展に努めること。	**我が国の伝統と文化の 尊重，国を愛する態度**
(18) 他国の人々や文化について理解し，日本人としての自覚をもって国際親善に努めること。	(18) 世界の中の日本人としての自覚をもち，他国を尊重し，国際的視野に立って，世界の平和と人類の発展に寄与すること。	**国際理解， 国際貢献**
(19) 生命が多くの生命のつながりの中にあるかけがえのないものであることを理解し，生命を尊重すること。	(19) 生命の尊さについて，その連続性や有限性なども含めて理解し，かけがえのない生命を尊重すること。	**生命の尊さ**
(20) 自然の偉大さを知り，自然環境を大切にすること。	(20) 自然の崇高さを知り，自然環境を大切にすることの意義を理解し，進んで自然の愛護に努めること。	**自然愛護**
(21) 美しいものや気高いものに感動する心や人間の力を超えたものに対する畏敬の念をもつこと。	(21) 美しいものや気高いものに感動する心をもち，人間の力を超えたものに対する畏敬の念を深めること。	**感動，畏敬の念**
(22) よりよく生きようとする人間の強さや気高さを理解し，人間として生きる喜びを感じること。	(22) 人間には自らの弱さや醜さを克服する強さや気高く生きようとする心があることを理解し，人間として生きることに喜びを見いだすこと。	**よりよく生きる喜び**

付録7

263

学習指導要領等の改善に係る検討に必要な専門的作業等協力者（五十音順）

（職名は平成 30 年 7 月現在）

共通教科「情報」編

大 橋 真 也	千葉県立千葉中学校・千葉高等学校教諭
小 原 　 格	東京都立町田高等学校指導教諭
兼 宗 　 進	大阪電気通信大学教授
小 泉 力 一	環太平洋大学教授
佐 藤 万寿美	兵庫県立伊丹北高等学校教頭
佐 藤 義 弘	東京都立立川高等学校指導教諭
柴 田 　 功	神奈川県教育委員会総務室 ICT 推進担当課長
高 橋 参 吉	帝塚山学院大学特任教授
津 賀 宗 充	茨城県教育委員会指導主事
天 良 和 男	東京学芸大学特任教授
能 城 茂 雄	東京都立三鷹中等教育学校主幹教諭
堀 田 龍 也	東北大学大学院教授
益 川 弘 如	聖心女子大学教授
米 田 謙 三	関西学院千里国際中等部・高等部教諭
渡 辺 美智子	慶應義塾大学大学院教授

専門教科「情報」編

浅 井 宗 海	中央学院大学教授
梅 沢 　 崇	東京都立新宿山吹高等学校主幹教諭
榎 本 竜 二	聖心女子大学非常勤講師
尾 上 妥 理	京都府立京都すばる高等学校教諭
香 山 瑞 恵	信州大学教授
小 崎 誠 二	奈良県立教育研究所研究開発部 ICT 教育係長
柴 田 弘 喜	秋田県立仁賀保高等学校教諭
竹 中 章 勝	畿央大学現代教育研究所客員研究員
永 野 　 直	千葉県総合教育センター研究指導主事
滑 川 敬 章	千葉県立津田沼高等学校教頭

西　野　和　典　　九州工業大学教授

平　井　利　明　　静岡福祉大学名誉教授

湯　澤　　一　　山形県立酒田光陵高等学校教諭

渡　部　　徹　　千葉県立千葉東高等学校長

なお，文部科学省においては，次の者が本書の編集に当たった。

梅　村　　研　　生涯学習政策局情報教育課長

安　彦　広　斉　　生涯学習政策局情報教育課情報教育振興室長

滝　波　　泰　　初等中等教育局主任視学官

髙　見　太　也　　初等中等教育局視学官

小　林　　努　　生涯学習政策局情報教育課情報教育振興室室長補佐

稲　葉　　敦　　福井大学准教授

　　　　　　　　（前生涯学習政策局情報教育課情報教育振興室室長補佐）

堀　内　昭　彦　　初等中等教育局児童生徒課産業教育振興室産業教育調査官

鹿　野　利　春　　生涯学習政策局情報教育課情報教育振興室教科調査官

　　　　　　　　初等中等教育局児童生徒課産業教育振興室教科調査官

高等学校学習指導要領（平成 30 年告示）解説
情報編

MEXT 1-1823

平成 31 年 2 月 28 日	初版発行

著作権所有　　　　　　　　**文部科学省**

東京都文京区向丘1-13-1
発 行 者　　　　　　**開隆堂出版株式会社**
代表者　大 熊 隆 晴

東京都文京区小石川4-14-12
印 刷 者　　　　　　**共同印刷株式会社**
代表者　藤 森 康 彰

東京都文京区向丘1-13-1
発 行 所　　　　　　**開隆堂出版株式会社**
電 話　　　　03-5684-6118

定価　本体 465 円＋税